MUERTE DE UTOPÍA

Historia, antihistoria e insularidad en la novela latinoamericana

Carolyn Wolfenzon

MUERTE DE UTOPÍA

Historia, antihistoria e insularidad en la novela latinoamericana

Serie: Lengua y Sociedad, 35

Horacio Urteaga 694, Lima 11
Telf.: (51-1) 332-6194
www.iep.org.pe

ISBN: 978-9972-51-555-2
ISSN: 1019-4495
Impreso en Perú

Primera edición: enero de 2016
1000 ejemplares

Hecho el depósito legal
en la Biblioteca Nacional del Perú: 2016-00121

Registro del proyecto editorial
en la Biblioteca Nacional: 11501131600003

Corrección: Óscar Hidalgo
Carátula: Gino Becerra
Cierre de edición: Gino Becerra
Cuidado de edición: Odín del Pozo
Fotografía de carátula: Hans Beacham
Fotografía de solapa: Gustavo Faverón

Wolfenzon, Carolyn
Muerte de utopía: historia, antihistoria e insularidad en la novela latinoamericana.
Lima, IEP, 2016 (Lengua y Sociedad, 35)

1. NOVELA LATINOAMERICANA; 2. NOVELA HISTÓRICA; 3. HISTORIA; 4. AMÉRICA LATINA

W/05.06.01/L/35

Índice

A Gustavo Faverón, por compañero.

A mi hija Zoe, por valiente.

A mis padres Etty Niego y Jaime Wolfenzon, desde siempre.

Agradecimientos

Este libro lo empecé como estudiante graduada en la Universidad de Cornell y lo terminé como profesora en Bowdoin College. Quiero agradecer a la beca Sage de Cornell, gracias a la cual este libro tomó forma. En Cornell, los comentarios de mi consejero y amigo querido Edmundo Paz Soldán y de los lectores Debra Castillo y Bruno Bosteels fueron muy valiosos y enriquecedores. Sin las discusiones que tuve con ellos acerca de cada una de las novela estudiadas en este libro, el proceso de escritura hubiera sido mucho más arduo y los resultados menos interesantes. Antes de llegar a Cornell, estudié una maestría en la Universidad de Colorado, donde conocí a mi asesor, profesor y amigo Peter Elmore, a quien años después también consulté mientras escribía este volumen. Su cuidadosa lectura y sus comentarios fueron importantes porque me hicieron reflexionar y cuestionar las tesis de cada capítulo y del libro en general. Debo agradecer también a Daniel Salas por sus recomendaciones de último momento. Finalmente, quiero agradecer a Bowdoin College, a mis colegas en el departamento de Lenguas y Literaturas Romances y al Faculty Development Award de Bowdoin, que me permitió convertir este manuscrito en un libro. De más está decir que agradezco al Instituto de Estudios Peruanos (IEP) por darme la oportunidad de publicar en su prestigiosa editorial. Por último, sin los Faverón —Gustavo y Zoe—, este libro probablemente no existiría. Al primero le debo su apoyo incondicional y, a ambos, las horas robadas.

Introducción

Entre islas e historia

«Ningún hombre es una isla»; «cualquier hombre es una isla»: la primera frase es un célebre verso de John Donne; la segunda, su contrapunto pesimista, formulado por el poeta y lingüista peruano Mario Montalbetti. La insularidad de lo humano es un imposible desde casi cualquier perspectiva ideológica en el campo de las humanidades. Es también, sin embargo, una condición elemental —y fatal— de lo humano desde todo nihilismo, solipsismo y antiutopismo. La insularidad, es decir, literalmente, el aislamiento, la transformación en isla, cuando aparece en los campos de la historia y de la representación de la historia —por ejemplo, en la novela— implica consecuencias en el tiempo y el espacio, y en la forma de ambos: la irrupción del anacronismo, la sustitución del hecho histórico por especulaciones e imaginaciones contrafácticas, y, muchas veces, la destrucción de los relatos históricos conocidos y su reconstrucción en formas nuevas, alternas, paralelas y contradictorias. Cuando decide *aislar* el objeto de su relato y convertirlo en un universo cerrado, sujeto a nuevas reglas y desprendido, al mismo tiempo, del marco mayor que lo rodeó originalmente y del deber de ceñirse a los relatos previamente conocidos

—la historiografía, la historia oficial, la tradición, la memoria, etc.—, el escritor de novelas de aliento histórico cierra las fronteras de ese objeto representado pero abre infinitas posibilidades de transformación, deformación, recomposición y transfiguración. Convertida la realidad en isla, el relato entra en el terreno de un *topos* narrativo de larga tradición, que al menos va desde la *Odisea* (VIII a. C.) hasta las incontables reescrituras contemporáneas de *La invención de Morel* (1940), pasando por las diecisiete ínsulas que a salto de mata atraviesa, hacia el ocaso de la Edad Media, el *Amadís de Gaula* (1508).

Simone Pinet (2011) ha enumerado los rasgos que se asociaron a la idea de la isla en el largo periodo formativo del *topos* en las letras europeas, que va desde las novelas de caballerías hasta el surgimiento de la novela moderna (y, con ello, el surgimiento de la primera metaisla ficcional: la ínsula Barataria, que enajenadamente quiere gobernar Sancho en el *Quijote*). Entre esos rasgos se incluyen las nociones de otredad (la isla es diferente y extraña), monstruosidad (la isla es maravillosa y maligna), sobrenatural (la isla es marginal, fronteriza, propicia para lo feérico, lo utópico y lo apocalíptico), fantasmal (la isla como escenario para una vida después de la vida), sagrado (la isla es lugar de nacimiento para los dioses), femenino (la isla, en tanto subvierte órdenes «naturales», puede ser matriarcal y albergar femineidades alternativas: las amazonas), refugio (allí donde el mar es un peligro y un acecho, la isla protege y rescata), exilio (la isla acoge al descarriado pero también puede encerrarlo, encarcelarlo) y origen (el paraíso es insular y precedente: es un comienzo y puede, por tanto, ser escenario de nuevos relatos fundacionales).

No es difícil ver la supervivencia de esos rasgos del *topos* de la isla de la novela premoderna en libros escritos poco antes y después del surgimiento de la novela moderna. ¿Qué les añade la modernidad? La modernidad las convierte en espacios de reflexión sobre la historia y, paradójica o al menos irónicamente, lo que hace a la isla un espacio apto para esa empresa es, precisamente, su enajenamiento, su desconexión, su apartamiento físico, que se vuelve cifra de un aislamiento temporal, fáctico e intelectual: la isla sirve para pensar sobre la historia porque la isla literaria, como artificio, puede situarse aparte de la historia, extraerse a ella (Pinet 2011).

En *Los viajes de Gulliver* (1726), de Jonathan Swift, el náufrago encalla, en cada uno de sus viajes, en islas distintas, donde encuentra mundos fantásticos, exóticos, desconocidos y, sobre todo, atemporales. En Liliput, la primera isla, convive con enanos; en Brobdingnag, con gigantes; en Balnibarbi, presencia la creación de un mundo paralelo, una isla flotante controlada a distancia por los gobernantes de la isla mayor. Gulliver naufraga en lugares anacrónicos, fuera del tiempo: los mundos insulares de Swift son exclusivos y estáticos, y solo caricaturescamente se asemejan al mundo histórico o real. Es la misma cualidad de lo insular lo que permite a Robert Louis Stevenson, en 1883, imaginar en *La isla del tesoro*, un espacio lleno de riquezas secretas y piratas y navegantes desalmados enfrentados en una lucha mezquina y codiciosa, cuyas reglas morales son una grotesca deformación de la moral consuetudinaria de su época. Del mismo modo, en la década siguiente, H. G. Wells describe, en *La isla del Dr. Moreau* (1896), un lugar siniestro, sintomáticamente invisible en los mapas, donde un científico demente crea una serie de especies humanoides pero bestiales, furiosas y destructoras: la isla es un espejo deformante, habitado por dobles grotescos. Para Swift es la historia política la que engendra los monstruos; para Stevenson, la historia del capital; para Wells, la historia de la ciencia: para todos, el lugar es la isla, la isla como laboratorio donde lo real es forzado a adoptar su forma más aberrante.

Quizás la isla literaria por excelencia y el náufrago más emblemático sean los que colocó Daniel Defoe en la «isla maldita» de *Las aventuras de Robinson Crusoe* en 1719. Ella representa, alegóricamente, el origen de la sociedad capitalista. Durante los veintiocho años que dura el naufragio de Robinson, la isla es una prisión, una mazmorra y un infierno, pero también es la cápsula temporal donde el hombre —mediante la fuerza de su trabajo— precipita la historia del capitalismo, que lo lleva a la supervivencia y a la salvación. El libro reinventa el proceso histórico en un tiempo condensado de veintiocho años y hace incluso más: retrotrae el origen del capitalismo al origen mismo de la humanidad. Abandonado, Robinson es un nómade, un recolector de frutos, luego un ganadero, luego un moledor de granos, luego un productor que necesita la sumisión de otros hombres, luego un monarca que reina sobre salvajes. Dice en uno de los pasajes finales:

> Mi isla estaba ya poblada, y yo me consideraba muy rico en súbditos, llegando a verme como si fuera un rey. En primer lugar, todo el país era de mi exclusiva propiedad, tenía un indiscutible derecho de dominio. En segundo lugar, mi pueblo era totalmente sumiso; yo era señor y legislador absoluto, todos me debían la vida, y hubieran estado dispuestos a darla por mí si hubiese llegado la ocasión. (Defoe 2000 [1719]: 240)

Si la novela de Defoe es un ejemplo perfecto de condensación ideológicamente deformada de la historia, otros relatos fundadores del *topos* prefieren la suplantación: ni reconstruyen, ni deconstruyen, ni solamente malforman la historia, sino que la borran y la reemplazan por otra. Para este tipo de ficción uso el término «antihistoria». Quizá la mejor manera de ilustrarlo sea permitirnos el anacronismo de dar un paso atrás en el tiempo y recordar la *Utopía* que Tomás Moro imaginó en 1516. La isla de ese nombre tiene 200.000 pasos de longitud y es descrita como el más feliz de los lugares. En *Utopía* —que literalmente significa «no hay tal lugar» — están suprimidos la proviedad privada y el dinero; y, según la versión del viajero-narrador, es una sociedad igualitaria, sin discriminaciones de clase, raza o género. En ella, la codicia imperial europea resulta impensable: el oro no tiene rol práctico porque no tiene rol simbólico; el capital es elidido como valor, y la historia, por tanto, se construye al margen de la lógica prevalente en el mundo real. El ejercicio utópico también alentó a Francis Bacon en la escritura de *La nueva Atlántida*, en 1626. Bacon utilizó el espacio de la isla para construir la mítica Bensalem, que aparece mágicamente en medio del océano, no lejos del Perú. Bensalem (Belén y Jerusalem, a la vez; principio y final, al mismo tiempo: dos tiempos colapsados en uno) es un paraíso tecnológico, cuyos implementos científicos dejarían boquiabiertos incluso a un náufrago del siglo XXI: salas de máquinas cuyos motores imitan el vuelo de las aves; laboratorios de óptica en los que hay toda suerte de luces y radiaciones; laboratorios que producen colores desconocidos; y torres sobre altas montañas que alcanzan las tres millas de altura. La educación igualitaria y la tecnología son emblemas de progreso, pero este avanza en una dirección distinta de aquella hacia la cual se dirige la humanidad real: progreso sin esclavitud, ni imperialismo; progreso que no nace de la violencia y el sometimiento. Una vez más, la historia es sustituida.

Frente a estas formas clásicas y lineales, premodernas y modernas, de concebir el *topos* de la isla en relación con la historia, escritores latinoamericanos como Antonio di Benedetto, Reinaldo Arenas, Carmen Boullosa, Enrique Rosas Paravicino y Abel Posse, cuyas obras conforman el corpus de este libro, regresan, de formas diversas, sobre el tema y se internan en la misma región imaginaria, pero, además, reformulan (y, en gran medida, rechazan) la noción misma de la historia en tanto relato teleológico, linealmente temporal, inevitablemente orientado al progreso, quizás fragmentario o discontinuo, pero tendiente al avance, propenso a reorientarse y repararse a sí mismo, hegelianamente direccionado. Al hacerlo, proponen una nueva aproximación a la novela histórica latinoamérica na, una aproximación que yo llamaré «antihistórica» y que precisamente define, según lo propongo, el elemento histórico en el género de la novela histórica latinoamericana. Para decirlo suscintamente: *la novela histórica latinoamericana de las últimas décadas está definida por (a) su mirada antihistórica de la historia de la región, (b) su reescritura antihistórica de esa historia y (c) la forma antihistórica que cobran las novelas del género.*

Todos los autores que analizo en el corpus de este libro se valen del espacio imaginado de la isla, el lugar antihistórico por excelencia, para situar allí sus ficciones. A diferencia de las islas ficcionales pero concretas, o ficcionalmente concretas, de los libros que he mencionado antes, en las ficciones latinoamericanas de este corpus aparecen espacios insulares imaginarios que podríamos llamar simbólicos: no son pedazos de tierra rodeados de mar, sino, como la Barataria de

Sancho, islas de la imaginación, espacios cualesquiera que funcionan como islas en el sentido tópico, porque en ellos se verifican *todos* los rasgos de la metáfora insular. Son islas doblemente metafóricas: constructos en los que se combinan los elementos de lo insular clásico —son lugares alternos, mostruosos, sobrenaturales, fantasmáticos, sacros, femeninos, protectores, enajenantes y, sobre todo, fundacionales— y, también, uno de los elementos cruciales de lo insular moderno: son reflexiones sobre la historia. Sin embargo, dan un giro brutal y más que escéptico sobre el otro elemento clave del *topos* isleño, tanto en la novela moderna como en la premoderna: descreen de la utopía y, con frecuencia, ironizan sobre la idea misma del progreso.

La Colonia en el presente y lo antihistórico como clave de lectura

En 1937, en su libro *La novela histórica*, Georg Lukács considera que la gran novela social realista es precursora del género de la novela histórica. Si bien el realismo intentó plasmar las costumbres y la psicología de los personajes en el presente, el escritor realista no se preguntaba por lo específico de su propia época desde un ángulo histórico. Por eso, Lukács considera que el inicio del género de la novela histórica se da con las ficciones del escocés Walter Scott, quien describe problemáticas sociales de manera realista pero entendiendo los procesos sociales de su época y tomando en cuenta las mecánicas históricas que hay detrás. Walter Scott había introducido, en la literatura épica, la extensa descripción de las costumbres y las circunstancias que rodeaban los acontecimientos; el carácter dramático de la acción y, en estrecha relación con este tema, el nuevo e importante papel del diálogo en la novela; y lo había hecho considerando el devenir histórico. Asimismo, para Lukács (1962 [1955]), la novela histórica recrea grandes momentos del pasado dándoles un «color y sabor local», es decir, trayendo las vivencias y el sentir de otra época al presente para que el lector los experimente o crea experimentarlos: «en un intento de retratar la realidad histórica como fue de verdad, de manera que pudiera ser a la vez humanamente auténtica y revivible para el lector de una época posterior» (Lukács 1962 [1937]: 42).

Waverley (1814) de Scott es considerada por Lukács como la novela que origina el género e instituye una de sus principales características: el protagonista de la novela es un «personaje intermedio», es decir, un sujeto cualquiera o un héroe mediocre (alguien que representa a la gran masa), un individuo común que encarna, sin embargo, un colectivo nacional. Allí, según Lukács, se consolida la originalidad de Scott, quien, en lugar de héroes inmortales y súperhombres, se vale del hombre promedio para representar el pasado histórico y lo nacional. Otro elemento importante es que, en la construcción de sus ficciones, expone la historia como una serie de grandes crisis. Su presentación del desarrollo histórico, en primer término de Escocia e Inglaterra, constituye una serie ininterrumpida de estas crisis revolucionarias. Así pues, si Scott expone y defiende el proceso en su tendencia literaria principal —que se manifiesta en todas sus novelas hasta el punto de convertirlas, en cierto sentido, en una especie de ciclo—, este es siempre, en él, uno lleno de contrastes, cuya fuerza motriz y base material es la contradicción viva de las potencias históricas en pugna, la oposición de las clases y de las naciones. Lukács (1962 [1937]) hace hincapié en las dos tendencias literarias de representación que marcan el siglo XIX: el *realismo* (corriente en la que estarían Scott, la novela histórica y el héroe común como personaje protagónico) y el *romanticismo* (con la creación de un héroe que es un individuo universal). Lo que tienen en común, pese a sus diferencias, es que ambos confrontan épocas haciendo notorias su inestabilidad. De allí se sigue que, según Luckács (1962 [1937]), la novela histórica suela problematizar momentos de crisis, de fisura y de cambio. Sin embargo, también presenta sus propias particularidades:

> Según vimos, el arte de Walter Scott expresa con perfección artística la tendencia progresista de esta época, la defensa histórica del progreso. En efecto, Scott se convirtió en uno de los escritores más populares y

> leídos de su época, y esto en proporción internacional. Es inconmensurable la influencia que ejerció en toda la literatura europea. Los poetas más sobresalientes de este tiempo, desde Pushkin hasta Balzac, siguen nuevos derroteros en su producción a partir de este nuevo tipo de plasmación histórica. Sin embargo, sería erróneo creer que la gran ola de novelas históricas en la primera mitad del siglo XIX efectivamente se basa en los principios establecidos por Scott. Ya hemos mencionado que la concepción histórica del romanticismo era diametralmente opuesta a la de Scott. Y con esto, desde luego, no hemos agotado la caracterización de las demás corrientes en la novela histórica. Señalemos aquí sólo dos de estas importantes corrientes: por un lado está el romanticismo liberal, que tiene originalmente, tanto en su concepción del mundo como en sus principios literarios, mucho en común con el romanticismo, con la lucha ideológica contra la Revolución francesa, pero que sobre esta base vacilante y contradictoria defiende, no obstante, la ideología de un progreso moderado; por el otro tenemos aquellos escritores importantes que, como Goethe y Stendhal, han conservado incólume una buena parte de la herencia cosmovisual del siglo XVIII, y cuyo humanismo contiene hasta el fin vigorosos elementos de la Ilustración. (Luckács 1965 [1937]: s. p.)

En palabras de Peter Elmore, «la conciencia histórica moderna imagina su objeto como una cadena de fines y comienzos: lo que le importa principalmente no es la sucesión temporal, sino sus discontinuidades y sus cortes» (1997: 30). Para Lukács ([1937] 1965), no es casual que la novela histórica empiece en el siglo XIX, pues el surgimiento del género, afirma, se relaciona con la creación del Estado burgués (volvemos al tema de la fisura y el cambio, al paso de los Estados absolutistas al Estado moderno en Europa, después de las guerras napoleónicas) y la experiencia de la masificación ciudadana. Es recién con el despertar de ese fenómeno, posterior a la Revolución francesa, que se puede hablar de una conciencia histórica moderna, esencialmente ligada con el sentimiento de nacionalidad:

> Está en la naturaleza de una revolución burguesa que, si se lleva a cabo seriamente hasta su conclusión, la idea de lo nacional se convierte en propiedad de las masas en el sentido más amplio. En Francia fue solo

> como resultado de la Revolución y del régimen napoleónico con un sentimiento de nacionalidad se convirtió en experiencia y propiedad del campesinado, los estratos más bajo de la burguesía, etc. Por primera vez experimentaron Francia como su propio país, como una patria autocreada. (Lukács 1962 [1937]: 22)

Ese despertar nacional viene de la mano del surgimiento del género: se mira hacia el pasado para celebrar la independencia nacional e inventar su relato. Recordemos el final de *Ivanhoe*, en el que el rey inglés Richard, en pleno siglo XII, pero en clara referencia a lo que ocurría en tiempos de Scott en Inglaterra, les pide a los dos bandos opuestos de luchadores arrodillados ante él, sajones y normandos, que se levanten para reunirse en un solo colectivo. El pasaje nos recuerda de inmediato que la teoría de los romances fundacionales de la nación latinoamericana decimonónica, propuesta por Doris Sommer (1991), contiene una elaboración original sobre la obra de Scott. Si en Europa las guerras napoleónicas fueron el centro del «despertar nacional», en América los dos momentos más visitados por la novela histórica son las guerras de independencia del XIX y la Colonia. Pero, notoriamente, es la Colonia el momento histórico por excelencia que ha inspirado la gran mayoría de novelas históricas de la región.[1]

En América Latina, la primera novela histórica es *Xicoténcatl* (1826) de Félix Varela, y ella se aparta tempranamente de varios de

---

1. Debra Castillo me hace notar que muchas de las novelas históricas latinoamericanas fueron escritas en 1992 con motivo de la celebración del quinto centenario de la Conquista. Para ella este dato es central, porque hubo una necesidad de parte de los intelectuales latinoamericanos de aclarar y contestar las crónicas coloniales, escritas en su mayoría por los españoles. Si bien este dato es importante, hay varios títulos escritos muchos años antes, como *Zama* (1956) de Di Benedetto, *El mundo alucinante* (1965) de Arenas, *Daimón* (1978) de Abel Posse, *Del amor y otros demonios* (1994) de Gabriel García Márquez, *Sol de los soles* (1998) de Luis Enrique Tord y *Lope de Aguirre, príncipe de la libertad* (1979) del español-venezolano Miguel Otero Silva. Este hecho indica que el tema era relevante en el imaginario colectivo latinoamericano antes de los quinientos años del «descubrimiento» de América.

los postulados de Lukács, una tendencia que marcará a la novela histórica latinoamericana. Su personaje, en lugar del «hombre medio», es un gran guerrero. En el texto se recrea la historia del líder indígena y general tlaxcalteca Xicoténcatl, quien se opone al pacto de alianza entre los tlaxcaltecas y los españoles para combatir al Imperio azteca. El mensaje de la historia es bastante didáctico: en pleno siglo XIX, cuando se publicó, la novela debía incentivar a la lucha contra las ataduras coloniales e insistir en la independencia nacional. Lo interesante de esta novela inaugural es que se retrotrae a la Colonia para hablar de la Independencia y de los problemas de la nación. Y hacerlo para explicar o confrontar los problemas actuales en distintos países latinoamericanos es una tendencia que aparece en todas las novelas que estudiaré en el corpus de este libro.

En América Latina, la ficción histórica se caracteriza por su autoconsciencia y por ser metahistórica y, a veces, metaficcional: atenta, como estudió González Echevarría (2000), tanto a los propios procesos de producción de la historia como a la interreferencialidad de las muchas versiones previas. En ese sentido, la historia se presenta como un constructo, tal y como el concepto es entendido por Hayden White (2005, 1992). Otros de sus rasgos frecuentes son la parodia, el carnaval, el anacronismo deliberado, la distorsión consciente de la linealidad temporal y la simultánea ficcionalización de personajes históricos y reficcionalización de personajes literarios (el *Orlando* [1928] de Virginia Woolf, por ejemplo, se reinventa en *El mundo alucinante* [1965] de Reinaldo Arenas). Todo lo anterior subraya notoriamente la conciencia de la intertextualidad.[2]

2. Estas características, aunque de manera quizá muy sistemática y rígida, han sido agrupadas por Seymour Menton (1993) en su estudio *Latin America's New Historical Novel*, en el que analiza el auge de la nueva novela histórica latinoamericana y proporciona una lista de 367 novelas históricas escritas en las últimas tres décadas, algunas de las cuales forman el corpus de mi libro. Por su parte, Magdalena Perkowska (2008) amplió las ideas de Menton incluyendo otros rasgos tales como el ocultamiento del historiador como narrador y organizador del material, es decir, la ilusión de que la historia se cuenta sola.

Lukács (1962) destaca la similitud de fondo entre la *Filosofía de la historia* de Hegel (1837) y la trama ideológica de las novelas de Scott: si hay algo que el filósofo y el novelista tienen en común es resaltar en la historia no la armonía —es decir, no los momentos de estabilidad— sino los cambios, generadores de una situación de ruptura que lleva hacia el progreso:

> Hegel [...] ve un proceso en la historia, un proceso propulsado, por un lado, por las fuerzas causales internas de la historia, y que, por otro, extiende su influencia a todos los fenómenos de la vida humana, incluyendo el pensamiento. Ve el total de la vida de la humanidad como un gran proceso histórico. (Luckács 1962: 27)

En *La filosofía de la historia*, Hegel construye, como se sabe, una apología del progreso y ve la historia como una sucesión de hechos, donde el pasado es un embrión del futuro:

> En su existencia real, el Progreso aparece como una fuerza que avanza de lo imperfecto a lo más perfecto, pero el primero no debe ser entendido de manera abstracta como simplemente lo imperfecto, sino como algo que involucra precisamente lo opuesto de sí mismo, lo así llamado perfecto, como un germen o como un impulso. Así, reflejamente al menos, existe la posibilidad de aquello que está dentinado a hacerse realidad. (Hegel 1970)

Este punto, el tema del progreso, será cuestionado numerosas veces por la novela histórica latinoamericana, y esta característica es lo que une las distintas ficciones que analizo. Sus autores pondrán en tela de juicio no solo la idea misma de progreso en abstracto sino la noción de progreso como parámetro histórico para medir y comparar sociedades y culturas etiquetadas como «civilizadas» o «bárbaras», parámetros que, bajo distintas formas, estuvieron presentes siempre en la construcción de la narrativa latinoamericana, desde las crónicas coloniales hasta la llamada novela de la tierra en la primera mitad del siglo XX. Asimismo, las ficciones históricas latinoamericanas se distancian radicalmente de las ideas que proponen Lukács y Hegel en su concepción histórica del tiempo. Lo primero que conecta novelas tan distintas como *Zama* (1956) del argentino Antonio di Benedetto, *El mundo alucinante* (1965) del cubano Reinaldo Arenas, *Duerme* (1994) y *Cielos de la Tierra* (1997) de la mexicana Carmen Boullosa, *Muchas lunas en Machu Picchu* (2007) y *El gran señor* (1994) del peruano Enrique Rosas Paravicino, y *Daimón* (1978) y *El largo atardecer del caminante* (1992) de Abel Posse, es que, a pesar de referirse a la historia, todas prescinden de cualquier noción realista o naturalista de sucesión temporal, como las conciben Hegel o Lukács. Son antihistóricas porque, en todas ellas, el tiempo gira sobre sí mismo y deja de avanzar, o se hace discontinuo, y elude la frontera entre un antes y un después. En esa suerte de perpetua simultaneidad, la crisis a la que alude Elmore (1997) se vuelve constante: no se percibe la ruptura del proceso porque el proceso mismo se invisibiliza. En estas novelas, la observación histórica, sociológica y antropológica acerca de la yuxtaposición de tiempos históricos en el universo de lo latinoamericano se pone en escena textualmente: lo colonial y lo poscolonial, en la historia referida y el presente de la escritura, conviven; lo colonial sobrevive hoy; pasado y presente se hacen concomitantes. El edificio de lo moderno es un simulacro hecho con las piedras de lo anterior; sus muros siguen el trazo del antiguo cimiento; sus tiempos no se suceden, sino que coinciden.

Para representar este antihistoricismo que paradójicamente define lo histórico en América Latina, estas novelas, como veremos más adelante, colocan a sus protagonistas en una situación tangencial al devenir histórico, enfatizando que no existe un transcurrir lineal del tiempo. Para ello reelaboran el *topos* de la isla como hábitat de lo periférico en relación con la historia. En el caso de *Zama* (1956), por ejemplo, don Diego de Zama, el protagonista, está directamente fuera de la historia. No forma parte de lo que en ella acontece, y todo ocurre a sus espaldas. En *El mundo alucinante* (1965), Reinaldo Arenas recrea las *Memorias* (1917) del fraile mexicano Servando Teresa de Mier y, en esa ficción, el tiempo no avanza: la Revolución francesa es igual a la Revolución de Independencia mexicana, y es igual a la Revolución cubana. En el caso de *Duerme* (1994) y *Cielos de la Tierra* (1997), las novelas de Boullosa, tampoco hay un avance progresivo del tiempo: su concepción de la historia es similar a la de Arenas. En *Cielos de la Tierra*, los personajes del siglo XVI existen simultáneamente con los del siglo XX e, incluso, con otros que son posthistóricos, todos ellos conectados a través de un manuscrito cuyo título, «Cielos de la Tierra», alude precisamente a la circularidad del tiempo histórico. En las dos novelas de temática andina, escritas por el peruano Enrique Rosas Paravicino, se representa la historia como una tragedia cíclica. Tanto en *El gran señor* (1994) como en *Muchas lunas en Machu Picchu* (2007) se incide en el eclecticismo actual de la sierra peruana a través de los cambios que se han venido produciendo en fiestas patronales como la del Señor del Qoyllur Rit'i, pero el marco de representación tiene como base, al mismo tiempo, el pensamiento milenarista andino, en el que el Pachacuti y el Inkarrí, conceptos claves para entender el tiempo como proceso circular, están sobre la base del mundo representado. En *Daimón* (1978), novela del argentino Abel Posse, el autor revive al fantasma de Lope de Aguirre y viaja con él por un período de quinientos años. En un gesto mitificador, el viejo conquistador regresa de la muerte y reinicia su rebelión amazónica contra el Imperio español. Repetición, circularidad, concomitancia, tiempo en espiral, anacronismo, sincronicidad de lo disímil: esos son los elementos de la narración antihistórica. Paradójicamente, ello multipica su mirada histórica, pues a estas narraciones les resulta inevitable, al abordar un periodo, observar varios o, al menos, dos: el pasado y el presente, porque el primero sobrevive en el segundo. Algo dice, entonces, Di Benedetto sobre la Argentina de la década de 1950; algo Arenas sobre la Cuba de mediados de la década de 1960; algo Rosas Paravicino sobre la problemática modernidad andina y la mecánica de la violencia política y social en el Perú de la década de 1990; algo Boullosa, con sus historias ambientadas a fines del siglo XVI, sobre la mujer mexicana de hoy; y algo Posse sobre la dictadura argentina de la década de 1970.

La guerra de los mundos: el choque entre la modernidad y la tradición

La inmensa mayoría de los estudios sobre la novela histórica latinoamericana hechos hasta ahora son, casi siempre, colecciones de análisis independientes de un cierto número de ficciones de género, que no implican ningún intento de sistematización mayor.[3] Hay, sin embargo, cuatro libros que quisiera destacar sobre el estudio de la novela histórica contemporánea porque me sirvieron como base teórica para este proyecto y porque considero que mi aporte suma, al de ellos, elementos teóricos nuevos sobre la novela histórica en América Latina. El primero es el de Peter Elmore, *La fábrica de la memoria: crisis de la representación en la novela histórica latinoamericana* (1997), en el que el autor analiza cinco novelas históricas que recrean el siglo XIX. El hilo conductor de ese libro es el intento de mostrar cómo en todas las obras escogidas es temáticamente crucial el asunto de la representación o construcción de la historia (desde la incidencia del teatro en *El Siglo de las Luces* [1962] de Carpentier hasta la presencia del compilador en *Yo el supremo* [1974] de Roa Bastos). Elmore, en diálogo con *La escritura de la historia* (1975) de Michel de Certeau, muestra el interés de los escritores latinoamericanos por cuestionar la historia escrita por los vencedores y problematizar las versiones oficiales a través del género novelesco. Eso explicaría la proliferación de copistas,

---

3. Libros como *Ficción-historia: la nueva novela histórica hispanoamericana* (Barrientos 2001), *The Historical Novel in Latin American* (Balderston 1986); e *Historia, Espacio e Imaginario* (Covo 1984) e *Historia, ficción y metaficción en la novela latinoamericana contemporánea* (Domínguez 1996) analizan acusiosamente distintas novelas históricas, pero más allá del hecho de trabajar sobre temas históricos, no poseen un hilo conductor que unifique las diferentes ficciones propuestas. Tampoco hay una propuesta diferente a la de Menton (1993), ya mencionada. Sobre este punto reflexiona Magdalena Perkowska en la introducción de *Historias Híbridas* (2008) y dice: «Llama la atención el hecho de que estas primeras aproximaciones críticas de la novela histórica más reciente sean estudios cuyo formato carece de un enfoque coherente y uniforme» (Perkowska 2008: 32).

escritores, actores y distintos agentes de representación como eje central del mundo representado

Florencia Garramuño, en *Genealogías culturales* (1997), analiza de forma ordenada y coherente distintas ficciones históricas producidas en Argentina, Brasil y Uruguay entre 1981 y 1991. La autora solo estudia novelas que reescriben textos previos. Según su propuesta, la aparición durante las décadas de 1980 y 1990 de estas novelas, que reelaboran historias fundacionales, se da en un momento de cambios en el Estado (el proceso de transición democrática en los tres países en cuestión). La frecuencia con la que, en ese periodo, los escritores de dichos países tendieron a la reescritura de obras fundacionales —como en el caso de *Naufragios* (1542) de Álvar Núñez Cabeza de Vaca o en *El entenado* (1983) de Juan José Saer— sería el síntoma de la existencia de una cuestión nacional irresuelta, que necesita revisarse. La idea de la reescritura durante dichos procesos políticos «representa tan sólo una forma más dentro de las posibilidades de ese retorno al pasado; el hecho de que ese pasado sea un pasado nacional es una marca de esa preocupación por la cultura nacional, y por su reconstrucción, que les es contemporánea» (Garramuño 1997: 18).

María Cristina Pons, en *Memorias del olvido: la novela histórica de fines del siglo XX* (1996), analiza algunas novelas que representan el siglo XIX latinoamericano (donde incluye a *El entenado* [1983], que escapa a esa periodificación) y sostiene que «la novela histórica reciente replantea algunas de las funciones que tradicionalmente cumplía, entre las cuales destaca la problemática de la afirmación de los valores de la modernidad» (1996: 65). Para Pons (1996), la novela histórica de fines del siglo XX se constituye en un discurso de resistencia en el proceso de redefinición de identidades colectivas ante los efectos de la globalización y en una respuesta al discurso posmoderno. Por último, *Latin American Postmodernism* (1997), editado por Richard A. Young, reúne una serie de ensayos cuyo hilo conductor es también, como en el caso del estudio de Pons, la forma en que lo posmoderno ha entrado a tallar en la construcción de los discursos históricos en América Latina. De acuerdo con esta propuesta, habría de entender

El mundo alucinante (1965) de Reinaldo Arenas o *Daimón* (1978) de Posse como respuestas críticas a la construcción histórica oficial a través de un discurso «descentrado» que sería el discurso posmoderno de la historia.

Considero que la definición de la novela histórica latinoamericana como una que examina constantemente la problemática de la nación en el proceso de su devenir, tal y como sugiere Garramuño (1997), es correcta. De hecho, esta es una hipótesis de Lúkacs (quien, intuyo, es el gran responsable de que los estudios sobre novelas históricas latinoamericanas prioricen las referidas al siglo XIX, a pesar de que entre las novelas de esta época son mayoritarias las de tema colonial). El siglo XIX es, entre otras muchas cosas, el momento de los romances fundacionales y de la supuesta creación de la idea de lo nacional. Sin embargo, la insistencia en el período colonial mostraría cómo la ficción latinoamericana retrotrae la discusión sobre la problemática de «lo nacional», de «lo fundacional», al sistema de injusticias que se aplicó legalmente en el período colonial y que, en gran medida, sobrevive hoy. La vuelta al pasado no solo está relacionada, como sostiene Garramuño (1997), con la endeble y problemática formación de los Estados latinoamericanos, sino que los anacronismos deliberados que se presentan en todas las novelas de este corpus se relacionan con una crítica a la problemática modernidad periférica latinoamericana.

Vivian Schelling (2000) explica tres aspectos centrales que definen a las sociedades modernas europeas y la forma en que el ensamblaje de estos factores es un proceso paulatino que empezó en la Ilustración. En el ámbito económico, la sociedad se rige por una racionalidad instrumental definida por su eficacia en la producción y en la productividad: los procesos de industrialización, el nuevo crecimiento poblacional y la aparición de nuevas clases sociales acompañaron el proceso de modernización. Mientras tanto, observa Schelling (2000), en Latinoamérica, el florecimiento de esas nuevas clases fue obstaculizado por la terca permanencia de las anteriores en el mismo espacio que las nuevas debían ocupar. En el ámbito político, la nación se convirtió en el estamento simbólico de la comunidad: la legitimidad de la soberanía residía en la noción secular de la nación como Estado. En contraste, en Latinoamérica, la modernización industrial fue simultánea a luchas civiles que erosionaron la unidad en torno de una idea de nación (Schelling 2000). En el aspecto cultural, la modernidad europea estuvo asociada con el auge de los medios de comunicación y el desarrollo de una cultura racionalista y racionalizadora que permitía que la explicación del universo se hiciera de manera científica, y eso privilegiaba el acceso a unas nociones relativamente homogéneas de verdad. Por su parte, en Latinoamérica, la idea misma de racionalidad era cuestionada por quienes veían en la violencia reciente una manifestación de irracionalidad; a la vez, el aspecto masivo de los medios de comunicación se restringía ante la existencia de pocos espacios urbanos ilustrados (Schelling 2000).

En *Zama* (1956)y en otros textos de Antonio di Benedetto —*El silenciero* (1964), *Los suicidas* (1969) y los cuentos de *Absurdos* (1978)— se representa esa modernidad periférica a través de la abundancia de significantes vaciados de sentido: la relación entre significantes y significados colapsa, y lo que queda en el mundo representado son signos muertos. El autor ha enfatizado ese desencuentro de signos y la forma en que esto afecta sicológica e individualmente al sujeto. Logra este objetivo al construir una ficción en la que uno uno de los temas centrales es la representación misma del colapso del principio de realidad: la ficción guarda una lógica descalabrada y, a ratos, onírica. En *Cielos de la Tierra* (1967) y *Duerme* (1994) de Boullosa lo problemático de esta modernidad periférica y derivativa en México se presenta metafóricamente a través de la arquitectura: ambos textos inciden en la construcción de la ciudad moderna sobre los muros de la ciudad azteca. En ambos, las jerarquías sociales siguen tan vigentes como en la rígida sociedad colonial. Dentro de la estructura social mexicana, el indígena y la mujer no forman parte del proyecto de nación. Esta idea es central en *Cielos de la Tierra*, obra en que los tres protagonistas —dos mujeres y un hombre indígena— escriben desde tiempos distintos, pero lo que cuentan y el lugar desde donde lo hacen tienen el mismo problema irresuelto: proyectos de modernización integradores que han fracasado a lo largo de la historia mexicana.

En el caso peruano, la relación entre modernidad y tradición que plantea Rosas Paravicino está directamente imbricada con la dificultad de integrar las distintas regiones del Perú: el lugar sagrado del Ausangate, el punto de reunión de los distintos personajes en *El gran señor* (1994) y *Muchas lunas en Machu Picchu* (2006), no une verdaderamente a los peruanos porque cada quien entabla un monólogo que impide la comunicación entre unos y otros. Los cambios modernizadores desde la sierra que destaca Rosas Paravicino tienen como marco un tiempo cíclico, un pensamiento milenarista que los envuelve, con lo que se muestra cómo la mentalidad andina sigue manteniendo, en el fondo, una concepción del tiempo trágico, en la que las utopías están agotadas.

En *El mundo alucinante* (1965) de Arenas se dramatiza en primer plano la estructura de esta contradictoria modernidad latinoamericana a través de la representación del palacio del presidente mexicano Guadalupe Victoria, donde ocurre toda la última parte de la novela. Su estructura es una réplica de los modelos europeos, pero su contenido, es decir, su propuesta, va en contra de los ideales de México como país: se idolatra a los héroes españoles que ocasionaron la derrota del Imperio azteca. El palacio mismo implica una contradicción entre la modernidad y la tradición: simboliza cómo México se independiza sin quebrar las estructuras de poder coloniales. Esto mismo ocurre en *Daimón* (1978) de Posse, donde se construye un tablero de ajedrez circular en el cual los rebeldes del pasado se convierten en los dictadores del futuro y redoblan la violencia de los coloniales: las jerarquías de raza, clase y género continúan inamovibles.

A diferencia de lo que propone María Cristina Pons (1996) en relación con el tema de la identidad latinoamericana, considero que la vuelta al pasado no funciona como una resistencia a una identidad en la era de la globalización. Creo, más bien, que en muchos autores contemporáneos hay interés en remirar la Colonia para desbaratar o desmantelar las premisas esencialistas que sustentan las ideas de la existencia de una identidad latinoamericana y de algo identificable como «lo latinoamericano». Algunas de las novelas seleccionadas, como *Zama* (1956) y *El mundo alucinante* (1965), muestran cómo la transformación del personaje, los distintos roles que adquiere, se deben a las diversas posiciones asumidas por estos sujetos insulares en torno a un centro de poder: es decir, Arenas y Di Benedetto proponen que no se «es» de cierta manera, sino que se «está» de acuerdo con cada circunstancia.

Todas estas novelas plantean la reacción ante un poder ajeno. El primer capítulo del presente libro trata sobre *Zama* (1956), en tanto novela de la inacción. El segundo estudia *El mundo alucinante* (1965), jugando con la idea de la trampa y de la imposibilidad de salirse del sistema cuando el poder es absoluto. El tercero contrasta dos novelas de Boullosa, *Duerme* (1994) y *Cielos de la Tierra* (1967), en las que parecen generarse esperanzas de una posible rebelión para conseguir la unión nacional, aunque a la postre ambas novelas describen, más bien, la idea de algo latente que no se concreta. El cuarto capítulo es un ensayo sobre la novela *El gran señor* (1994), de Rosas Paravicino, y sigo, en él, el contrapunto que el texto plantea entre las nociones de rebelión y traición en torno de la figura de Mateo Pumacahua (caudillo indígena que, en el siglo XIX, fue héroe de la independencia criolla pero que treinta años antes había combatido por los españoles contra Túpac Amaru) y también en relación con la historia contemporánea y el accionar del Partido Comunista del Perú-Sendero Luminoso contra los peruanos de los Andes a fines del siglo XX. La renuncia a la normalidad esperable de los relatos históricos tradicionales, su trastorno, duplicidad o duplicación, que los lleva a desdoblarse y referir dos tiempos históricos a la vez, emparenta a todas estas novelas en cuanto a su concepción de la historia y las posibilidades de representación narrativa de la historia así concebida: el *topos* de la isla que se balancea o flota al final de tiempo, o se mimetiza con el mar o con la tierra, o con el vacío en torno a ella, isla concreta unas veces pero, conceptual o imaginaria otras, será el escenario común de todas ellas.

1

De espaldas a la historia: *Zama* de Antonio di Benedetto

Dedicada a las «víctimas de la espera», *Zama* (1956), de Antonio di Benedetto, es la historia de una desesperanza. Don Diego de Zama, su protagonista, es un criollo al servicio de la Corona en un remoto pueblo del virreinato del Río de la Plata. Divida en tres partes tituladas con una referencia cronólogica y temporal porque solo se identifican tres fechas (1790, 1794, 1799), la novela nos cuenta cómo el funcionario colonial fantasea con salir de la reclusión que para él constituye el lugar en el que se halla estacionado. El protagonista intenta liberarse de un exilio y se propone llegar, primero, a España, la metrópoli ideal; luego, a alguna capital administrativa como Chile, donde residen su esposa Marta y sus hijas; y, finalmente, al Perú. Sin embargo, lo único que consigue este agónico anhelo, que alcanza una dimensión delirante, es alejarlo más, hacia la periferia, y llevarlo a morir abandonado en el desierto.

Zama (1956) es la única novela del escritor mendocino que puede calificarse de histórica, si bien la crítica ha discutido su pertenencia a este género. Mi propuesta consiste en interpretar la novela como una ficción sostenida en dos ejes temporales, lo que la convierte en una obra que profundiza en la noción de experiencia histórica. Así, pues, *Zama* recrea el Paraguay colonial de fines del siglo XVIII y, a la vez, alude de manera indirecta al periodo peronista que constituye la historia argentina desde 1946 hasta 1955 (época que coincide con la escritura de la novela).[1] El texto se plantea la relación sujeto/polis, para lo cual traza una línea de continuidad entre el pasado colonial paraguayo y el presente de la escritura: la novela reflexiona sobre cómo, en la Colonia, el ser americano estuvo definido por su condición periférica en relación con un centro ausente, constitudo por España. Esta relación problemática entre centro y periferia —reconocible con mayor claridad si se analiza *Zama* como libro inicial de una trilogía conformada también por *El silenciero* (1964) y *Los suicidas* (1969)— se redefine en el presente argentino en torno a un centro omnipresente, dado por la figura autoritaria de Perón, un personaje de poderosa presencia y que, incluso desde el exilio, fue por décadas una figura de peso en la historia política argentina. En cualquiera de estos dos momentos históricos, Di Benedetto parece apuntar a que la condición colonial y la latinoamericana son una y la misma: ocupar la periferia en relación con los grandes centros de poder. El Paraguay colonial, como la Argentina peronista, es un lugar marginal, donde se padece la historia. La metáfora de la isla caracterizó al Paraguay colonial y, en la novela, se convierte en emblema de la condición periférica de América Latina.

En una extensa entrevista con Günter Lorenz, Di Benedetto explicó de esta manera por qué eligió al Paraguay como escenario de su novela:

> Mi libro que mejor considero, *Zama*, contiene variadas esencias: el misterio y la aventura, el amor y la continencia, la angustia, la muerte y la espera. Son temas universales. No obstante, para ilustrarlos en una obra ambiciosa como la que me proponía, yo no tenía opción: solo americanos tenían que ser los personajes y el escenario. Y no cualquier

---

1. Juan Domingo Perón fue elegido democráticamente en 1946 pero antes de su elección, entre 1943 y 1946, participó con el Grupo de Militares Unidos en el complot militar para derrocar al presidente civil Ramón Castillo. Se mantiene en el poder desde 1946 hasta 1955, pero, antes de que terminara su segundo mandato, un nuevo golpe militar le quitará del mando político.

> punto de América, sino de un sitio de condiciones acentuadamente expresivas y significativas, que resultó ser el Paraguay, país que en el libro no está mencionado ni una sola vez. (Lorenz 1972: 124)

La condición insular de Paraguay permite definir la cuestión colonial y la agencia del sujeto en la relación con la metrópoli. En este caso, se trata de una relación de distancia geográfica que pasa a significar distanciamiento del orden, el poder y el sentido.

Julio Cortázar y Jorge Luis Borges, en las cartas que escribieron a Di Benedetto y que antecedieron al texto en la edición española de *Caballo en el salitral* (1981), consideraron que *Zama* (1956) era una obra maestra (Benedetto 1981: 9-11). A pesar de ello, la novela no recibió la atención de la crítica hasta que Juan José Saer señaló, en un laudatorio «Prólogo» a *El silenciero* (1964), que Di Benedetto no solo era una de las figuras literarias más importantes de la literatura argentina sino, también, una de sus voces más originales. Para Saer, «la prosa que los distribuye [a los personajes de Di Benedetto] en la página no tiene ni precursores ni epígonos» (2000: 12).[2]

Debido a la ubicación de su escenario y la singular relación de los personajes en relación con el tiempo, la polémica central en torno de esta novela ha consistido en dilucidar si se trata o no de una novela histórica. Este debate está alentado precisamente por la extrañeza del ambiente y de la historia descritos que rompen con el molde tradicional del género. Noemí Ulla (1972), Carmen Espejo Cala (1991), Juan José Saer (2004) y Jimena Néspolo (2004), por solo citar algunos ejemplos, sostuvieron que, si bien tomaba elementos del género de la novela histórica, *Zama* (1956) era una versión peculiar en clave paródica. En particular, Saer sostuvo que la novela era en realidad «la

---

2. En ese mismo prólogo, Juan José Saer celebra rotundamente al escritor mendocino: «Las tres principales novelas de Antonio Di Benedetto —*Zama, El silenciero y Los suicidas*—, forman una especie de trilogía y, digámoslo ya para que quede claro de una vez por todas, constituyen uno de los momentos culminantes de la narrativa en lengua castellana en nuestro siglo» (2000: 7).

refutación deliberada de ese género», puesto que «[n]o se reconstruye ningún pasado sino simplemente se reconstruye una visión del pasado, cierta imagen o ideal del pasado que es propia del observador y que no corresponde a ningún hecho histórico preciso» (2004: 44), y que posee, en cambio, un sentido de parodia. Espejo Cala afirmó rotundamente que «*Zama* no es una novela histórica como tampoco es un relato mítico, una reflexión existencial, ni una aventura picaresca. Estos no son más que diversos códigos de referencia que Di Benedetto emplea profunda pero secundariamente para construir un discurso autárquico» (1991: 232). El crítico sostiene, como Saer (2004), que la obra «es una parodia de novela histórica» (Espejo Cala 1991: 236).

Malva Filer (1982), en uno de los pocos libros que se dedicó íntegramente a esta novela, consideró, por el contrario, que *Zama* (1956) era una novela histórica porque, si bien no lo menciona explícitamente, reconstruye aspectos del Paraguay colonial como sus calles, su puerto, su gobernación, la relación entre los letrados y el virrey, y la vida de la élite española, a través de un lenguaje dieciochesco y sobre la base de las crónicas coloniales que escribió el español Félix de Azara en 1790, durante su estadía por nueve años en aquella región. La autora encontró una relación entre historia y reconstrucción realista de un momento específico (en este caso, el Paraguay de 1790), aunque subrayó ciertos «anacronismos y descuidos en la escritura» (Filer 1982: 41), y llegó a la conclusión de que *Zama* era una novela histórica porque el trasfondo —a pesar de cierta inexactitud topográfica—son dichas crónicas.[3] El «diálogo de los textos» al que alude Filer

3. Bajo esta mirada que contrasta la realidad y la ficción buscando comparar el relato con los datos reales, Filer llega a la conclusión de que «en lo que concierne a los aspectos topográficos y edilicios, la novela es fundamentalmente fiel a las fuentes documentales que le hemos atribuido» (1982: 42). De acuerdo con su estudio, Di Benedetto yerra en ciertos anacronismos en la novela, porque, en el tiempo de la narración, todavía las calles de Asunción no tenían nombre: «la nomenclatura de las calles se hizo a partir de 1842, durante el gobierno de Carlos Antonio López. De esta fecha datan los nombres mencionados en *Zama* pero la inexactitud de detalle, no adultera el carácter fidedigno que tiene, en lo

(1982) en el título de su estudio sería esta reescritura encubierta que lleva a cabo Di Benedetto sobre la base de los textos de Azara.

Sobre la base del estudio de Filer (1982), Jimena Néspolo (2004) llegó a la conclusión de que, si bien es problemático considerar *Zama* (1956) dentro de la categoría de novela histórica, no cabe duda de que son los dos textos coloniales de Félix de Azara (a los que ella denomina «los pre-textos de *Zama*») el soporte factual de la novela: *Descripción e historia del Paraguay y del río de la Plata* (1943 [1847]) y *Geografía física y esférica del Paraguay* (1804), escritos para el cabildo de la Asunción durante los veinte años en que el cronista vivió allí (1781-1801) con el propósito de construir mapas de la zona e indagar sobre la flora, la fauna y las costumbres del lugar. De acuerdo con el minucioso estudio de Filer (que intenta encontrar pistas y referencias de otros textos de la época allí donde la novela se empecina en omitirlos), *Zama* es histórica también por una segunda razón: la narración no solo sería una reescritura de las crónicas ya mencionadas, sino de la biografía de Miguel Gregorio de Zamalloa. Efraín Bischoff narró la vida de este personaje en su libro *Doctor Miguel Gregorio de Zamalloa, primer rector revolucionario de la Universidad de Córdoba* (1952). Miguel Gregorio de Zamalloa nació en Argentina en 1753 y, en efecto, algunos pasajes de su biografía parecen haber inspirado la de Zama; más aún, la época en que vivió es el periodo en el que transcurre la novela.[4]

---

esencial, la Asunción de *Zama*» (Filer 1982: 41). Dentro de estos errores temporales se encontraría también el de la construcción del muelle: «La escena del muelle y el agua estancada al comienzo de *Zama* corresponde a condiciones posteriores en un siglo al período en que se sitúa la novela» (Filer 1982: 39). Lo contradictorio en Filer es que, aunque rechaza la idea de «fidelidad arqueológica» (1982: 56) para definir una novela como histórica, su estudio sigue precisamente esta metodología.

4. El libro de Bischoff es la biografía de un personaje real que nace en Jujuy, en 1753, de padre español y madre criolla. Este hombre se muda a Córdoba, donde estudia y obtiene los títulos de bachiller, licenciado y maestro en artes (1772). Ocupa el cargo de corregidor de Chichas y es designado luego justicia mayor

Noemí Ulla (1972) sostuvo, por su parte, que *Zama* (1956) era una novela bastante atípica, porque si bien reconstruye lingüísticamente el español del siglo XVIII con precisión, no ostenta una similar acuciosidad en la reconstrucción histórica del Paraguay colonial. El lenguaje en Zama (1956) es, según Ulla, «un salto en el tiempo, en la búsqueda de un lenguaje perdido, al que debe ajustar una doble simultaneidad» (1972: 251). Ulla llega a afirmar que «Di Benedetto debió internarse en las fuentes y asumir con fidelidad la época virreinal en que se sitúa *Zama*» (1972: 252).

Dentro del abordaje problemático y contradictorio que experimentó esta novela, resulta muy llamativa la opinión de un erudito como David Foster (1975), quien sostuvo, en un libro dedicado a la obra de Arlt, Mallea, Sábato y Cortázar, que no valía la pena estudiarla. Afirmó, en esta línea, que este relato carecía de atractivo por ser una especie de réplica de la novela existencialista europea, específicamente una reproducción de *El extranjero*, de Albert Camus. Consideró, además, que Zama era casi un «libro de texto» sobre la novela existencialista y, por tanto, no merecía mayor atención (1942: 138). La filiación existencialista de *Zama* (1956) fue observada también por Carmen Espejo Cala (1993), aunque con juicio muy diferente. Ella señaló la pasión de los escritores rioplatenses de la llamada generación de 1955 por el existencialismo francés y reconoció su influencia en el autor argentino. Según explica ella, los narradores de la llamada Generación del 55, a la cual perteneció Di Benedetto (la mayor parte de estos

---

de Tarija. Con la rebelión de Túpac Amaru II en 1780, la abolición de los corregimientos y la reorganización de los virreinatos, Zamalloa no obtiene un buen puesto y se le designa teniente asesor ordinario de Paraguay. Fue un funcionario directamente vinculado al gobernador Joaquín Alós y sufrió muchos apremios en Paraguay. Se le acusa, en 1789, de relaciones ilícitas (había dejado a la esposa en Córdoba) con una dama blanca; finalmente, lo trasladan a Montevideo y no llega a reencontrarse con su familia hasta su jubilación. Para Néspolo es clara la relación entre Zama y Zamalloa: «Puede leerse más allá de la homonimia casual entre Zama y Zamalloa una notable coincidencia de vivencias durante el período que ambos pasaron en la Asunción de 1790» (2004: 254).

autores nacidos entre 1920 y 1930), se adscribieron a una moral de la acción que implicaba no solo una nueva actitud literaria sino también pública. A través de revistas como *Verbum, Centro, Las Ciento y Una, Gaceta Literaria* y, especialmente, *Contorno*, los escritores de la generación de Di Benedetto buscaron modernizar el panorama artístico y político del país, en abierta oposición al autoritarismo peronista.

En efecto, los escritores de la Generación del 55 reconocieron la influencia del existencialismo ateo francés y de la novela norteamericana de la Generación Perdida en su crítica al sistema represivo peronista; asimismo, rescataron del olvido a escritores como Roberto Arlt. Entre sus miembros más representativos cabe destacar, junto con Di Benedetto, a Rodolfo Walsh, David Viñas y Héctor Álvarez Murena, líderes de la denominada «Generación Parricida», un pequeño grupo que atacó con fuerza a los autores que años atrás habían colaborado con la Revolución peronista.

Como puede observarse, el estado de la crítica en torno de la novela se muestra confuso y problemático. Prevalece la falta de consenso no solo sobre su sentido y su valor literario, sino también sobre su naturaleza en tanto novela histórica, lo que puede ser explicado por las definiciones conflictivas del género a las que han recurrido los críticos. Este tipo de acercamientos —especialmente los que sostienen Néspolo (2004), Ulla (1972) y Filer (1982)— concibe la novela histórica como un intento fidedigno de reconfiguración del pasado; entiende, por *historia*, una reconstrucción arqueológica y, por *realismo*, el realismo decimonónico.

Tal aproximación soslaya el rasgo distintivo de la novela histórica ya observado por Lúkacs. *Zama* (1956) puede ser considerada una novela histórica no tanto por la reconstrucción de un ambiente histórico sino por el hecho de que pone en escena la relación del sujeto con el tiempo de la polis en unas ciertas coyunturas sociales reconocibles, aun si el texto no las explicita. El marco de su aventura no es doméstico sino político. En el sentido más cabal y literal de la palabra, la novela discute y representa, mediante una visión delirante antes que realista, una relación problemática entre el funcionario colonial y la metrópoli, entre quien debe hacer cumplir las leyes y el lugar en que estas se originan. Estas normas dominan, a pesar de su distancia, las decisiones personales y privadas que don Diego de Zama ha de tomar, tales como reunirse con su esposa e hijas, mudarse a un lugar menos alejado, esperar un sueldo, comprar una casa e, incluso, volverse adúltero. Todo ello, en realidad, no está en su poder, sino que se decide y se norma desde un lugar que se vuelve cada vez más lejano e inalcanzable. La novela muestra que la condición colonial se define por esa forma de vinculación problemática a un centro distante, cuyas leyes determinan la existencia de los individuos.[5]

Zama (1956) es histórica aunque no narre acontecimientos históricos conspicuos y no tenga un carácter epopéyico. De hecho, el lector puede tener la sensación de que el protagonista, don Diego de Zama, no *hace* nada, de que todas las acciones le acaecen y son nimias e insignificantes. La sensación que deja la lectura es la de una eterna y larga espera, en la que el ambiente y el lenguaje lacónico, parco y denso, transmiten una cadencia que parece llevar, en sí misma, la desesperación que el protagonista atraviesa. Precisamente esta característica central de *Zama* (la ausencia de grandes hechos epopéyicos) es uno de los elementos que marcan el carácter original de la obra. Como sostuvo Mijaíl Bajtin, refiriéndose principalmente a la novela

5. Me he detenido en señalar qué autores consideran que *Zama* (1956) no es una novela histórica. Sin embargo, Carlos Nallim (1987) y Julio Premat (1997) concuerdan en la historicidad de *Zama* y en su capacidad de renovar el género en Argentina. En esta dirección, él último afirma lo siguiente: «En la últimas décadas, han surgido en América Latina, y singularmente en el ámbito del Río de la Plata, una serie de ficciones históricas escritas contra o fuera de las leyes del género, ficciones que incluyen una conciencia explícita de la carga imaginaria que supone toda reconstrucción espacio temporal. Son textos que muchas veces ponen en escena una regresión individual, y si bien dialogan con las Historias nacionales y con una tradición literaria, no pretenden presentar una realidad ficcional ajena al mundo interior del escritor. La segunda novela del mendocino Antonio Di Benedetto, *Zama*, es una obra precursora de esta tendencia en el marco argentino» (Premat 1997: 286).

romántica decimonónica, la novela histórica suele estar asociada con grandes hechos políticos, principalmente con la guerra:

> For a long time the central and almost sole theme of purely historical narrative was the theme of the war. This fundamentally historical theme— which has other motifs attached to it, such as conquest, political crimes and the deposing of pretenders, dynastic revolutions, the fall of kingdoms, the founding of new kingdoms and courts, executions and so forth— is interwoven with personal-life narratives of historical figures (with the central motif of love), but the two themes do not fuse. The major task of the modern historical novel has been to overcome this duality: attempts have been made to find an historical aspect of private life, and also to represent history in its «domestic light». (1981: 217)

¿Por qué la guerra es el elemento recurrente en casi todas las novelas históricas del XIX (indudablemente, Bajtín [1981] se refiere a novelas como las de Walter Scott, escritas por hombres, y olvida que las mujeres no necesariamente escribieron novelas históricas basadas en episodios bélicos)? Peter Elmore (1997), llevando la pregunta a territorio latinoamericano, sostuvo que la guerra era la manifestación externa de un período de crisis. En América Latina, estas coyunturas están marcadas por puntos muy precisos en la historia: el comienzo de la experiencia colonial en los siglos XV y XVI, y la fundación de Estados autónomos en el siglo XIX, los grandes momentos de fisura que marcan a las sociedades latinoamericanas (hechos violentos que definen encrucijadas para el destino de las naciones). Elmore explicó que la conciencia histórica moderna se rige por estos períodos de crisis y no por los de continuidad, de manera que «si la crisis se convierte en el criterio decisivo para elucidar la Historia, la agonía —en su sentido etimológico de lucha, de conflicto sin cuartel— aparecerá como la expresión más elevada de experiencia social» (1997: 27).

En *Zama* (1956), la ausencia de violencia bélica es tan marcada que se convierte en una presencia. En efecto, los finales del siglo XVIII marcaron el comienzo del fin del Imperio español en América, y Diego de Zama se encuentra al margen de este proceso y sueña aún con la pequeña gloria que le puede deparar su papel de funcionario de un imperio que está colapsando. *Zama* narra entonces una crisis política desde una experiencia privada señalada por la ausencia y la distancia.

La extrema subjetividad de la narración, que bordea el delirio, y el uso de un registro lingüístico que de ninguna manera se propone recrear la retórica de una época —falla en esa apreciación Noemí Ulla (1972)—[6] crean una especie de extrañamiento y distanciamiento en relación con el periodo evocado, y eso trae precisamente lo colonial al presente. Todas ellas son características sumamente inusuales en una novela histórica, incluso en la categorización que desarrolla Seymour Menton (1993) para definir a la «nueva novela histórica latinoamericana».[7] Aunque Di Benedetto dramatizó la representación

---

6. Hay una disputa por definir qué momento histórico recrea *Zama* (1956). Para Saer (2004), Di Benedetto reproduce el lenguaje del Siglo de Oro español, mientras que, para Ulla, el del siglo XVIII. No encuentro en *Zama* ningún paralelo con el estilo de autores como Cervantes o Quevedo, por solo citar dos eminentes representantes de la prosa del Siglo de Oro, tampoco con el de ningún escritor del siglo XVIII. Lo que existe en *Zama* es un lenguaje bastante similar al empleado en las otras dos novelas de la trilogía ambientadas en el presente argentino. La similitud entre ellas la da un estilo parco, elíptico, en el que prevalece la acción o las consecuencias de los hechos antes que las descripciones detalladas de las causas de esos acontecimientos y en el que abunda la presencia simbólica de animales y objetos.

7. Seymour Menton (1993) nota una proliferación de novelas históricas en el último tercio del siglo XX. El libro contabiliza un total de 367 novelas históricas en la novelística latinoamericana contemporánea. Menton (1993), con cierto exceso administrativo, da una lista de seis características para catalogar «las nuevas novelas históricas», advirtiendo que no necesariamente la novela, para ser considerada como tal, debe contar con todas ellas: (a) imposibilidad de conocer la verdad histórica o la realidad; (b) distorsión consciente de la historia mediante omisiones o exageraciones y anacronismos; (c) ficcionalización de personajes históricos a diferencia de la fórmula de Walter Scott; (d) metaficción o comentarios del narrador sobre el proceso de creación; (e) intertextualidad; y (f) los conceptos bajtinianos de lo dialógico, lo carnavalesco, la parodia y la heteroglosia. Todo esto de acuerdo con la idea borgeana de que la realidad y la verdad históricas son incognoscibles.

de la historia y la distorsionó conscientemente mediante omisiones o exageraciones —dos de los puntos claves de la definición de Menton (1993)—, la particularidad de *Zama* (1956) está en ser un relato altamente subjetivo y construir una novela precisamente en la ausencia de la historia como crisis social. Si el objetivo de Di Benedetto hubiera sido dejar en claro las fuentes que lo inspiraron para construir la ficción, las habría explicitado de manera obvia en el texto. El escritor mendocino tenía un interés particular en omitir superficialmente los hechos reales que lo inspiraron a pesar de haber realizado una detallada investigación geográfica e histórica. En efecto, el autor afirmó en la entrevista de Günter Lorenz que el escenario preexistía en él y que recurrió a la biblioteca de la Universidad de Córdoba para estudiar «la orografía, la hidrografía, la fauna, los vientos, los árboles y los pastos, las familias indígenas, y la sociedad colonial» (1972: 132).

¿Por qué entonces Di Benedetto omitió el nombre del lugar donde ocurre la novela y cambió el nombre del cacique de la tribu mbayá Nalapagerá por el de Nalepenegrá?[8] En lugar de contrastar detalle a detalle la ficción con las crónicas en las que supuestamente el autor se basó para escribir la novela, me parece central preguntarnos el porqué de estas omisiones. Sobre ello ahondaré en la primera parte de este capítulo porque es precisamente esa ausencia la que sostiene la tesis que propongo: dado que, desde la Colonia, el sujeto está definido por su condición periférica, me interesa descartar todas las propuestas que ven en *Zama* (1956) una novela absolutamente distinta y aislada de la producción de Di Benedetto. Propongo, en cambio, que esta obra plantea una condición contemporánea que tiene que ver directamente con la posición periférica del sujeto colonial, tema que es la espina vertebral de la obra de Di Benedetto. En un sentido crucial, *Zama* no solo es una novela histórica porque plantee la relación sujeto/polis; en realidad, es doblemente histórica, pues plantea

8. Según Azara (1904), los mbayá tenían varios caciques, pero los principales eran cuatro: Codoalotoqui, Natogotaladí, Navidrigí y Nalepenegrá.

esa relación en dos momentos históricos reconocibles (este rasgo de *doble historicidad* será explicado más adelante).

Considero que la prosa lacónica, elíptica y onírica del autor, ese estilo suyo tan reconocible, trasciende lo formal para agrupar tres novelas y un libro de cuentos en torno a un estilo y una temática similares, relacionados simultáneamente con el asunto colonial y con el presente dictatorial argentino en que escribe el autor. Las novelas son la trilogía conformada por *Zama* (1956), *El silenciero* (1964) y *Los suicidas* (1969); y el libro de cuentos, *Absurdos* (1978).[9] Propongo que, en *Zama*, la crisis que sufre el protagonista y la representación misma poseen una conexión directa con una fecha clave en el presente argentino y en la vida del autor: 1955. Este año se inició la escritura de *Zama* y de la trilogía, y se dio inicio a un nuevo golpe militar en Argentina y, con él, al fin del gobierno peronista. La fecha de 1976 también es clave en su obra porque coincide con el encierro de Di Benedetto y los simulacros de fusilamiento a los que fue sometido el autor el primer día de «El Proceso», la dictadura que instauró la Junta Militar argentina presidida por Jorge Rafael Videla (1976-1983).

---

9. Juan José Saer (2000) es uno de los pocos que nota una continuidad de estilo y temática en la obra de Di Benedetto, al señalar que *Zama* forma parte de una trilogía. Con relación al estilo, Saer (2000) nota la particularidad de las frases breves y el hecho de que, en todas ellas, la historia gire en torno de la confesión de un solo personaje siempre masculino. En cuanto a la temática, apunta a la insistencia en la figura del encierro, la culpa y la autodestrucción que unifica a los tres protagonistas (Saer 2000: 7-13).
El estilo de Di Benedetto es tan particular y reconocible que Roberto Bolaño en su cuento «El gaucho insufrible», una reescritura del clásico «El sur» de Jorge Luis Borges, hace alusión a la escritura dibenedettiana para referirse a esta realidad delirante que aparece en sus cuentos y novelas. Concretamente, Bolaño alude al cuento «Caballo en el salitral» cuando el gaucho impostado, Pereda, entra en la pulpería donde se realizará el duelo: «Una inspiración repentina lo hizo entrar montado en la pulpería. En el interior había un gaucho viejo, que rasgueaba la guitarra, el encargado y tres tipos más jóvenes sentados en una mesa, que dieron un salto no más vieron entrar el caballo. Pereda pensó, con íntima satisfacción, que la escena parecía extraída de un cuento de Di Benedetto» (Bolaño 2003: 30).

Dicho año, el autor inicia la escritura de *Absurdos* (1978), un libro de doce cuentos escritos en la prisión y en los que el autor regresa al período colonial. De esta manera, Di Benedetto trazó una línea que conectó el presente y la Colonia con los regímenes autoritarios.

En efecto, en todas sus novelas, el protagonista sufre las consecuencias de la imposición de un gran orden externo, que no puede controlar porque se encuentra en una posición marginal respecto del lugar donde se toman las decisiones que lo fabrican y lo modelan. En *Zama* (1956), esa imposición legal excesivamente estricta y reguladora proviene de un afuera que es la metrópoli, un afuera que desconoce la realidad para la cual fabrica todas estas leyes, que poco o nada tienen que ver con la vida real de sus habitantes. El personaje está en una posición periférica, desde la que no puede ser más que receptor pasivo y acaso víctima de ese ordenamiento incompatible con su realidad. En las otras dos novelas de la trilogía, *El silenciero* (1964) y *Los suicidas* (1969), de manera similar, ese centro regulador (que no es nombrado en ninguna de las novelas y se presenta de manera emblemática como «el ruido» en *El silenciero* y como una empresa periodística que absorbe al escritor en un frenesí onírico en *Los suicidas*) es un régimen dictatorial, autárquico o absolutista, una fuerza ordenadora externa que impone un excesivo control en la sociedad. La vigilancia trasciende el espacio público para invadir el ámbito privado y, desde allí, controlar cada movimiento del hombre hasta asfixiarlo, quitándole incluso el nombre (en ninguna de las dos novelas el personaje tendrá uno).

Esta desconexión entre centro y periferia, entre ley y realidad, que aparece en *Zama* (1956), cobra un matiz distinto en las dos novelas de temática contemporánea, en las que la desconexión está dada por la modernidad desigual que ha sufrido la ciudad capital en relación con la periferia (cualquier ciudad alejada del centro) o, de manera más amplia, el lugar periférico que ocupa América Latina en relación con los grandes centros de poder mundial. Desde la Colonia hasta el presente argentino, Di Benedetto dejó en claro que lo que define al sujeto es el lugar que ocupa en relación con esos centros de poder exógenos y que lo latinoamericano es, entonces, una *condición política*, que tanto en la Colonia como en el presente, estamos sujetos a las grandes decisiones que se toman desde fuera. En *Zama*, la novela ambientada en la Colonia se muestra cómo esta tensión es asumida por la consciencia de un sujeto que colapsa a causa de esos desencuentros y, como consecuencia de ello, entra en una profunda crisis. La maestría estilística del autor hace posible que tales novelas empiecen como crónicas realistas y terminen desembocando en un delirio. La pérdida del sentido de la realidad es consecuencia de la imposibilidad del personaje de salir de la crisis.

La Colonia y el gobierno peronista tienen en común el constituir una imagen continua y homogénea que define y reprime al sujeto. Tal como en la Colonia se intentó definir lo americano como una unidad indivisa, el peronismo, de orientación nacionalista y populista, buscó crear una sola imagen abarcadora y totalizante que definiera lo argentino. Di Benedetto, víctima de ese intento homogeneizador, regresa a la Colonia para mostrar cómo las ansias de igualar a toda una población y de pretender clasificar al otro a través de categorías unitarias produce muerte, vaciamiento y destrucción. En *Zama* (1956), como en las novelas de tema contemporáneo, esa situación de vigilancia, que se manifiesta en un poder conspicuamente invisible desde el cual se controla a la sociedad, produce el envilecimiento de la población. Di Benedetto muestra que en los regímenes donde prevalece un absoluto control (la Colonia, pero también los autoritarismos en general), hay una especie de mimetismo en torno al mal: lo que prevalece es la podredumbre, la inmoralidad y la autodestrucción.

En las siguientes páginas, me centraré primero en cómo Di Benedetto representa el período colonial tardío en *Zama* (1956), para luego relacionar esta novela con el resto de su producción. Al hacerlo, siempre tendré presente la idea de que, desde la reconstrucción de la Colonia, Di Benedetto critica la represión argentina que le tocó vivir y la condición de dependencia que encuentra entre América Latina y los grandes centros del poder en el orden internacional.

Zama y la historia como ausencia

Existen casos como el de *Zama* (1956), en que lo no mentado, lo no dicho, imprime una huella central en la significación de la historia. La ausencia adquiere en esta novela un relieve narrativo problemático y fundamental en varios niveles de la ficción. En el sentido literal, la familia de don Diego no se encuentra presente, y el personaje está solo en medio de la tierra.[10] Marta, su esposa, se vuelve un nombre, un signo vacío, una esperanza irreal de escapar de ese lugar caliente que asfixia al protagonista. Los recorridos de Zama al puerto para ver si llegó un barco con alguna carta de Marta se vuelven también, en el transcurso de la novela, una rutina vacía de significado: «Procuré ocupar la cabeza en el motivo de mi caminata, en el hecho de que yo esperaba un barco, y si un barco entraba en él podría llegar algún mensaje de Marta y de los niños, aunque ella y ellos no vinieran, ni nunca hubiesen de venir» (Benedetto 2000 [1956]: 11).

Desde el primer momento, el protagonista sabe que su destino no va a cambiar: «debía llevar la espera», dice, «y el desabrimiento en soliloquio, sin comunicarlo» (Benedetto 2000 [1956]: 10). Marta es la excusa para hacer el recorrido al espacio del puerto, y su presencia ausente se convierte en el único medio de comunicación entre el aquí y otro espacio posible, al que Zama espera algún día llegar. La distancia enorme que los separa se intenta suplir, de algún modo, por la escritura y por la reconstrucción imaginaria de los hechos que ella podría hacer cuando recibiera ese hipotético papel que le permitiría su traslado, un traslado que nunca llega (y que él sabe que no llegará)

10. En la entrevista que Di Benedetto le concede al periodista Urien Berri (1986) de *La Nación*, señala que el título original del libro era *Espera en el medio de la tierra*: «Pensaba que yo, o cualquier otro ser humano, podía quedarse solo, solo sobre una corteza terrestre vacía, sin otros hombres ni animales, sin vida, rodeado nada más que por objetos. Pensé en ese navegante solitario de la tierra. Luego elegí el Paraguay colonial como lugar de acción porque don Diego tenía educación y formación jurídica» (*La Nación*, p. 6, sección 4, domingo 19 de octubre de 1986).

a pesar de los supuestos trámites que realiza su cuñado ante el virrey de Buenos Aires: «No me apetecía tanto un ascenso como la ubicación en Buenos-Ayres o en Santiago de Chile porque mi carrera estaba estancada en un puesto que, se me insinuó con el nombramiento, implicaba apenas un fugaz interinato» (Benedetto 2000 [1956]: 22). Desde las primeras páginas de la novela queda claro que Zama está interesado en hacer carrera dentro de la administración imperial pero, sobre todo, en ser asignado a otro lugar en el cual no se sienta atrapado, sometido y aislado: «en esta tierra llana, yo parecía estar en un pozo» (Benedetto 2000 [1956]: 10). La novela sugiere que lo único que queda por hacer en el pozo de la periferia colonial es suplir la ausencia con la creación y la escritura:

> Consagré la segunda mitad del día a una epístola detenida y quejosa a Marta, para que el barco la llevase en su camino río abajo. Desenvolvía despacio el viaje de la carta por agua hasta Buenos-Ayres, por tierra después centenares de leguas con rumbo oeste, y me dolían los reproches, frescos aún en el papel que mi esposa, lejana y sin su hombre habría de leer tres o cuatro meses más tarde. (Benedetto 2000 [1956]: 18)

La imagen que abre la novela es central porque augura la imposibilidad del viaje esperado. Sobre las aguas, un mono muerto se bambolea sin poner resistencia, sacudido a la deriva por las olas, mientras que Zama contempla desde el puerto la corriente infinita y al animal inerte. En esta imagen se cifra el carácter de Zama, quien es una criatura inerme y sin poder, que contempla desde su posición marginal y periférica el transcurrir de la historia. Julio Schvartzman señaló que la escena del mono es una «microhistoria condensadora» (1996: 63), y Saer la denominó una *mise en abîme* porque el mono transpuesto allí representa en pequeña escala el tema mismo de la novela: «Nada ilumina más *Zama* que esa inmovilización continua de la narración, ese hormigueo de pequeñas intervenciones metafóricas» (2004: 48). El mono es ya «cadáver de mono» (Benedetto 2000 [1956]: 9) cuando ha emprendido el viaje. Atrapado en un lugar en el cual no quiere estar y a la espera de la carta del gobierno español con el anuncio de su traslado a Santiago de Chile, Zama, como el mono, no puede tener agencia sobre su destino. La escena predice el final: Zama será víctima de la espera y, como el mono, no podrá realizar el viaje hasta ser cadáver de mono o hasta sufrir una profunda transformación.[11] La novela lo pone en los siguientes términos:

> Con su pequeña ola y sus remolinos sin salida, iba y venía, con precisión, un mono muerto, todavía completo y no descompuesto. El agua, ante el bosque fue siempre una invitación al viaje, que él no hizo hasta no ser mono, sino cadáver de mono. El agua quería llevárselo y lo llevaba, pero se le enredó entre los palos del muelle decrépito y ahí estaba él, por irse y no, y ahí estábamos.
>
> Ahí estábamos, por irnos y no. (Benedetto 2000 [1956]: 9)

La contemplación en movimiento del mono muerto no es sintomática solo del futuro de Zama —que sufrirá al final, en la selva, una «mutilación anuladora» (Benedetto 2000 [1956]: 264)—, sino de su posición de mero expectador del devenir, descoyuntado del centro, situado en la periferia y carente de agencia. El hecho de que Di Benedetto haya escogido al Paraguay como el espacio geográfico donde ocurre esta historia es clave: ya en las crónicas de Indias, el Paraguay había sido descrito reiteradamente como una ínsula.

Felipe Guamán Poma de Ayala lo dibujó como un puñado de tierra rodeado de agua (figura 1) y escribió: «[l]a dicha ciudad de Paraguay tiene su obispado y no tiene jurisdicción y es tierra en medio de la mar hacia el norte; estas dichas ciudades de Tucumán, Paraguay son iglesias y catedrales y obispado, cada uno por sí, que el río caudaloso parten al uno como al otro» (1993 [1615]: 871). Lo describe, asimismo,

11. El alto simbolismo que hay en esta novela ha dado pie a más de una lectura psicoanalítica jungiana como la que proponen Gaspar Pío del Corro (1992) y Graciela Ricci (1974). Ambos críticos encuentran símbolos sobre los que se sostiene la estructura del texto —el mono, el pez, el niño rubio, la casa solitaria, la luna—, que configurarían imágenes arquetípicas.

como un lugar aislado y peligroso: «con gran riesgo se camina, adonde hay tigres, leones y serpientes, y culebras salvajes, feroces animales, hasta los indios de Chile, y para dentro otro mes a las islas de Tucumán, Paraguay, y desde allí, entran a los indios Arauquas, Mosquitos, y desde allí hay otras islas y tierra» (Guamán Poma 1993 [1615]: 888).

Félix de Azara insistió en ese carácter insular y describió al Paraguay como un lugar rodeado de grandes extensiones de agua, quizá lagos, o ríos, o zonas pantanosas: «También son secuelas de aquel país las albercas que se encuentran en él; el que estas tengan grandes superficies y poca profundidad» (1943: 16). El Paraguay en los textos de Guamán Poma y Félix de Azara se representa como si fuera una isla de dificilísimo acceso: «No se advierte en él las mareas que son tan fuertes en la costa patagónica: ni el subir ni el bajar de las aguas pende del crecimiento de los ríos, sino de los vientos: porque el Este y el Sueste las hacen subir hasta siete o más pies» (Azara 1943: 36).[12] Efraim Cardozo, estudioso de la historia y la representación del Paraguay, nota que es el aislamiento la característica que define al Paraguay colonial: «el arrinconamiento en el lugar más oculto del continente, la lejanía al mar, el aislamiento y la soledad, la bravura de la selva, la vecindad del Chaco bárbaro e indomable» (1949: 22). Como la ínsula Barataria de Cervantes, el Paraguay colonial era, casi literalmente, una isla rodeada no de mar sino de tierra.

---

12. Peter Elmore (2006) anota cómo esta categoría insular para definir al Paraguay se ha mantenido en el siglo XX. Augusto Roa Bastos, el gran escritor paraguayo del siglo, también definió al Paraguay como una isla a la que rodeaba la tierra por los cuatro costados. El Paraguay ha aparecido en el imaginario europeo, sostiene Elmore (2006), como un lugar aislado y exótico: «En *Cándido*, la famosa novela cómica de Voltaire, Cándido y su tutor Pangloss, viajan hasta la utópica y remontísima selva paraguaya. En el siglo XX, y en la vida real, el doctor Mengele, uno de los peores criminales nazis de la historia, se refugió en el país que regía con mano dura Alfredo Stroessner, cuya dictadura se prolongó desde 1954 hasta 1989». Cabe preguntarse si este aislamiento puede haber condicionado el que Paraguay haya sufrido dos de las más severas dictaduras del siglo XIX y XX: la de José Gaspar Rodríguez de Francia y la de Alfredo Stroessner, respectivamente.

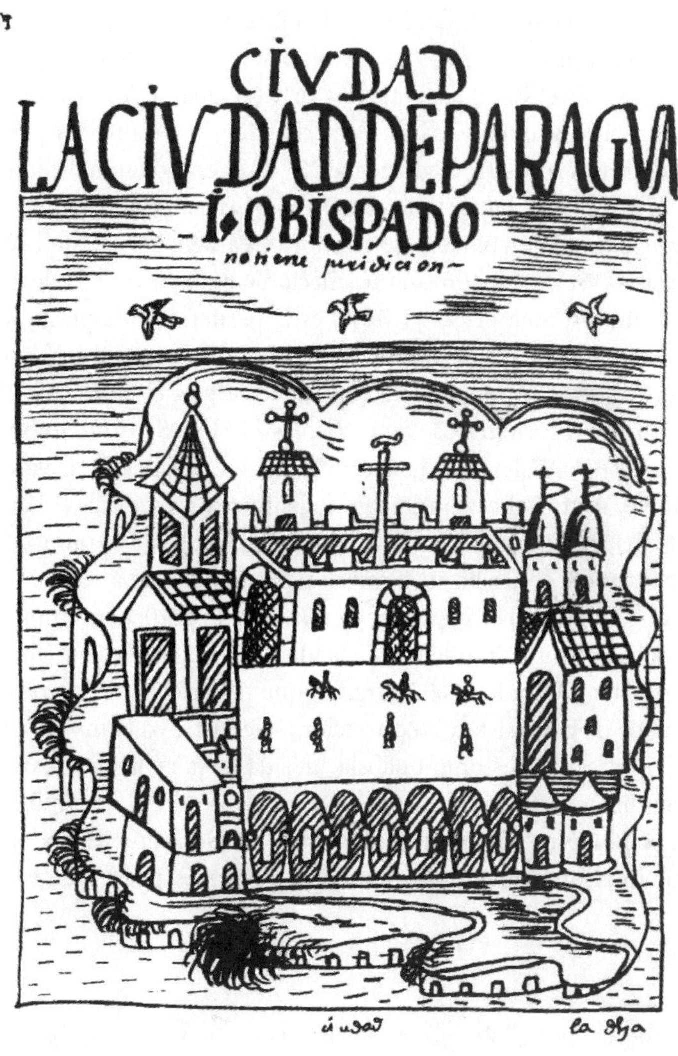
1073
CIVDAD
LA CIVDAD DE PARAGVA
I OBISPADO
no tiene juridicion

Figura 1

Lo más importante en esta condición insular que define la situación del protagonista es su aislamiento y la dependencia del Paraguay respecto del virreinato del Río de la Plata durante el período evocado.[13] En los primeros años de la Colonia, Asunción tenía la primacía política sobre el Río de la Plata. En 1617 se separan las jurisdicciones de Asunción y Buenos Aires. Posteriormente, durante las reformas borbónicas, Carlos III eligió a Buenos Aires como ciudad capital del nuevo virreinato constituido en 1776, jurisdicción que incluía Tucumán, Cuyo y Paraguay en ese territorio. Paraguay —y este hecho es central—, ese «obispado sin jurisdicción», para volver a la definición de Guamán Poma (1993 [1615]), es la periferia de la periferia. Representa, así, un distanciamiento de los centros de poder. Raúl del Pozo Cano (1933) demuestra cómo a lo largo del período colonial, para diversos cartógrafos como Nicolás Vischer, Sanson D'Abbeville, Guillaume de I'Isle, Doll, Janiver, Mortiers, Price, Briojn, Delarochette, Elive, Witt, Robertson, Brion de la Tour y Vaucondi, el Paraguay abarcaba más de la mitad de América del Sur, hasta el punto de que muchas veces se usaba su nombre para mencionar a todo el continente. Nicolás de Fer, en un mapa que data de 1720, denomina a toda América del Sur «Grande Río de la Plata o Gran Paraguay» (figura 2).

Walter Mignolo (2003) arguyó que América, a lo largo de cinco siglos de conquista y colonización, se construyó como un espacio otro, precisamente como una isla, alejada de la civilización, distante, dependiente del centro europeo. América, desde su «descubrimiento», se ubicó en los influyentes mapas de Gerardus Mercator en el lugar inferior izquierdo, lo que visualmente es poco menos que el

13. Simone Pinet señala que el espacio insular se relaciona principalmente con los siguientes elementos: *otherness, monstrosity, the supernatural, otherworldliness, refuge, exile, marvelous, sacredness, origin* (2011: 122-123). La isla en *Zama* (1956), sin embargo, subvierte este esquema de representación porque es un espacio sin salida, que no representa ni un exilio ni un comienzo; representa, literalmente, lo estático. Se trata de una metáfora de la prisión.

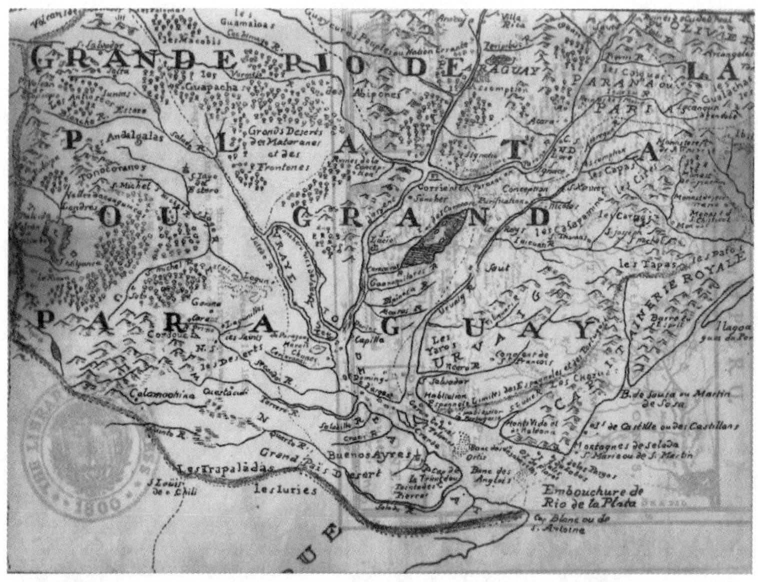

Figura 2

último lugar de prioridad que el ojo (acostumbrado a ver de izquierda a derecha y de arriba hacia abajo) observa.

En el libro *América (1590-1634)* de Teodoro de Bry, América es un lugar dependiente e inferior en relación con Europa (figuras 3 y 4). Encabezan los mapas la expresión en latín «América Sive Novas Orbis Respect Europaeorum Inferior Globo Terrestris», que alude a la posición inferior y dependiente del continente. Las imágenes de Bry muestran a América como un lugar donde habitan hombres desnudos y caníbales, mientras que Europa, por el contrario, es representada por hombres vestidos y portadores de abundantes frutos y especies. Como sostuvo Mignolo, América «was not an existing entity in the middle of an unknown ocean, waiting to be discovered [...] It was a European invention. [...] The invention of America forced a redefinition of Europe and its place on the globe. Putting the Americas on the map also meant redefining Europe and the three continental configurations shown in T/O maps» (2003: 264). Es ese Paraguay,

AMERICA
nouiter delineata
AMERI CA SEPTENTRIONALIS
OCEANUS ATLANTICUS
MAR DEL NORT
MAR DEL ZUR
CIRCULUS ÆQUINOCTIALIS
Tropicus Cancri
Tropicus Capricorni
OCEANUS PERUVIANUS
MARE PACIFICUM
AMERICA MERIDIONALIS
GUIANA
BRASILIA
TERRA AUSTRALIS INCOGNITA
MAR DI INDIA
TERRA INCOGNITA
NOVA FRANCIA
NOVA HISPANIA
LA FLORIDA
SINUS MEXICANUS
AFRICÆ PARS

Figura 3

sinécdoque de lo americano en los mapas coloniales, el Paraguay de Zama. Paraguay entonces es más que una referencia geográfica identificable: es la posición insular y periférica del lugar y del personaje; y, por extensión, la señal de marginalidad e insularidad de la condición latinoamericana.

Aunque Paraguay se representó como una isla en varios mapas de la época (figura 5), junto a un mar de nombre Mar del Paraguay, en la realidad, Paraguay era, geográficamente, todo lo contrario: no solo nunca ha tenido acceso al mar, sino que está ubicado en el corazón del continente. Este agujero de ambigüedad y confusión en la representación del territorio paraguayo durante el período colonial —donde las cosas existen y no existen al mismo tiempo, y donde nada es lo que parece— es el que recoge Di Benedetto para ponerlo en contacto con

Figura 4

el espejismo y el delirio que rigen la obra. Diego de Zama termina viendo la selva como un laberinto borgeano, una yuxtaposición de paisajes confusos que guardan relación con su mente en crisis, que todo lo distorsiona.[14] Su pérdida de la cordura, su forma de ver el mundo, es especular de estas descripciones ambivalentes del Paraguay en el siglo XVIII: «Yo veía nuestra situación como la de quien quisiera penetrar en el dibujo de un bosque sobre el cual se ha hecho el dibujo de otro bosque, y a mayor altura, pero ligado al primero, el dibujo de un tercer bosque confundido con un cuarto bosque» (Benedetto 2000 [1956]: 240).

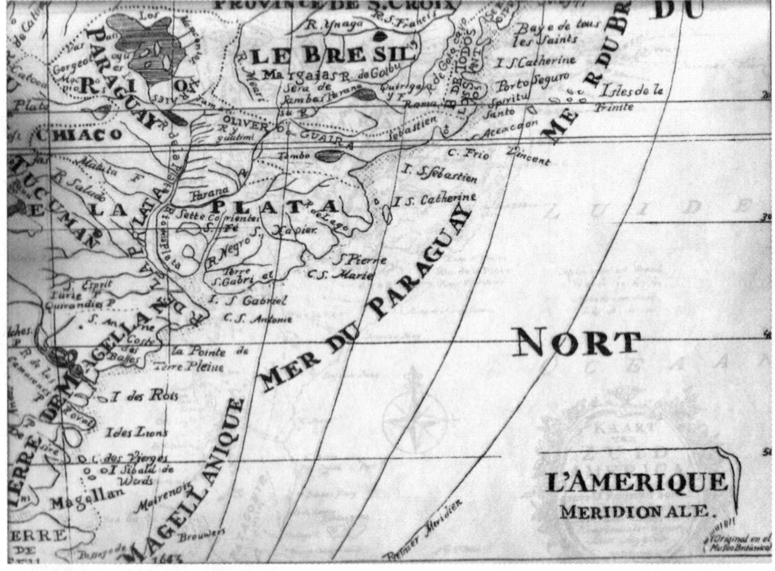

Figura 5

14. La relación entre Jorge Luis Borges y Di Benedetto trasciende la amistad y el laberinto: «El padre de Borges fundó, junto con Macedonio Fernández —nombre luminoso en su destino—, una comunidad utópica en una isla del Paraguay» (Sneh 2006: 95).

Michel de Certeau (1988) afirmó que el *espacio* es algo que está en un continuo hacerse gracias a un sujeto que se desplaza, que le da forma y lo actualiza al andar; el *lugar* es algo estático y completo, un todo, acaso la maqueta de un todo. En *Zama* (1956) parecen invertirse las coordenadas que propone De Certeau, porque en lugar de existir un caminante que se apropie del espacio y lo vuelva suyo, en la novela el sujeto, único agente potencial y creativo en la reconfiguración del espacio, es estático y es devorado por el lugar, convertido en parte suya.[15] De hecho, lo más parecido a un agente en la ficción sería el propio espacio que se va cerrando sobre sí mismo, hasta ahogar a Zama, aprisionándolo y cerrándole su circuito a un mínimo de desplazamiento. De esta manera, la isla se vuelve un espacio distópico y disfuncional.

El lugar, la gramática que permite los desplazamientos, se va borrando también: de la descripción del pueblo de pocas cuadras del «año 1790», donde vive la élite peninsular, donde están la casa de la gobernación y la gran casa de Domingo Gallegos Mollano, en la que Zama renta una habitación al inicio de la obra, se llega a la casa mísera y en el extremo de la ciudad de Ignacio Soledo, una pensión asfixiante, que es, literalmente, el límite o borde de la urbe: «así de desgranada la edificación por aquellos extremos de la ciudad: entre la última casa y la del señor Ignacio» (Benedetto 2000 [1956]: 175). Tras la casa de Soledo, el espacio se va cerrando aún más, porque, de este lugar descrito como una prisión con una sola ventana, el personaje pasa a ser cercado por los indígenas en la selva antes de ser mutilado.

---

15. Reproduzco la definición textual que utiliza De Certeau para hablar de «espacio» y «lugar»: «I shall make a distinction between space (*espace*) and place (*lieu*) that delimits a field. A place (lieu) is the order (of whatever kind) in accord with which elements are distributed in relationship of coexistence. It thus excludes the possibility of two things being in the same location [...] A *space* exists when one takes into consideration vectors of direction, velocities, and time variables. Thus space is composed of intersections of mobile elements» (1988: 117).

En cada sección de la novela, el espacio se reduce hasta volverse un no-lugar. Las fases de degradación de don Diego de Zama reflejan la aparición de estos «no lugares». No es casual que la novela insista en la idea de frontera: si para Zama la frontera entre la civilización y la barbarie la marca la casa de Ignacio Soledo (porque es el límite de la ciudad y, para Zama, la «ciudad» es la civilización, y la «barbarie» está en la selva), sus escasos desplazamientos en el espacio lo conducen a una nueva frontera donde será mutilado: la línea limítrofe entre Paraguay y Brasil. Si pensamos en la frontera como línea divisoria de dos espacios, esta línea simbolizaría ese acortamiento de las dos variables mencionadas (espacio y lugar) hasta su reducción a la nada. El emplazamiento fronterizo al que va marchándose Zama es sintomático de su condición marginal y periférica: la posición de Zama para narrar y vivir la historia está siempre al borde de los acontecimientos.

Zama, desde ese lugar insular, es un personaje que no participa activamente de la historia: es su paciente. Vive en un período convulsionado (1790-1799), pero desde esa posición marginal solo recibe los ecos que los grandes acontecimientos históricos que se producen en la periferia. Es curioso que la crítica no haya señalado que los años en que transcurre la novela son los años del despotismo ilustrado, de la aparición de los grandes proyectos liberales, de las reformas borbónicas implantadas por Carlos III y del germen de los primeros nacionalismos. Pero nada de eso es *dicho* en el texto. Los acontecimientos que no percibe el protagonista son justamente los hechos más significativos del siglo XVIII. La gran rebelión de los Andes, por solo citar un ejemplo, dirigida por el cacique de Tinta José Gabriel Condorcanqui, más conocido como Túpac Amaru II, en el Perú, y por Túpac Katari, en el Alto Perú, produjeron una ola de enfrentamientos que llegó al virreinato del Río de la Plata. Su expansión fue tal que en el imaginario popular se unió a la revuelta de los comuneros en la Nueva Granada, actual Colombia. Como lo explicó Alberto Flores Galindo, fue precisamente el cruce de caminos entre el virreinato del Río de la Plata y el Cuzco el lugar de encuentro de los rebeldes (2005: 124). Por su parte, Gustavo Faverón señala cómo, con el transcurso de los meses de violencia, el programa tupacamarista se ampliaba a otros discursos rebeldes (2006: 176).

Asimismo, la última década del siglo XVIII se caracterizó por profundos estallidos de violencia extrema que duraron hasta la emancipación. Scarlett O'Phelan (1988) da cuenta de un total de 140 rebeliones solo en la zona andina, pero Luis Millones (1995) entrega otro dato central: 100.000 hombres del ejército realista llegaron al virreinato del Perú y al del Río de la Plata para combatir a los levantiscos en los años finales del siglo. Los hechos epopéyicos en la novela no solo se omiten, como vengo sosteniendo, sino que la cadencia de la narración es la de una eterna quietud y contención: «todo estaba quieto: las plantas, la tarde y yo; menos la gallina indiferente» (Benedetto 2000 [1956]: 155). Lo único que parece moverse en la atmósfera de *Zama* es el agua que rodea la «isla» y la mente siempre activa del protagonista, que crea su propia realidad a causa de la eterna espera.[16]

La crisis transcurre a espaldas de Zama. A pesar de la calma con que se describen las *acciones*, las consecuencias de esos hechos históricos repercuten en el personaje: si sus arcas están vacías, es por la crisis reformista y por del hecho de que, a fines del siglo XVIII, decayó notoriamente la producción de oro y cobre de la gran mina de Potosí, hecho que produjo un déficit real de acuñación de dinero en las colonias. Zama trabaja por largos períodos sin percibir un sueldo, y eso lo obliga a mudarse constantemente y vivir en pensiones cada vez más

---

16. En la última parte de la novela se describen constantes desplazamientos de grupos indígenas. Es posible relacionar este ir y venir de tribus guaraníes (a espaldas de Zama) con la Guerra Guaranítica, uno de los acontecimientos más importantes del siglo XVIII. Los guaraníes estaban ubicados en la región de los Siete Pueblos, en la margen izquierda del río Uruguay. Los españoles acuerdan con los portugueses cambiar la colonia de Sacramento por esa región. Frente a esta decisión, se arma la resistencia guaranítica. Da Silveira Several (1995) sostiene que esta resistencia fue una reacción obvia frente al desalojo forzado y al afán de los indios de proteger sus costumbres. Doscientos jinetes guaraníes luchan contra la unión de los ejércitos ibéricos. Al perder la guerra, los guaraníes finalmente se retiran de los Siete Pueblos e inician el éxodo.

deterioradas para terminar en la casa de Soledo, un símbolo de su degeneración, de su vaciamiento o muerte en vida: se remarca el hecho de que en un ala de la casa vive la gente y en la otra, la sección que parece ser la de los muertos, se ubica a Zama. La posada, cual laberinto kafkiano despersonalizado, solo tiene un pasillo que comunica un ala de casa con la otra, que sirve para las actividades burocráticas de la esclava Tora, que empiezan a volverse espectrales: preparar la cena con comida que no hay, apuntar recados de gente que no llama, realizar diligencias en un pueblo estático porque lo único que existe es el abandono: «yo estaba como separado de todo en la cocina, solo, olvidado. Podía morir allí sin que nadie lo notara. No me preocupaba cesar. Pero me dije, sería terrible que en el trance gritara de dolor —o de miedo— y nadie me escuchara» (Benedetto 2000 [1956]: 200). Allí, Zama se empieza a quedar vacío y solo: «yo me iba quedando desnudo. Son terribles los azotes en las carnes desnudas» (Benedetto 2000 [1956]: 143).

Una repercusión adicional de lo político en lo individual es que Zama es prohibido de hacer carrera para la administración porque, en el siglo XVIII, prevaleció la marginación hacia los criollos: las reformas borbónicas tuvieron como objetivo llevar a cabo un control más estricto de España sobre sus colonias americanas en un momento en que Inglaterra había puesto en jaque sus monopolios. La reforma administrativa reforzó la autoridad del virrey con el establecimiento del régimen de las intendencias, que dictaminaba una nueva organización administrativa y legal. En 1782 se dictó en Buenos Aires la Real Ordenanza de Intendentes, según la cual las intendencias desplazaban los corregimientos, y ello trajo consigo que desaparecieran los cargos de corregidor y gobernador. Estos eran los cargos a los que podían aspirar los criollos, pero fueron reemplazados por intendentes gobernadores y funcionarios de la metrópoli (1962: 227). En suma, las reformas (apresuradas y potenciadas, precisamente, a causa de esas rebeliones de las que nada se dice en el texto) desplazaron a los criollos de cargos importantes como los de gobernador, alcalde mayor y corregidor, y estos quedaron reservados para los españoles peninsulares.

Constantemente, Zama siente la marginación que se traduce en la imposibilidad de un ascenso real y vive temeroso de perder su puesto de asesor letrado: «[S]i el asunto se tomaba como ofensa de un americano contra el honor de los españoles y alguien interesado se encargaba de abultarlo, podría estorbar mis demandas ante el propio virrey» (Benedetto 2000 [1956]: 37). La vigilancia constante del grupo hegemónico (los administradores peninsulares) lo obliga a fingir, a actuar como si fuera europeo, para mantener su trabajo:

> Yo, que soy americano, el único americano en la administración de esta provincia, aunque tenía probada mi lealtad al monarca, proclamé en la fiesta que solo me conformaba con mujeres españolas. Mi esposa [...] era también americana y, en consecuencia, mis palabras únicamente significaban una cosa: que yo codiciaba o poseía a una mujer de la colonia, en franco adulterio por ser yo casado. (Benedetto 2000 [1956]: 36)

El mundo de *Zama* (1956) es un mundo de consecuencias cuyas causas son omitidas en el plano textual, con lo cual Di Benedetto enfatiza aún más la aparente fatalidad de la situación de dependencia de la periferia con respecto a la metrópoli. Por ejemplo, el acto de calcular el dinero para la planificación urbana, una actividad que normalmente se asocia con el cálculo racional, se convierte en un razonamiento delirante:

> Veintinueve por mil hacen veintinueve mil, veintinueve mil pesos. Ahora, vemos lo de las cajas reales. La cuenta es fácil. A razón de quinientos, diecinueve por quinientos... diecinueve por quinientos... No mejor será contar por partes: primero diez por quinientos y luego nueve por quinientos. Diez por qui... (Benedetto 2000 [1956]: 146)

La rutina cotidiana se va volviendo, como la prisión en la casa de Soledo, fantasmal: escribirle a una mujer que no volverá, hacer cuentas con dinero que no existe, estudiar las Leyes de Indias en un contexto donde no se cumple la ley ni hay a quién aplicarla. En esta rutina vaciada de significantes reales —o, mejor dicho, en un mundo donde no hay una correspondencia entre significantes y significados, porque todos los significantes son signos vaciados de sentido—, el protagonista empieza a desear desaparecer y autoaniquilarse.

En la segunda parte de la novela, «Año 1794», el personaje Manuel Fernández, el secretario de Zama en la gobernación, lo suplanta en sus funciones, primero en el espacio laboral y, posteriormente, en el plano familiar. Zama intenta asirse a América —«quise ser padre nuevamente con hijo allí mismo» (Benedetto 2000 [1956]: 134)— y tiene un hijo con una española pobre llamada Emilia. Sus ansias de encontrar su propio lugar en el mundo son vanas: Fernández se empieza a convertir paulatinamente en Zama (es él quien le da el dinero para que mantenga a Emilia). Don Diego prácticamente le entrega su pareja y su hijo a Fernández, para volverse él mismo hijo de la nueva pareja. A partir de ese momento, Zama, quien ya bordea la indigencia y solo cuenta con «un nombre y un cargo» (Benedetto 2000 [1956]: 127), es decir, es solo un significante, como todo en su universo, será alimentado diariamente por su secretario. Lo que le queda en este mundo vaciado de sentido es contemplar su autodestrucción («caminé de ensayo, hasta la barranca. Anduve a satisfacción la prueba más brava que me impuse, de llegar, ascendiendo, hasta ese sitio donde una siesta me instalé por ver la ruindad de mi segunda familia» [Benedetto 2000 (1956): 208]) y aferrarse, una vez más, al significante ya vacío que es Marta: «[E]ra aún mi secretario. Sentí deseos de instarlo con ademanes a que se apresurara. Yo necesitaba saber si él había guardado para mí algún mensaje de Marta» (Benedetto 2000 [1956]: 209).

Zama es un hombre abandonado a su suerte e imposibilitado de reencontrase con su familia. Reproduce este abandono en su hijo, a quien ve y trata como a un animal: «mi hijo en cuatro patas, sucio hasta confundirse, en el crepúsculo, con la propia tierra. Un estilo de mimetismo. Por lo menos, poseía esta defensa, característica de las bestias» (Benedetto 2000 [1956]: 147). La filiación es una relación problemática que es comparada por Zama con la escritura. El hijo es una creación incierta, mientras que la escritura constituye lo contrario: «los hijos se realizan pero no se sabe si para bien o para mal.

Los libros se hacen solo para la verdad y la belleza» (Benedetto 2000 [1956]: 137).

Edward Said (1983) sostuvo que dos son los modos de vinculación del sujeto con un entorno social: la *filiación*, que es instintiva, y la *afiliación*, que es de carácter social. La literatura contemporánea, en correspondencia con la vida moderna, está poblada de ejemplos problemáticos de filiación: «childless couples, orphaned children, aborted childbirths, and unregenerately celibate men and women», sostiene Said, «populate the world of high modernism with remarkable insistence, all of them suggesting the difficulties of filiation» (1983: 17). Said señala entonces que, en el mundo moderno, la afiliación busca resolver estos problemas de filiación. En el universo de *Zama* (1956), la filiación es rechazada por el padre y la afiliación, por el sistema.

La escritura de Fernández es prohibida e inconclusa. Se desconoce, asimismo, si el manuscrito que él redactaba cada día en la gobernación (y que podría ser el texto mismo de la novela) fue o no leído, porque fue entregado a un anciano viajero. Queda claro, entonces, que no se cierra el acto de creación por esa vía tampoco, porque no hubo un lector que sellara el proceso de la escritura. En ninguno de los dos casos de paternidad posible se da una creación plena y, de esta manera, la novela pone en evidencia, una vez más, la esterilidad del personaje al ser incapaz de concluir una obra.

Zama y la condición periférica latinoamericana: la historia desde el margen

Ángel Rama enfatiza la importancia del signo en la planificación de las ciudades coloniales, en las que el orden urbano representaba el orden jerárquico del poder que se quería mantener: «[d]entro de ese cauce del saber, gracias a él, surgirán esas ciudades ideales de la inmensa extensión americana. Las regirá una razón ordenadora que se revela en un orden social jerárquico transpuesto a un orden distributivo geométrico» (2002: 4). Según este autor, ese orden permitía que leyéramos la estructura de la sociedad al leer el plano citadino. Su teoría, sin embargo, no prevé el caso atípico paraguayo, donde no hubo ni plano, ni orden en la edificación. En efecto, Efraim Cardozo sostiene que Asunción fue la única ciudad colonial que no tuvo una organización estructurada ni planificada:

> Asunción no tuvo planta de ciudad y creció sin sujetarse a normas. Las casas estaban construidas al azar, asiladas unas de otras, unidas por tortuosos senderos, rodeadas de vastos y arbolados solares. Fuera de la Plaza de Armas, en cuyo torno se alineaban edificios públicos principales, ninguno de ellos de fábrica majestuosa, no había apiñamientos, ni tampoco orden edilicio alguno. Escasa semejanza tenía con otras ciudades fundadas por los españoles en el continente americano, siguiendo las reglas de la Recopilación de las Leyes de Indias, que prescribían las poblaciones en perfectos dameros. (1959: 24)

Esta descripción es significativa porque en *Zama* (1956) cobra una importancia central la idea de caos y de desconexión entre la ley escrita (las Leyes de Indias que lee el letrado Zama) y la realidad dentro de la gobernación. Según Cardozo (1959), fue precisamente el virreinato del Río de la Plata el de mayores enfrentamientos entre el cabildo y la audiencia. Había entre ambas instituciones un abismo de desacuerdos e incomprensión. Eso es lo que predomina en *Zama*: ese desencuentro entre la ley y el entorno humano y físico. La cualidad de fantasmal que caracteriza el ambiente de la novela es claramente perceptible si la contrastamos con los términos de Rama (2002). Don Diego de Zama, Manuel Fernández y el gobernador de turno vendrían a constituir una especie de *clase letrada* fantasma, no solo porque la ley no se cumple y el espacio de la gobernación es simplemente una casa vacía donde nada ocurre, y que no es el centro de ninguna organización, sino porque ese triunvirato no es, como definía Rama la ciudad letrada, «un cordón umbilical escriturario que transmite las órdenes y los modelos a los que la colonia debía ajustarse» (2002: 47).

Es cierto que el crítico uruguayo habla de un desencuentro entre la *ciudad real* y la *ciudad letrada*, pero también insiste en la existencia de un encuentro entre la *ciudad letrada* y la metrópoli. Según su teoría, era precisamente la *ciudad letrada*, este anillo protector del poder y ejecutor de las órdenes, como lo denomina Rama (2002), la que articulaba su relación con España a través de la burocracia instalada en las ciudades. Sin embargo, en *Zama* solo existe un doble desencuentro, y lo que prevalece es la soledad y la incomunicación entre una y otra *ciudad*. La falta de diálogo con la metrópoli se evidencia en los fallidos intentos de Luciana y el cuñado de Zama (dos personajes que buscan conseguirle algún vehículo alternativo que agilice el nombramiento del gobierno español) de lograr su traslado, intentos que, en la segunda y tercera secciones, son descritos como meros simulacros sin sustrato real: «Luciana y su gestión se reproducían con aquella esquela, pero ya, meramente, como un simulacro, una burla del tiempo al través de esa fealdad que me buscaba» (Benedetto 2000 [1956]: 186). Los tres letrados no se comunican ni con el pueblo guaraní (cada vez que aparece una palabra en guaraní o una leyenda guaranítica —por ejemplo, la leyenda de los cocos—, Zama, el ilustrado, la traduce al español y la explica en términos occidentales), ni con la metrópoli.[17] Eso explica que la burocracia nunca se manifieste efectivamente y que Zama, antes de ser mutilado, afirme contundentemente que «siempre se espera más» (Benedetto 2000 [1956]: 256).

La novela muestra cómo esa tensión entre la ley y la realidad es procesada por una consciencia que empieza a enloquecer precisamente a causa de ese desencuentro. Esto aparece cuando, de la crónica realista que marca el estilo de la primera parte, se desemboca en una escritura delirante, en la que se extravía el principio de realidad

---

17. Susana Artal (1995) anota el distanciamiento entre Zama y los indígenas. Lo aprecia en esa urgencia del narrador por regresar al español cada vez que pronuncia una palabra en guaraní. De esta manera subraya el hecho de que la palabra indígena le resulta extraña. Algunos ejemplos de esa necesidad de traducción son los siguientes: a) «*guaiguai*, una vieja, había, sin embargo, con residencia fija»; b) «Y después, tendidas una y otra *coga*, chacra, con sus viviendas»; c) «Una rodaja de queso y otra de *chipá*, pan de mandioca»; y d) «Los nativos dicen *pirá*, pescado, y escupen» (Artal 1995: 165).

y con la cual el narrador deja de ser un sujeto confiable.[18] Es a partir de la segunda parte cuando Zama cae en una y otra contradicción cuando narra los hechos: su discurso bordea la frontera entre lo onírico y lo real, y al lector le es imposible discernir si los acontecimientos que relata han ocurrido o son producto de su imaginación. Nos dice, por ejemplo, que el gobernador le ha obligado a despedir a su secretario, Manuel Fernández, porque, de lo contrario, él tendría que dejar su trabajo. Zama nos comunica que lo despide; y, sin embargo, Fernández no solo continúa trabajando en la gobernación, sino que se convierte en su padre sustituto. Quizá el delirio del personaje se torna más evidente al finalizar la segunda sección, cuando, desde la ventana-prisión de la casa de Ignacio Soledo, ve a dos mujeres blancas: una con vestido rosa y la otra con uno verde. Al respecto, insiste en que una de ellas es joven y la otra adulta, e incluso llega a dirigir misivas románticas a la de verde. Al finalizar la segunda parte, la esclava Tora aclara que nunca hubo dos mujeres sino una. La atmósfera de la ficción se enrarece hasta el punto de que es imposible saber si las dos mujeres existieron en la realidad, si solo existió una (como afirma Tora) o si ambas fueron producto de su invención. Solo al llegar a este punto, el lector retrocede en la historia y se pregunta por aquella

18. Es interesante mencionar la relación entre *Zama* (1956) y *El entenado* (1983), de Juan José Saer. En ella, también la «realidad enloquece»: el quiebre del punto de partida realista por el delirio es inminente y nunca se sabe a ciencia cierta lo que vivió el protagonista durante esos diez años que marcaron su vida junto con los indios colastiné. Como en *Zama*, esta otra gran novela histórica argentina ambientada en el siglo XVI, el tiempo parece no transcurrir: el narrador es testigo del ritual de antropofagia que llevan a cabo esta tribu de indios periódicamente, y él, ya a la distancia, vuelve a recordar este momento e intentar explicárselo, una y otra vez, de manera circular. Al final de la novela, también aquí como en *Zama*, entendemos la estrecha conexión con el presente argentino. Dice el narrador en *El entenado*: «al fin podíamos percibir el color justo de nuestra patria» (Saer 1999 [1983]: 222), con lo que el protagonista conecta la imposibilidad de comprender la conducta de los indígenas, su condición de otredad, con la posterior mantaza que sufrieron en la Argentina del siglo XIX. No es casual que toda la prosa de Saer se vuelque a Santa Fe, su ciudad natal, lugar donde desaparecieron poblaciones enteras de indígenas.

mujer que estaba tirada en una zanja, golpeada y sangrante, en cuyo auxilio Zama había acudido y de la que nunca se supo nada más.

Conforme avanza la acción, el mundo de *Zama* (1956) rompe el principio de realidad e ingresa en un espiral caótico: Zama enloquece y pierde la conexión con lo que estaba confesando pero la realidad misma también enloquece. El texto sugiere que esa relación conflictiva e inestable (producida por el vaciamiento del que he hablado en la sección anterior y esa incoherencia entre las Leyes de Indias y el entorno real) afecta la psiquis del sujeto: *Zama* muestra de un modo subjetivo cómo esa tensión entre ley y realidad, entre *ciudad letrada* y *ciudad real* en ese lugar periférico y marginal, un espacio donde prevalecen la vigilancia y la censura de una autoridad ausente, aniquila la razón.

En ese contexto enrarecido y dependiente, la novela descarta la idea unívoca de la identidad latinoamericana, al contrario de lo que afirman Jimena Néspolo (2004), Noemí Ulla (1972) y Graciela Maturo (1987), cuando sostienen, por ejemplo, que *Zama* (1956) es magistral porque describe, con fuerza, «el ser latinoamericano» (Néspolo 2004: 240). En la novela ocurre todo lo contrario: hablar de identidad supondría entender que hay algún tipo de esencia auténtica a la que se es fiel o a la que, por ciertas situaciones específicas, se traiciona. *Zama* (1956) desbarata las teorías unívocas sobre la identidad, aquellas que se desarrollan desde principios de siglo en ensayos como *La raza cósmica* (1925) de José Vasconcelos, *El nuevo indio* (1930) de Uriel García y, años más tarde, en la década de 1950, en ensayos esencialistas como *El laberinto de la soledad* (1955) de Octavio Paz o *El puertorriqueño dócil* (1953) de René Marqués, que planteaban teorías que como otras tantas pretendían definir «lo puertorriqueño», «lo mexicano» o «lo americano» como si existiesen determinadas características homogeneizadoras para los habitantes de un país o una región. Lo que propone *Zama* (1956) es entender la naturaleza de lo latinoamericano no como identidad sino como condición, plural y heterogénea. *Zama* desbarata la idea del «ser» como algo esencial y propone a cambio la idea del «estar»: uno no es, sugiere Di Benedetto (2000 [1956]), uno *está*.[19] La propuesta de Di Benedetto (2000 [1956]) parece dialogar por anticipado con los planteamientos del Antonio Cornejo Polar de *Escribir en el aire* (2003), cuando el crítico peruano se pregunta hasta cuándo los latinoamericanos intentaremos encontrar un yo romántico unido, cohesionado, totalizador, en lugar de aceptar que somos sujetos heterogéneos y plurales:

> Quiero escapar del legado romántico —o más genéricamente moderno— que nos exige ser lo que no somos: sujetos fuertes, sólidos y estables, capaces de configurar un yo que siempre es el mismo, para explorar todas las disidencias y anomalías, y que —en cambio— se reconoce no en uno sino en varios rostros, inclusive en sus transformismos más agudos. (Cornejo Polar 2003: 14)

Escribir en el aire (2003) comparte algunos de los planteamientos que aparecen en *Zama* (1956) porque, en uno y otro, se parte de la premisa de que no podemos hablar de un sujeto latinoamericano único sino de uno que efectivamente está hecho de quiebres e intersecciones inestables, de muchas disimilitudes, oscilaciones y heterogeneidades. Cornejo Polar (2003) se preguntó por qué resulta tan difícil asumir la hibridez, el abigarramiento, la heterogeneidad del sujeto tal como se configura en nuestro espacio. Precisamente, *Zama* (1956) muestra que somos sujetos hechos de coyunturas y oscilaciones. Ciertamente, hay diferencias entre uno y otro: la heterogeneidad cultural es el rasgo crucial en la postulación de Cornejo Polar (2003) y la situación periférica, en Di Benedetto (2000 [1956]). Ambos, sin embargo, se asemejan en la construcción de un sujeto colocado en un espacio intersticial, entre dos mundos (el occidental y el indígena, en Cornejo; el metropolitano y el colonial, en Di Benedetto).

---

19. Esta propuesta dialoga con la que sostienen otros autores de época como Julieta Campos en *La función de la novela* (1973), donde la autora alude a una gestación constante de un «estar» siendo.

La novela muestra justamente la dificultad (y hasta la imposibilidad) de encontrar *una* clave imaginaria en la que se resuelva y trascienda la heterogeneidad y la multiplicidad de la experiencia colonial. Don Diego de Zama es un sujeto que tiene rasgos diferenciados y singulares que hacen imposible considerarlo un criollo (o un hispanoamericano) perfecto, arquetípico, al modo que lo hubieran querido las nítidas clasificaciones coloniales. El espacio que habita es absolutamente heterogéneo: en él, viven indígenas, negros, mulatos, peninsulares y criollos, por lo que *Zama* muestra la heterogeneidad y el hecho de que ella misma excede una sola categoría de representación. La novela va contra las corrientes que intentan construir *una* imagen de América (Néspolo, Premat, Ulla, Cala, Malva E. Filer). Saer es el único que parece haber notado que, para Di Benedetto (2000 [1956]), lo que prevalece es una condición americana y no un «ser americano»: «a pesar de su austeridad, de su laconismo, por ser la novela de la espera y de la soledad, no hace sino representar a su modo, oblicuamente, la condición profunda de América» (Saer 2000: 10).

En lugar de hablar de identidad, Di Benedetto (2000 [1956]) modela a Zama como un actor: el personaje interpreta ciertos roles de acuerdo con las diferentes situaciones que le toca vivir, porque ¿qué posibilidades tiene el único criollo americano que trabaja para la administración colonial española si no es la de acatar las reglas del juego, un juego cuyas normas no fueron propuestas por él? En su situación, la novela sugiere que el personaje no tiene más alternativas que comportarse como si fuera un auténtico español, un peninsular incluso más «auténtico» que los verdaderos peninsulares. Sobre este punto resulta interesante comparar la idea de actor en Di Benedetto (2000 [1956]) con la de otro gran escritor rioplatense contemporáneo suyo: Juan Carlos Onetti. En *El astillero* (1961), Larsen —habitante de la fantasmagórica Santa María, un espacio urbano que solo exhibe los signos, formas y vestigios de lo que alguna vez fue lo real— es consciente del vaciamiento del mundo y de los problemas que hay en él, pero finge constantemente para no quebrar las reglas del juego y poder seguir existiendo a través de la actuación y de ese distanciamiento irónico que lo define.[20] En el caso de Zama, ocurre algo totalmente diferente: el sujeto vive inmerso en una gran ausencia, en una situación fronteriza y marginal en relación con la historia; y, por eso, está imposibilitado de ver el panorama completo de una situación particular, de manera que solo alcanza a percibir los ecos degradados de la historia. Eso le impide alcanzar la lucidez. La de Zama es una eterna espera, sobre todo porque el universo se ha vuelto incomprensible para él y, en esto, es vital el distanciamiento que existe en el principal medio de comunicación para reconstruir la realidad: el lenguaje. En efecto, la falta de correspondencia entre el lenguaje y el período evocado por él es sintomática de ese desfase entre realidad y representación, situación que se amplía a los receptores del texto, porque en varios pasajes, como he mostrado, no es posible distinguir qué es sueño y qué realidad, qué es verdadero y qué falso.

Al inicio del relato, el personaje adopta su primer rol, intenta ser un español y se rodea de la elite española para aparentar ser uno

20. Larsen en *El astillero* (1961) se habla a sí mismo en tercera persona. Ello muestra, por un lado, la escisión del yo —los innumerables yo que lo habitan— y, por otro, su persona como un espejo del vacío y la podredumbre de las demás instituciones que existen en Santa María: el astillero en ruinas tachonado de yuyos, el galpón abrumado de piezas inservibles e incompresibles, la casa de Jeremías Petrus —«Larsen veía la casa como la forma vacía de un cielo ambicionado» (Onetti 2000 [1961]: 71)—, el bar Chamamé. Todos los espacios urbanos son decadentes. ¿Acaso un actor no cuenta solamente con signos y formas para representar un papel? Larsen es, pues, un actor de sí mismo. Constantemente llena su identidad con sus diferentes caras, con los otros yo que lleva dentro. En ocasiones, intenta apropiarse de los gestos con los que se le identificaba antes de su destierro, cuando era juntacadáveres: la manera de coger el cigarrillo y pegarlo a la boca, el aletargamiento de acomodarse el sombrero negro: «intentando reproducir la pereza y la ironía, el atenuado desdén de las posturas» (Onetti 2000 [1956]: 60). Sin embargo, en otras ocasiones actúa como el nuevo Larsen, el gerente general de la compañía Petrus S. A., siempre representando un papel, siguiendo un esquema del deber ser de un jefe en tanto conducta vacía —porque impone horas de trabajo que no se cumplen; se sienta en la oficina más grande de la empresa, pero la silla de esta se encuentra herrumbrada y hecha trizas; lleva un llavero cargado de llaves y se esfuerza por hacerlas sonar, aunque las puertas no tengan chapas—, siempre ojeándose desde afuera.

de ellos: asiste a fiestas en casas palaciegas. Ventura Prieto, Luciana, Honorio Piñares de Luenga, Godofredo Alijo, Bermúdez, Domingo Gallegos Moyano y su hija Rita forman el círculo de españoles con los que Zama disfruta de importantes eventos sociales. Enamora a Luciana, una acaudalada mujer y esposa de Honorio Piñares de Lengua, ministro de la Real Hacienda, y declara que jamás se acostaría con una mujer mulata:

> —¿Solo blanca ha de ser?
>
> —¡Y española! —respondí con arrogancia—.
>
> (Benedetto 2000 [1956]: 26)

El personaje que aparece como su antagonista es Ventura Prieto y regresará en la tercera parte, transmutado bajo el nombre de Vicuña Porto, el bandido a quien Zama y las tropas realistas persiguen.[21] Es su antagonista porque, además de la rivalidad que existe entre uno y otro, es Ventura Prieto quien le hace notar a Zama que es un mero actor y que algunos de los papeles que interpreta van en contra de las pautas de conducta que se esperarían de un americano. Es Ventura Prieto quien critica que él, un americano, apoye el sistema de las encomiendas, y cuestiona lo perverso de su rol:

> —¿Estaré hablando con un español o un americano?
>
> Y él incontinente me replicó:
>
> —¡Español, señor! Pero un español lleno de asombro ante tantos americanos que quieren parecer españoles y no ser ellos mismos lo que son.
>
> (Benedetto 2000 [1956]: 50)

---

21. Schvartzman (1996) anota la homofonía entre los nombres Ventura Prieto y Vicuña Porto. La similitud en las iniciales propinan errores y deslizamientos en la lectura, que hacen que se atribuyan las acciones de uno al otro. El crítico desarrolla la idea de que estos dos personajes (las dos caras del mismo) son intérpretes: «los dos son intérpretes de la parte oscura y sumergida de la Colonia» (Schvartzman 1996: 67).

Vicuña Porto promueve el alzamiento de los indígenas en la selva. Zama, como corregidor, ya lo había combatido en el pasado. Si en la primera parte Zama defendió la encomienda, ahora delata al que intenta alzar al pueblo indígena oprimido. Zama se presenta entonces como un doble traidor: ante el español Hipólito Parrilla, el jefe de la expedición militar española, porque no le dice a tiempo que el bandido era uno de ellos, y ante Vicuña Porto, porque lo termina delatando. Esta acusación, como ya lo mencioné, le cuesta la mutilación de la mano, hecho que ha sido leído desde una perspectiva moralista: la crítica ve en Zama a un traidor, un americano que se niega a sí mismo.[22] En lugar de emprender el viaje hacia el exterior (el traslado deseado desde el inicio), Zama realiza un viaje hacia el interior de sí mismo, un viaje circular que le permite —a ojos de los críticos que lo afirman— el reencuentro con su propia identidad. Este viaje hacia sí mismo ha sido leído desde dos perspectivas diferentes: como un símbolo de la destrucción a causa de la perpetua negación de su persona (Ulla 1972: 267) o como un nacimiento: «don Diego de Zama emprende un viaje hacia el interior paraguayo que le revela su verdadero yo» (Reati 1995: 132).

Sin embargo, esta novela no puede ser leída como un *bildungsroman*: aquí no hay aprendizaje alguno sino, cuando mucho, la posibilidad de un conjunto limitado de movimientos, que constituyen respuestas a un constreñimiento exógeno. Hay un tablero de ajedrez impuesto desde afuera, donde al personaje solo le queda asumir distintos roles: no existe, pues, la unicidad de lo identitario sino la precariedad de lo dependiente, el sucesivo fraccionamiento de lo que carece de centro o tiene un centro que no forma parte de su estructura.[23]

---

22. La cueva donde habita el gigante Anteo en la *Divina Comedia* de Dante Alighieri se llama Zama. Es Anteo quien castiga a los traidores depositándolos al fondo de un pozo. Zama se ubica en el octavo círculo y es la última parada antes de llegar al infierno.

23. «Thus it has always been thought that the center, which is by definition unique, constitutes that very thing within a structure, which while governing the structure, escapes structurally. This is why classical thought concerning structure could say that the center is, paradoxically, *within* the structure and *outside* it.

Aquellos que ven en Zama a un traidor porque tiene una suerte de «doble identidad» no han percibido que el cacique Vicuña Porto es Gaspar Toledo (el soldado del ejército realista), y que Ventura Prieto es también Vicuña Porto, y que Luciana es de alguna manera Marta, y que las dos misteriosas mujeres que ve don Diego de Zama desde su ventana son, de acuerdo con las declaraciones de Tora, una y la misma, de modo que, si se piensa a los personajes en los términos homogeneizadores de lo identitario, todos acabarán siendo traidores, pues todos son, al menos, duales, y esa aparente contradicción no es en verdad otra cosa que una consecuencia de las distintas «posiciones de sujeto» que asumen cada vez que el tablero les exige un movimiento.[24] La idea de que Gaspar Toledo busque a Vicuña Porto (es decir, sea juez y parte) o se busque a sí mismo (como es, de cierta manera, el caso de todos los otros personajes) es, por ejemplo, similar al papel dual que tenían los corregidores durante la legalización del reparto (1756-1783).[25]

The center is at the center of the totality, and yet, since the center does not belong to the totality (is not part of the totality), the totality *has it center elsewhere*» (Derrida 1988: 109).

24. La idea de sujeto como actor la propone Smith en su libro *Discerning the Subject* (1988): «In this light it may be useful to stress the lure that is offered in the very word "individual": in its etymology it suggests one that can not be divided and, by extension, one that is plenipotentiary. Thus it offers a fiction of cohesion that bears as its symptom a belief in a fully enabled and self-conscious power. It could even be said that the urge to become such an "individual", and the common consciousness of Esther being one or having the obligation to be one, is itself only a limited and ideological subject-position within a given experience of subjectivity and is itself produced by particular social formations. Yet, the hope of this book is that, even within the determination of the human agent through and in different subjects-positions, there is always room for change» (p. xxxiv).

25. «El virreinato estaba organizado de tal forma que sobre ciertos funcionarios, los corregidores, recaían funciones de recaudación tributaria, decisión judicial y gobierno político, de modo que cualquier querella motivada por su actuación financiera, comercial o ejecutiva, iba a dar en manos de ellos mismos, que se convertían en jueces y partes. Los corregidores eran simultáneamente negociadores privados y funcionarios administrativos» (Faverón 2006: 165-166).

En esta condición periférica, donde todo se define entre el «aquí» insular (América) y el «allí» innombrable (España), la norma es la duplicación para poder sobrevivir, es decir, prolifera el constante juego de roles, porque los hombres son parte de un sistema controlado por otro que tiene el verdadero poder. Di Benedetto (2000 [1956]) muestra cómo esa dependencia ocasiona la podredumbre colectiva, la inmoralidad social.[26]

Vuelvo al tema de la frontera, en el que Zama siempre recae, y con ello, a la frontera física en la que, finalmente, se le amputa la mano. La frontera es un espacio bisagra; es un antes y un después. Es también un lugar intermedio e impreciso, con lo cual el texto sugiere que Zama, después de la mutilación por la población aborigen, estará listo para un nuevo comienzo, que es el de adoptar un nuevo rol, de acuerdo con las necesidades que se creen en la metrópoli. Si Vicuña Porto «es como el río» (Benedetto 2000 [1956]: 213), Zama es como el pez del que le habla Ventura Prieto, ese pez siempre aferrado a los bordes y pendiente de no ser expulsado definitivamente de ese margen que lo sujeta a la corriente:

> Dijo que hay un pez, en ese mismo río, que las aguas no quieren, y él, el pez, debe pasar la vida, toda la vida, como el mono, en vaivén dentro de ellas; aún de modo más penoso, porque está vivo y tiene que

26. Di Benedetto, en la entrevista de Jorge Urien (1986), sostiene que fue el cine mudo, el de las películas de Charles Chaplin, lo que le inspiró la idea de perseguidor-perseguido para el personaje de Vicuña Porto-Gaspar Toledo. Sin embargo, la Colonia era un sistema que propiciaba estas duplicidades de conducta. Un caso paradigmático que muestra cómo el régimen colonial manipulaba y propiciaba ciertas conductas duales en los sujetos es el caso del corregidor paceño Gil de Alipazaga, quien durante las sublevaciones del periodo 1780-1883, en el Alto Perú, no pudo cobrar impuestos a la población aborigen. Al cese de las revueltas, la Corona le cobró al funcionario el monto debido, como si fuera su culpa y no el contexto político lo que le impidió la recolección: el funcionario colonial era colono y colonizado según el punto de vista del que se le quiera mirar.

luchar constantemente con el flujo líquido que quiere arrojarlo a tierra. (Benedetto 2000 [1956]: 10)

Zama se adecua a las situaciones que le toca vivir adoptando diferentes caretas en cada una de ellas y cancelando su viejo rol al asumir uno nuevo. En un pasado anterior al momento de la narración, fue un corregidor respetado y valiente, que había aplacado diversas sublevaciones indígenas. Después fue asesor letrado y trabajó en un puesto menor para la Corona. En la tercera parte, es un perseguidor de bandidos que termina siendo víctima de la población indígena:

> ¡El doctor don Diego de Zama!... El enérgico, el ejecutivo, el pacificador de indios, el que hizo justicia sin emplear la espada. Zama, el que dominó la rebelión indígena sin gasto de sangre española, ganó honores de monarca y respeto de los vencidos. No era ése el Zama de las funciones sin sorpresas ni riesgos. Zama corregidor desconocía con presunción al Zama asesor letrado, mientras éste se esforzaba por mostrar, más que un parentesco, cierta absoluta identidad que aducía [...] Pero, al hacerlo, Zama asesor sabía sin que pudiera esconderlo, que en este país más que en los otros del reino, los cargos no endiosan, ni se hace un héroe sin compromiso de la vida, aunque falte la justificación de una causa. Zama asesor debía reconocerse un Zama condicionado y sin oportunidades». (Benedetto 2000 [1956]: 20)

En este juego de roles se produce un duelo entre el Zama corregidor y el asesor letrado que trabaja prisionero en una oficina de la gobernación. La escisión de su persona es descrita por él mismo como un antes y un después: «le he dicho quien era Zama» (Benedetto 2000 [1956]: 20), y luego Zama continúa aludiendo a su rol de corregidor en pretérito, como si ese Zama ya hubiera muerto disolviéndose en su nuevo rol de letrado sumiso: «Zama *había sido* y no podía modificar lo que fue» (Benedetto 2000 [1956]: 21).[27] Lo mismo sucede cuando el personaje, ahora letrado, se anula a sí mismo ante Fernández antes de

27. Las cursivas son del original, así como las que vienen inmediatamente.

asumir su nuevo rol: «no obstante, procedió aquella mañana con esa corrección indicadora de que el préstamo fue *ayer* y *allá*, a don Diego de Zama y no al asesor, su jefe» (Benedetto 2000 [1956]: 167).

La escisión de Zama no solo se aplica a los diferentes roles que adopta sino a su relación con el espacio. Zama está aquí, en América, pero quisiera estar allá, en Europa. A lo largo de su estadía en esta ínsula sin nombre, su cuerpo y su mente están divididos en un espacio-tiempo que no coincide con el lugar donde se halla. En el rol de letrado, su visión del mundo es la de un europeo. Para él, América existe solo como construcción, como un lugar sin nombre y sin historia. En diversos pasajes se alude a la naturaleza desbordante americana, descrita como si fuera vista por un europeo en las crónicas de Indias. La descripción es la de un espacio exuberante e infantil, capaz de determinar la conducta de sus habitantes. América es para don Diego un lugar bárbaro:

> Europa, nieve, mujeres aseadas porque no traspiran con exceso y habitan casas pulidas donde ningún piso es de tierra. Cuerpos sin ropas en aposentos caldeados, con lumbre y alfombras. Rusia, las princesas... Y yo ahí, sin unos labios para mis labios, en país que infinidad de francesas y de rusas, que infinidad de personas en el mundo jamás oyeron mentar; y yo ahí, consumido por la necesidad de amar sin que millones y millones de mujeres y de hombres como yo pudiesen imaginar que yo vivía, que había un tal Diego de Zama, o un hombre sin nombre. (Benedetto 2000 [1956]: 45)

Don Diego de Zama añora la cultura europea y separa, como lo hicieron los conquistadores, una barrera radical entre el espacio «civilizado» —el lugar de la gobernación donde él trabaja, «donde no dominaban los indígenas ni se comía carne humana» (Benedetto 2000 [1956]: 51)— y el espacio de la selva donde los indios están. Mary Louise Pratt (1997) considera que 1735 es crucial para el proyecto eurocéntrico de apropiación discursiva de América. El sueco Carl Linneo crea el *Systema Naturae* ('sistema de la naturaleza'), un esquema que pretendía categorizar y renombrar todas las formas vegetales del planeta conocidas o desconocidas para los europeos. Su tabla de clasificación fue después aplicada a los seres humanos, para los que se distinguió seis tipos de *homo sapiens* y una última categoría de *monstruo*, que incluía a enanos y gigantes. Encabezaba su tabla clasificatoria el hombre blanco y europeo: «la categorización de los seres humanos es explícitamente comparativa. Difícilmente se podría pedir un intento más explícito de "naturalizar" el mito de la superioridad europea» (Pratt 1997: 67).

Este sistema es la semilla de los esquemas totalizadores y categóricos que surgen en el siglo XVIII y que forman la disciplina que se conoce hoy como «historia natural». El hecho de querer catalogarlo todo trae como consecuencia un reduccionismo de lo existente: solo aquello que alcanza a ser visto por el ojo extranjero forma parte de la realidad. La «historia natural» de Linneo parte de la idea de que el mundo es un caos y que se necesita de alguien que lo ordene. Ese alguien es el europeo que, a través del lenguaje, impone su concepción del mundo, reorganizando a su antojo el supuesto caos americano y poniéndole etiquetas a todo lo existente.

Este proceso de nombrar la realidad, que Pratt (1997) ha denominado de *anticonquista*, parece ser muy inofensivo si se le compara con el maltrato físico y psicológico que ejercieron los conquistadores y navegantes hacia los pueblos conquistados. Sin embargo, las categorías impuestas son violentas en otro sentido: sirven para justificar la conquista y mostrar la superioridad de algunos. La *anticonquista* trabaja sobre dos técnicas discursivas: describe a los territorios nuevos como si fueran lugares baldíos o desiertos, de alguna manera infantiles, donde la presencia humana es casi inexistente, y construye la figura del otro como la de un ser salvaje e infrahumano. Esas estrategias son empleadas por don Diego de Zama, quien describe al mundo a la manera de la *anticonquista* en los términos de Pratt (1997), con sus ojos de letrado divide al mundo entre bárbaros y civilizados, y describe la naturaleza americana como un lugar virgen, infantil, sin historia.

El niño rubio de doce años, sin nombre y siempre de la misma edad —ese personaje misterioso que aparece cuatro veces en la novela en momentos cruciales avisando desgracias que ya no tienen una solución fáctica—, representa esta construcción infantil que se ha hecho sobre el paisaje americano. La última aparición del niño en la escena final, frente a un Zama ya mutilado, sugiere un reencuentro del personaje con su propio discurso: el niño vendría a poner en escena esta infantilización que se ha elaborado sobre América desde la Conquista por personajes como Zama y a mostrar esa dependencia discursiva para aludir a la condición americana. La presencia del niño es una especie de concientización, aunque siempre fallida y tardía como sus apariciones, sobre el uso de esas estrategias discursivas de *anticonquista* empleadas por algunos americanos, maniobras que crean así una dependencia discursiva para expresarse sobre su propia tierra y su propio ser:

> —No era indio. Era el niño rubio. Sucio, estragadas las ropas, todavía no mayor de doce años.
>
> Comprendí que era yo, el de antes, que no había nacido de nuevo, cuando pude hablar con mi propia voz, recuperada, y le dije a través de una sonrisa de padre:
>
> —No has crecido.
>
> —Tú tampoco. (Benedetto 2000 [1956]: 262)

Roberto Gonzalez-Echevarría señaló que América siempre fue un constructo eurocéntrico. *Zama* (1956) dramatiza el hecho de que no solo América es producto de esa construcción, sino que los sujetos que habitan en ella se sienten solamente vivos en tanto existen para un europeo. Es como si el vaciamiento del espacio repercutiera en cada uno de los criollos de América que se preguntan si realmente existen o no, si son seres humanos o solo son nombres y cargos. Así como Zama considera que el continente entero existe en función de la metrópoli, también siente que él mismo vive solo frente a los ojos imperiales («alguien en Europa, sabría quién era yo, cómo era Diego de Zama, y lo creería bueno y noble, un letrado sabio, un hombre de amor. Estaba dignificado» [Benedetto 2000 (1956): 127]), pues su capacidad de actuación está limitada a ese centro ausente. El continente, como Zama, no existe por sí mismo, sino respecto de un referente externo.

Zama (1956) puede entenderse como una respuesta crítica a esta historia escrita desde fuera. Dentro de la novela, el espacio de la gobernación, el lugar de producción de la ley, se convierte en el espacio en el que Manuel Fernández escribe ficciones. Si la ley fue, como sostiene González-Echevarría, el primer discurso hegemónico y mediador sobre el que se ha construido la imagen de América Latina —«América existió primero como documento legal; en las Capitulaciones de Santa Fe antes de que partiera Colón, se suscribe el contrato de propiedad» (González-Echevarría 2000: 84)—,[28] *Zama* es también una ficción de archivo que no solo cuestiona la representación que se ha hecho de América, sino que plantea que solo la ficción nos permite entendernos y representarnos a nosotros mismos, sobre todo en momentos de gran censura.[29] Pero ese archivo, ese «claro en la selva», no

---

28. De acuerdo con la teoría que desarrolla González-Echevarría en *Mito y archivo* (2000), la representación de América Latina ha sido una construcción mediada por tres discursos hegemónicos: a) el discurso jurídico que es el que rige durante los siglos XVI y XVII a través de los cronistas españoles que construyeron una imagen de América; b) el discurso científico que se consolida como la disciplina mediadora del siglo XIX con Alexander von Humboldt, Charles Marie de la Condamine y Darwin; y c) el discurso antropológico donde prevalecen las ideas deterministas y naturalistas del siglo XIX y principios del XX, como las ideas de Emile Zola, Auguste Comte y Herbert Spencer. Si bien González-Echevarría en este último discurso no hace hincapié en sus representates, menciona obras como *Doña Bárbara* de Rómulo Gallegos y *El Facundo* de Sarmiento, para desarrollar sus ideas. *Los pasos perdidos*, de Carpentier (1953), sería la novela de archivo fundadora, es decir, la primera novela latinoamericana que devela cómo Latinoamérica ha sido producto de una construcción, porque escenifica estos tres discursos hegemónicos dentro de la ficción.

29. La necesidad de la ficción es un tema recurrente en la novelística de Antonio di Benedetto. El libro de Fernández y las cartas de don Diego de Zama a Marta en *Zama* (1956) apuntan a la necesidad de la ficción para sobrevivir. No es casual

es, como en González Echevarría, un centro propio, sino un espacio marginal, acaso extralegal, una suerte de doble periférico del archivo al que alude el crítico cubano: no un lugar de producción de la ley sino el emplazamiento de una débil y quizá inútil resistencia ante ella.

A Fernández se lo quiere expulsar de la gobernación por infringir la ley (ha escrito ficciones en el espacio de la Administración) y se lo obliga a desprenderse del manuscrito. Al principio, decide guardar los papeles en una caja de latón porque «los nietos de mis nietos los desenterrarán. Entonces será distinto» (Benedetto 2000 [1956]: 139), aunque, al final, ni siquiera se atreve a esconderlos (tal es la censura existente) y prefiere regalárselos al anciano desconocido. Zama, sin embargo, se pregunta hasta qué punto el futuro será distinto: «Pensé también que, quizá, dentro de ciento cincuenta años, al abrirse la caja, habría otras formas de restricciones y censura» (Benedetto 2000 [1956]: 139). Si esta conversación entre Fernández y Zama ocurre en la segunda parte titulada «Año 1794», ciento cincuenta años más tarde es justamente 1944, es decir, el inicio de la época de la censura peronista. Con esta última referencia, Di Benedetto claramente apunta hacia la censura del gobierno militar en el presente argentino: en este desdoblamiento de roles y personajes, *Zama* (1956) hace un comentario metatextual que alude a la posible censura de su propia lectura. Como todo en su mundo, *Zama* representa, simultáneamente, la Colonia y el presente de su escritura.

La argentina «colonial» peronista

Deffis de Calvo encuentra una interesante similitud entre el lenguaje elíptico de *Zama* (1956) y el lenguaje que utilizó la dictadura: «*Zama* es una novela que condensa procedimientos de escritura para

---

que los protagonistas de *Annabella (novela en forma de cuento)* (1973), *El silenciero* (1964) y *Los suicidas* (1969) sean escritores o periodistas obsesionados con la escritura.

nombrar lo innombrable: el viaje no deseado, la identidad perdida, el ser otro» (2004: 373). Para este autor, «en *Zama* la elipsis opera, en cambio, como mecanismo de inversión, diciendo todo sin decir nada» (Calvo 2004: 372); la ausencia en la obra de Di Benedetto, como he venido sosteniendo, es una importante presencia que muestra cómo el control, siempre desde afuera y sin nombre, ingresa a la privacidad del sujeto y lo lleva a crear otras formas de expresión.[30]

Ya he dicho que el lenguaje de *Zama* (1956) no es una reproducción del lenguaje del siglo XVIII, sino un lenguaje elíptico, muy similar al de las otras dos novelas de la trilogía, que se hallan hiladas, de este modo, a través de un estilo común. De la misma manera se hallan conectadas temáticamente: la situación periférica que define a lo latinoamericano en la Colonia continúa vigente en la Argentina peronista, en un doble sentido. Por un lado, el pueblo está dominado por un poder ausente, al que la población no puede apelar; de la isla distópica del Paraguay de *Zama*, los sujetos se han desplazado a la isla distópica de la ciudad moderna latinoamericana, donde reciben, como en *Zama*, un orden impuesto que no acepta diálogo porque es tan omnipresente como impersonal. Los personajes, aunque traten de evadirlo por diferentes medios, terminan viviendo, como don Diego, en el aislamiento, ya no en medio de la tierra, pero sí en un espacio insular, abandonados e incomunicados dentro de la ciudad. El orden dentro de la gran urbe es invisible pero está presente en su ausencia, como ocurre en *El silenciero* (1964) y *Los suicidas* (1969).

---

30. Ricardo Piglia explica la función de la elipsis, en el lenguaje creado durante «El Proceso» (nombre que utiliza Piglia para sintetizar el Proceso de Reorganización Nacional, periodo dictatorial argentino que comprende de 1973-1986», a través de la expresión «zona de detención», que se utilizó en todos los paraderos de ómnibus: «Ese cartel decía la verdad. Por un lado estaba la amenaza secreta que circulaba por toda la ciudad y por todo el país. Un terror elíptico, digamos, que dice todo y no dice nada, y esa es la estructura de un relato de terror» (Piglia 1989: 99). Es interesante notar el uso de la elipsis como parte de la dictadura peronista y, posteriormente, durante la Junta Militar en la década de 1970.

Por otro lado, la relación problemática entre centro y periferia, ya vista en la Colonia con *Zama* (1956), se replantea en la actualidad en la relación de dependencia entre la capital y la provincia, que a su vez parece reproducir las relaciones de dependencia que entablan los países de América Latina con los más industrializados. Este es un tema recurrente en Di Benedetto, que muestra cómo la provincia es un lugar aislado, al cual no ha llegado la modernidad: sus ficciones plantean que cuando esta accede a cierta modernidad, tiene solo los ecos degradados de la misma, es decir, solo los significantes, tal y como ocurría en el mundo de *Zama:* la provincia es el lugar de las significaciones colapsadas, donde la relación entre significante y significado se frustra, porque solo están los signos de esa modernidad sin contenido. Esto aparece en las otras dos novelas de la trilogía a la que pertenece *Zama*, pero con mayor notoriedad en sus cuentos, «Caballo en el salitral» y «El juicio de Dios», en los que se representa Mendoza, la tierra natal del autor, como el lugar periférico por excelencia, donde continúan las formas de explotación coloniales de patronazgo en las haciendas. Sobre la superficie, en todas ellas, desatendiendo las necesidades básicas de la gente, se ha construido un tren cuya figura es emblemática de esta modernidad vacía: sus rieles no comunican a la población, sino que ocasionan, todo lo contrario, muerte y destrucción, o son inservibles.

Los protagonistas, en las otras dos novelas de la trilogía, son marginales y habitan en las orillas de la gran ciudad. En *El silenciero* (1964), el personaje sin nombre es atacado por «el ruido». La bulla intensa e insoportable representa ese orden impuesto desde arriba que se cuela en la vida del personaje, penetrando físicamente el lugar donde reside. El protagonista lo trata de evadir cerrando sus ventanas, cambiándose de habitación, transformando su rutina, mudándose de pensión en pensión, pero toda la ciudad es tomada por «el ruido». Bajo esas condiciones, no hay refugio posible. En *Los suicidas* (1969) —si bien se ha analizado esta novela solo desde una perspectiva existencial y autobiográfica—, es posible distinguir también el diálogo de dependencia entre centro y periferia. El orden es representado aquí por el diario donde trabaja el periodista, también sin nombre, quien, en la búsqueda de un reportaje que intenta descubrir las razones que llevaron al suicidio a una serie de personas, termina poseído por el artículo y se involucra hasta querer ser parte del relato. Ese orden abrumador está dado por la misma empresa que le exige el reportaje y a la cual el sujeto frenéticamente no puede dejar de asistir y reportar. En ambas novelas, como en el caso de don Diego de Zama, el sujeto periférico está controlado por un poder o un orden superior que lo restringe e invade el espacio de su privacidad hasta llegar a ocupar el centro de su vida. Con él no hay diálogo posible porque el vínculo hace del sujeto siempre un paciente.

La idea de «neocolonialismo» —que desarrolla Tulio Halperín-Donghi (1975) para insistir en cómo América Latina no ha roto su condición colonial, porque el continente pasó, del control de España, a la dependencia de Gran Bretaña, hasta principios del siglo XX, y de los Estados Unidos, después— dialoga con la propuesta de Di Benedetto, quien plantea una suerte de continuismo entre la dependencia económica de los grandes centros de poder y la periferia (Argentina y el «primer mundo»; Mendoza respecto de Buenos Aires). América Latina, sostiene Halperín-Donghi (1975), siempre ha sido un lugar de extracción para las grandes potencias, de allí que desde la Colonia exporte productos básicos a los países más desarrollados y que su economía esté regida por leyes que imponen Europa y, luego, los Estados Unidos. Esta relación entre centro y periferia se hizo dramática en la Argentina durante los gobiernos de Juan Perón (1946-1955), porque, a fines de su segundo mandato, los Estados Unidos bloquearon la economía argentina, con lo cual esta se vio seriamente perjudicada.

Luis Alberto Romero (1994) explica cómo el país se enriqueció exportando materias primas a Europa durante la Segunda Guerra Mundial (exactamente lo que ocurría durante el período colonial, aunque se pasara del monopolio hispano a la pugna controlista de las potencias) y cómo, a partir de 1949, cuando Europa empezó a recuperarse de la crisis, la economía argentina cayó drásticamente. Bajo el gobierno peronista, que proclamaba su ferviente nacionalismo, quedó claro que la libertad de decisión en un país periférico era relativa y endeble, porque, tan pronto como se mantuvo firme en su política antinorteamericana, Perón sufrió presiones externas y debió moderar su rechazo hasta ponerse en una situación intermedia: adoptar la doctrina de la «tercera posición», es decir, distanciarse del comunismo. Por presiones externas, Perón reingresó a la Comunidad Internacional en 1946, gracias a las Actas de Chapultepec, y al año siguiente firmó, en Río de Janeiro, el Tratado Interamericano de Asistencia Recíproca. Fue precisamente esta última ciudad el lugar donde un año antes el peronismo había manifestado su absoluta independencia económica.

A pesar de los esfuerzos de Perón por mejorar sus relaciones con Washington, los Estados Unidos no le perdonaron la exportación indiscriminada de materias primas, ni su independencia durante la Segunda Guerra Mundial, y organizó un boicot sistemático que tuvo graves repercusiones económicas. Como parte del boicot, los Estados Unidos prohibieron en 1948, a pesar de la vigencia del Plan Marshall, que los dólares aportados a Europa se usaran para importaciones de la Argentina: «La guerra mundial, la crisis de los mercados y el aislamiento, acentuado por el boicot norteamericano» —explica Romero—, «habían contribuido a profundizar el proceso de sustitución de importaciones iniciado por el gobierno anterior» (1994: 141).

En las novelas posteriores de la trilogía de Di Benedetto aparece esa idea de «neocolonialismo»: son los países industrializados los que siguen ejerciendo el poder, influyendo en la capital primero y en la provincia después. Esta última se transforma en un nuevo «Paraguay» porque solo recibe las formas vacías del desarrollo, esta vez bajo las apariencias de la modernidad. En la ficción ambientada en la ciudad latinoamericana contemporánea, esta situación se manifiesta en la proliferación de modelos y tecnologías extranjeras que se aceptan sin miramientos. El autor mendocino se encarga de mostrar insistentemente cómo la tecnología foránea, aplicada a otra realidad, resulta siendo problemática. En *El silenciero* (1964), la ciudad se ha transformado en una moderna megalópolis completamente distópica y disfuncional; en *Los suicidas* (1969), se recalca el *boom* de la prensa sensacionalista, imitación de la inglesa; en «El juicio de Dios», la construcción del ferrocarril que uniría Mendoza con la gran ciudad pero que produciría, en lugar de progreso, un malentendido que ocasionará la muerte de los operadores de la gran máquina; en «Caballo en el salitral», se relata la muerte de un caballo que lucha contra su propia carga en medio de la pampa mendocina a la vista de un grupo de pobladores que, sobre la superficie de los rieles del tren, contemplan inertes su agonía. Estos ejemplos muestran el tema recurrente de la vacuidad de la modernidad argentina y cómo es desigual y problemática porque, en lugar de fortalecer la polis, deja al descubierto sus mayores desencuentros.

Luis Alberto Romero (1994) sostuvo que la modernidad en Argentina fue un proceso de modernización desigual, una industralización que no estuvo acompañada de un desarrollo social consistente y homogéneo. Argentina ingresa a la modernidad en medio de una abrupta explosión demográfica en las ciudades, fenómeno que forzó a una extensa urbanización sin que hubiera, de por medio, un paulatino proceso de desarrollo económico o industrial.[31] Beatriz Sarlo (1999) afirmó que estos cambios acelerados en la urbe repercuten en la psiquis de los sujetos, en las relaciones sociales y en la proliferación de discursos al margen de las instituciones oficiales. Para ello, tomó como ejemplo la interiorización de los cambios abruptos en la ciudad, esa angustia que describió Roberto Arlt en *El juguete rabioso* (1926) y *Los siete locos* (1929), producto de una modernidad desigual. Como lo explicó Sarlo, «hay otros saberes: los saberes técnicos aprendidos y ejercidos por los sectores populares; los saberes marginales, que circulan en el *under-ground* espiritista, ocultista, mesmerista, hipnótico de la gran ciudad» (1999: 52).

31. La migración masiva y el progreso económico remodelaron la sociedad argentina, y, podría decirse, la hicieron de nuevo. Los 1,8 millones de habitantes de 1869 se convirtieron en 7,8 millones en 1914. En ese mismo período, la población de la ciudad de Buenos Aires pasó de 180.000 habitantes a 1,5 millones. De cada tres habitantes, dos eran extranjeros (Romero 1994: 27).

Para Di Benedetto, la modernidad solo sirve para causar estragos, promover las diferencias sociales en la población, ocasionar la incomunicación entre los individuos y enfatizar ese círculo vicioso de marginalidad dependiente. La realidad periférica latinoamericana, sugiere Di Benedetto, obliga a crear realidades compensatorias para asumir la vida en los extramuros del mundo moderno. En efecto, para él:

> ...[l]a capital posee otra cualidad deformante a la que uno debe oponerse: presiona para la aceptación de sus temas y su lenguaje. El escritor asimilado, si así se puede decir, originariamente del interior o de las naciones vecinas, que escribe exclusivamente para el porteño, ese lector codiciado y cortejado, ese escritor se mimetiza, aprende laboriosamente el lunfardo porque sin él no sale adelante, para decirlo en general, debe someterse. (Lorenz 1972: 126)

Es el centro el que decide las acciones de los sujetos en la periferia, a pesar de que desconoce su realidad, y es solo en relación con dicho espacio que los de la provincia se reconocen en tanto sujetos, porque el poder político proviene de allí. La periferia, como ocurre en *Zama* (1956), es políticamente pasiva y paciente. En un diálogo de dos personajes del cuento «Caballo en el salitral» se describe el abandono de la periferia por parte del poder central, pero, a la vez, la necesidad de un centro que justifique y pruebe su existencia. Es como si la provincia fuera inexistente si no se sustenta en ciertos patrones externos que la avalen:

> —Será Zanni… ¿el volador?
>
> —No puede. Si Zanni le está dando la vuelta al mundo.
>
> —Y qué, ¿acaso no estamos en el mundo?
>
> —Así es; pero eso no lo sabe nadie, aparte de nosotros.
> (Benedetto 1981: 23)

En las otras dos novelas de la trilogía, se hace hincapié en los trastornos psicológicos que produce ese desencuentro entre centro y periferia. De allí se sigue que los personajes sean grandes conocedores de la ley. En *Zama* (1956), el personaje es un letrado; en *El silenciero* (1964), un escritor de oficio experto en derecho; en *Los suicidas* (1969), un periodista conocedor de todos los puntos de vista en relación con el suicidio: son seres conscientes de la tensión o el desencuentro entre la realidad y la ley, de esa disparidad entre lo que proclama la modernidad y lo que en verdad es. En todos los relatos se produce el colapso del principio de realidad, y la narración se torna, paulatinamente, en una ficción de lógica descalabrada, a ratos onírica, a ratos delirante. Si en *Zama*, como vengo señalando, el excesivo control de la metrópoli sobre la periferia produce un quiebre en el nivel de la consciencia del sujeto, en estas novelas, ambientadas en algún lugar de Latinoamérica, ocurre exactamente lo mismo: lo que prevalece es el encierro, la dependencia y, posteriormente, el delirio.

El mundo representado en *El silenciero* (1964) entra en caos, y el personaje enloquece: ni el lector ni el protagonista pueden distinguir si lo que está narrando es parte de la novela que escribe —*El techo*— o si lo está viviendo en «realidad». El periodista de *Los suicidas* (1969), preso en el reportaje que escribe, parece desapercibir cualquier forma de vida más allá del espacio de la escritura y del tema de su crónica: averiguar por qué se suicidaron una serie de personas. Si bien al final no comete el acto suicida (aunque su asistente sí lo hace), la novela muestra el deseo constante de este hombre por morir y quedar así contenido en su propia ficción, enclaustrado en ella. La línea que traza *Zama* (1956) es claramente perceptible en estas novelas posteriores: en el tránsito del principio de realidad al abismo del delirio, el personaje construye una nueva realidad, especular a su estado delirante; hay una atmósfera enrarecida, irreconstruible, inexplicable.[32]

---

32. Lo mismo le ocurre a Santiago, el protagonista de *El pentágono* (1954), de Di Benedetto, novela reescrita con el nombre de *Annabella: novela en forma de cuento* (1974): un escritor necesita inventarse a una mujer ideal y crea a Annabella, un personaje perfecto pero ficticio. Con ella, se crea también un triángulo amoroso al que superpone el propio triángulo amoroso que vive en la realidad. La mente de Santiago construye un pentágono en el cual él está prisionero entre los dos

Di Benedetto sugiere con estas novelas que, durante los regimenes de excesiva censura y opresión (como el período colonial, el gobierno peronista y los posteriores gobiernos militares argentinos), el sujeto, desde ese espacio marginal donde se encuentra, necesita crear formas de evasión o realidades paralelas que le permitan huir de ese presente angustiante o, como lo señala el propio Di Benedetto en una entrevista para la revista *Quimera*, el sujeto necesita aislarse para buscar seguridad: «la soledad es una forma de protección. La soledad es una coraza contra el golpe ajeno. Zama es un ser solitario que se defiende de los demás» (Recio 1986: 37).[33] Sin embargo, pese a la creación de mundos alternativos, las novelas muestran que sin libertad ni siquiera los espacios otros se convierten en liberadores o placenteros. En *Zama* (1956), por ejemplo, los sueños retrotraen al protagonista a la opresión española. El personaje sueña que despierta en un anfiteatro en ruinas, un espacio ya ocupado por batallas, sangre y muerte, es decir, un lugar ya tomado por la conquista española:

> Estaba solo ante las ruinas de antiguos palcos, de un escenario con los bastidores, bambalinas y paños caídos bajo una lenta acumulación de polvo. Al fondo, el telón decorativo, bajo una muerta claridad lunar, representaba una batalla inmóvil. Esas pintadas figuras de caballeros y de bestias acentuaban mi soledad. (Benedetto 2000 [1956]: 104)

En *El silenciero* (1964), los sueños encaminan al personaje hacia la violencia de las montoneras: «cada vez que intento dormir la

---

triángulos que dividen la realidad y la ficción, encarcelando al protagonista en un mundo paralelo, donde termina devorado por su invención.

33. Volviendo al paralelo con la política peronista, Peter Winn explica cómo, durante el largo mandato de Perón, la autonomía de las universidades se violó, el currículo académico se «peronizó» y los estudiantes eran reprimidos por la policía: «Press censorship had existed in Argentina since the 1943 military coup, but Perón took it several steps further, forcing the venerable opposition newspaper, La Prensa, to close and creating a Peronist radio monopoly. Even the Congreso provided no sanctuary for opposition political leaders» (1995: 147).

montonera vuelve» (Benedetto 2000 [1964]): 131). Es en los sueños donde la realidad se manifiesta, porque en ningún otro momento la novela alude explícitamente a los militares o a las matanzas que ellos ejecutaron. Como en *Zama* (1956), lo que prevalece en *El silenciero* es una gran ausencia.[34] En *Los suicidas* (1969), la liberación se da por el camino de la actuación: el periodista y su asistente, convencidos de que se suicidarán esa noche, deciden organizar una gran fiesta donde cada invitado actúa y se apropia del discurso de cada uno de los filósofos anteriormente citados en la obra (que están a favor o en contra del suicidio). Los personajes se vuelven Albert Camus, Kant, Balmes, Confucio, Buda, Séneca, Montaigne, Hegel, Nietzsche, Voltaire. Al convertirse en otros, en esta *performance* liberadora, descargan sus emociones. La opresión externa en la que habitan los personajes de Di Benedetto es análoga a la actitud que adopta el propio autor como medio de escape para liberar su propia asfixia durante el gobierno peronista, en 1953:

> *Mundo animal* es un conjunto de cuentos, cada cuento, una indignación transfigurada. Y el título es en realidad una invectiva. Algo me enfurecía o me lastimaba. En la mañana siguiente lo pasaba a imágenes y lo articulaba en una trama. ¿Por qué la transfiguración? No sé; tal vez para que el cuento fuera algo superior al episodio o a la persona que motivó la furia; tal vez como un eufemismo inconsciente de carácter defensivo; pudo haber estado condicionado por la época: pasábamos la dictadura peronista que me tenía sitiado. (Lorenz 1972: 131)

La figura de Juan Perón, incluso en el exilio, estará presente y controlará la política argentina desde la ausencia: en estas novelas, su presencia ausente ocupará el lugar que ocupa la metrópoli en *Zama* (1956): será un orden y un poder que controla la política sin estar

34. Es particularmente simbólico el caso de la esclava Tora, quien señala que nació con las cicatrices provocadas por un hombre blanco que maltrató a su madre con una cadena, antes de que ella naciera. Como en el anfiteatro vacío del sueño de Zama, la carne de Tora ya estaba invadida desde antes de su existencia.

físicamente en el lugar de la acción. Para Sigal y Verón (1985), es difícil encontrar un caso similar al argentino, en el cual una persona haya tenido dominio sobre la política de un país invisiblemente. El gobierno militar de Juan Domingo Perón y la extrema vigilancia que implantó fueron tan claustrofóbicos como los dieciocho años que estuvo en el exilio, desde donde controló al país promoviendo paralizaciones, huelgas y manifestaciones; e, incluso, definiendo a los presidentes de turno, en su mayoría militares, que gobernaron durante sus años de inverosímil ausencia. Su discurso populista y nacionalista lo abarcaba todo y regresó con él, en 1973, para ser elegido presidente por tercera vez. Su índole abarcadora se manifiestó en la permeabilidad de sus argumentos, que llegaron incluso a grandes contradicciones: su objetivo era capturar a la mayor gama de clases sociales posibles.

El pacto indiscutible entre Perón y el movimiento obrero subrayaba su prédica anticapitalista y promovía ampliamente la necesidad de justicia social. Al mismo tiempo, sin embargo, a los empresarios les demostró la amenaza de las masas obreras desorganizadas y el peligro del comunismo que avanzaba en Europa: «ante unos y otros se presentaba como quien podía canalizar esa efervescencia, si lograba para ello el poder necesario» (Romero 1994: 133). Perón sembró el miedo en los distintos sectores de la población; promovió la construcción de un Estado fuerte, que interviniera en la sociedad y en la economía para asegurarse la autarquía económica; y afianzó, en la mente de los argentinos, un exacerbado nacionalismo, la búsqueda de *una* identidad colectiva que los definiera. La ecuación que se encargó de promover era una suerte de sentimiento en el cual quien no era peronista no era argentino pero, casi paradójicamente, un traidor:

> [L]a coincidencia buscada entre el movimiento y los argentinos parece como una *necesidad absoluta, implícita en el concepto mismo de argentinos*: no querer lo que Perón quiere, es ser un *renegado*, es ser un *mal nacido*, es ser indigno del nombre de argentino. Perón consagrará, durante sus gobiernos, la designación más general para engolobar a todos los no peronistas: la *anti-patria*. (Sigal y Verón 1985: 62)

El absoluto control que ejerce el peronismo —esta presencia ausente que desde la distancia mueve el tablero político argentino como si todos sus ocupantes fueran seres de cartón, repitiendo el patrón colonial de acciones políticas en torno a un centro imperativo y una periferia—, sumada a la estricta censura y a la búsqueda de la construcción de *una* identidad que defina al pueblo argentino, es comparabale a la atmósfera colonial de *Zama* (1956). Los protagonistas de las novelas ambientadas en la Argentina contemporánea dependen de un centro o son obligados a tomar ciertas decisiones por la influencia de un agente externo, pero los personajes, como ocurre en *Zama*, son irradiados por ese orden que viene de afuera, y ello los lleva a vivir en una prisión ya sea mental (*Los suicidas* [1969]) o físicamente impuesta (*El silenciero* [1964]). En ellas los personajes son perseguidos, invadidos y maltratados física o psicológicamente. La ciudad es descrita como un panóptico donde el hombre es un «hacedor de ruidos porque produce en quien lo genera una euforia de poder» (Benedetto 2000 [1964]: 137).

En la ciudad moderna, construida por Di Benedetto, uno está en perpetua observación. El ruido es en *El silenciero* una presencia constante de la intromisión del poder ajeno en el espacio privado del protagonista: «Es el Orden. No puedo dar vuelta al Orden» (Benedetto 2000 [1964]: 25). Esa invasión le impide al personaje-escritor crear su novela y lo afecta en sus relaciones personales, primero, y en sus capacidades psíquicas y fisiológicas, después: sufre de insomnio, sordera, problemas urinarios, porta un bastón para defenderse del ruido y termina intrigado e incierto acerca de su propia existencia: «[E]mpezaron a confundirme y se me iba formando el miedo de ser dos, o de albergar a otro, o de haber perdido a mi otro yo o de hallarme bajo su dominio» (Benedetto 2000 [1964]: 145).

La constante intromisión del ruido (léase el Estado, el gobierno de terror que invade las relaciones familiares y personales volviendo a los hombres simples máquinas receptoras) lo paraliza y termina por enloquecerlo. En *El silenciero* (1964), como en *Zama* (1956), se recrea el espacio de una isla distópica, pero la isla *ya* no es el Paraguay colonial sino la ciudad que se transforma en un lugar igual de perturbador y aislado e incomunicado como la ínsula que habita Zama. Di Benedetto sugiere que la ciudad contemporánea es un gran cuartel militar donde, en todas partes, penetra un ruido que es físico y metafísico —«el ruido metafísico son los que te alteran el ser» (Benedetto 2000 [1964]: 172)—, y no hay un solo lugar que quede exento de esta minuciosa invasión de poder.

Como ocurre en *Zama* (1956), los personajes de estas ficciones contemporáneas, al estar expuestos a un mundo en el que carecen de la posibilidad de actuar con plena libertad y en el que deben adecuarse a ciertas condiciones de acción implantadas por el orden, se vuelven cómplices de él, por más que lo rechacen. En la ficción de Di Benedetto no hay disidentes, pues si bien los personajes luchan por huir de la opresión y del poder excesivo que los domina, su intento por cambiar la situación que los asfixia nunca va más allá de reproducir los patrones sociales. En algunos casos, esta complicidad se manifiesta principalmente en una actitud pasiva, como en *Zama*. En otros, como en *El silenciero* (1964), es una complicidad activa pero no menos inconsciente, pues responde a un impulso enajenante: el personaje, ya completamente demente, incendia su casa con su esposa e hija dentro de ella. En *Los suicidas* (1969), el periodista termina convenciendo a su asistente de que el suicidio es un acto heroico y la mujer se quita la vida. En todos los casos, se sugiere que nadie es invulnerable al extremo control. La violencia externa hace que los personajes terminen autodestruyéndose y traicionándose. Es posible comparar la pasividad de don Diego de Zama con la culpa heredada (esa culpa que aparece y reaparece en todas las novelas de Di Benedetto), con la inmensa cantidad de gente que colaboró en silencio con el régimen militar. Para Di Benedetto, «la falla moral no solo fue de los militares que fueron los agentes. La falla es también de la inmensa cantidad de gente que colaboró, ocultó o simuló no conocer» (Urien 1986: 6).

El libro de cuentos *Absurdos* (1978), incluso en las condiciones de su producción, condensa esta relación entre el período colonial y la época de «El Proceso» argentino. Es enormemente sintomático que el libro haya sido escrito en la cárcel y que la mayoría de los cuentos traten sobre el período colonial. Di Benedetto fue apresado en Mendoza un 24 de marzo de 1976, día en que Videla tomó el poder, y fue liberado dieciocho meses después, en septiembre de 1977. Fue encarcelado sin causa conocida —reconoce, en una entrevista a Jorge Halperín (1985), que tuvo una breve participación en el Partido Socialista de Alfredo Palacios y que propugnaba esta ideología en las aulas como profesor, razón que en este tiempo era considerada suficiente para ser apresado—, pero nunca le dijeron la razón de su encierro. En la cárcel fue torturado y sometido a cuatro simulacros de fusilamiento. Allí no podía escribir ficciones porque le rompían los apuntes y decidió mandarle cartas a su amiga escultora Adelma Petroni, que comenzaban haciendo hincapié en las realidades compensatorias que uno construye (como ocurre en sus novelas) bajo la represión del encierro: «anoche tuve un sueño muy lindo: voy a contártelo».[35] A través de estos «sueños», Di Benedetto pudo violar la seguridad carcelaria y sacar a la luz, por fragmentos, los relatos de *Absurdos*.

Tal y como sucede en *Zama* (1956) y las otras dos novelas de la trilogía, los sueños, para el propio Di Benedetto, en ese régimen de tortura al que fue sometido, están cargados de sufrimiento y de recuerdos perturbadores: «[e]staba visitado de noche por los sueños —en realidad por las pesadillas porque allí no era posible soñar diáfanamente— y de día las requisas militares los atropellos y la violencia eran mis visitantes» (Halperín 1985: 12). De manera persistente, vuelve a la Colonia como un lugar común para hablar de persecución: ella es un referente de la muerte, de los atropellos y de la intolerancia ante las diferencias. La Argentina peronista, parece decir Di Benedetto, reproduce en efecto esta conducta de intolerancia. En «Málaga

---

35. En «Antonio Di Benedetto: el autor de la espera» (*La Nación*, p. 7, sección 4, domingo 19 de octubre de 1986) y también en «Sueños inducidos en formna de cuentos», texto escrito por Carolina Sager para *El Ciudadano* el 17 de enero de 2005 y compilado por Adriana Hidalgo Editores en <http://www.adrianahidalgo.com/>.

Paloma», relato en el que Di Benedetto hace evidente la clave de la doble historicidad de sus ficciones coloniales, el personaje se encuentra encerrado en un foro que representa simultáneamente a la Colonia y al presente: «Posiblemente, como a la generalidad, la hora del tramonto se le vuelve irresistible: responde a la provocativa convocatoria que, como centro mundano del virreinato, posee el foro» (Benedetto 2000 [1978]: 55). Este foro cerrado donde vuela Alba, la paloma del narrador, es el espacio colonial, pero también es la cárcel donde se encuentra Di Benedetto. Desde su entrampamiento, ve pasar y pasearse a los funcionarios militares a los que alude como «coloniales»:

> La irrupción insolente en la plaza de algunos funcionarios residentes venidos de la metrópoli, con sus caballerías exasperadas a propósito, lograría desgarrar esas impresiones benignas y alterar el placentero fin del día colonial; sin embargo, no pasa de ser un desarreglo efímero para nosotros los mansos que tenemos algo mejor que esperar. (Benedetto 2000 [1978]: 55)

Al narrador, en su encierro, como a Zama, solo le queda una eterna espera: «Yo espero a Málaga» (Benedetto 2000 [1978]: 55), llega a decir, aludiendo a un espacio de libertad que tiene la forma de una mujer, primero, y la de un territorio libre y lejano, después. En el fondo, Málaga significa la eterna espera porque ya partió. El cuento plantea la idea circular de la repetición de un encierro: los restos del foro colonial y su significado, que se traduce en opresión e intolerancia, reviven en la dictadura que encierra sin explicación al escritor. En «Felino de Indias», otro de los cuentos de la colección *Absurdos* (1978), marcada toda ella por el rasgo de la doble historicidad, se recrea la historia de Antolin de Rearters, un mercader español que muere en las Indias y a quien sobreviven su gato y su papagayo. El cuento narra la historia de estos dos animales que, muerto el amo, intentan subsistir en un territorio agresivo y violento, que simbolizan la Colonia como símil de la opresión peronista. Aparecen zorros, leones, tordos y cóndores que se atacan unos a otros. Un cúmulo de traiciones y rivalidades, engaños y muertes, suceden entre unos animales y otros. Al final aparece, en medio de este paisaje, un mendigo que entra a una casa abandonada y al narrador le impresiona que los animales no lo reconozcan. El mendigo es el americano que no es reconocido en su propia casa, y el espacio abandonado puede ser también América o la Argentina de Perón, una Argentina destruida por los militares, donde este gato «no *lo reconoce* [al dueño]» (Benedetto 2000 [1978]: 33). Di Benedetto remarca la idea del *reconocimiento* y resalta la idea de la casa vacía, como lugar del que se han apropiado, ya sea los españoles o los grupos militares argentinos. En cualquier caso, se habla de una apropiación del lugar, de una vacuidad donde solo quedan las formas sin sentido, que hacen que el sujeto no reconozca lo propio.

El centro de *Absurdos* (1978) lo constituye un cuento tan hermético que parece escrito en clave: «Tríptico Zoo-Botánico con rasgos de improbable erudición». A través de animales y plantas, como vizcachas, sargazos y conejos, Di Benedetto narra la apropiación posterior y destrucción de un grupo débil en manos de otro más fuerte (un poder hegemónico), y cómo a lo largo de los siglos se construyen y adecuan teorías y discursos para legitimar la pertenencia de un determinado lugar y justificar su apropiación. Cada uno de los cuentos del breve tríptico está situado en un lugar distinto: América del Norte, América del Centro y América del Sur (concretamente, la Patagonia); y cada uno narra una distinta conquista de América, que incluye la matanza de los indígenas en Argentina. Así, el relato une tres tiempos: la Conquista (la apropiación); el siglo XIX, donde ocurre la matanza de los indígenas; y el presente, la muerte de todos los hombres que se opongan o sean simplemente sospechosos de ir contra la dictadura. En el tríptico se recrea la figura del colonizador en la forma de un extranjero que se apropia de un espacio y que elabora un discurso que justifica la apropiación y el asesinato del grupo autóctono porque existe un supuesto peligro de ataque. En el primer y último cuentos, es un extranjero el que llega a tierras americanas apropiándose de ellas; en el segundo, una anguila marina hace las veces de lo extranjero. En todos, lo que representa «lo otro» es, finalmente, devorado: las vizcachas son estaqueadas, la anguila fuera de su hábitat termina en el fuego, y los conejos acaban en el guiso del almuerzo.

En el primero, un irlandés, descrito de manera imprecisa, como si fuera un Búfalo Bill argentino, es un desarraigado acá y allá, y llega a Buenos Aires por casualidad: «pudo rozar el trayecto inverso del que traía de regreso a Sarmiento» (Benedetto 2000 [1978]: 89). En Argentina se vuelve estanciero por herencia. Se retira al campo donde vive en una cueva estaqueando vizcachas, matanza que es simbólica de la masacre de los indígenas —«y así de un Continente a otro, vinieron a revelársele el Far West y los indios, a cuya persecución propendió con saña exterminadora» (Benedetto 2000 [1978]: 90)— y que alude al círculo de violencia imparable que existe en Argentina. El irlandés que caza vizcachas repite el ciclo que empezó el padre estanciero que estaqueaba hombres con una diferencia: ahora, el joven será estaqueado por un grupo de civiles armados. De esta manera, Di Benedetto enfatiza el incremento y la repetición de la violencia, a través de la imagen circular de la destrucción. En el segundo cuento del tríptico, se alude a los «sargazos», alga marina característica del mar de América del Centro. El narrador, que es una anguila, recurre a las teorías naturalistas de Aristóteles para justificar la muerte de unos sobre otros. El tercero nos presenta a otra extranjera, la señorita Florence, inglesa en tierras americanas, quien recuerda un hecho que ocurrirá en el futuro: los conejos invadirán la Patagonia. Las vizcachas, los sargazos y los conejos son una reelaboración de los grupos humanos asesinados brutalmente en diferentes momentos históricos en Argentina. La matanza se traza desde el período colonial, concretamente desde la Conquista (los tres personajes son extranjeros que desembocan en América; incluyo a la anguila que llega al mar transportándose desde un estanque); y, en algunos relatos, los perpetradores de los crímenes son, a su vez, víctimas de un nuevo círculo de violencia: el irlandés es asesinado; los sargazos, devorados por la anguila.

Del período colonial, Di Benedetto nos transporta al siglo XIX con Sarmiento, para terminar criticando el rechazo a las diferencias en el presente.[36] A través de la metáfora de los animales, muestra cómo bajo regímenes autoritarios, en la dictadura argentina, la matanza continúa. Si en el segundo relato del tríptico aparecen las ideas naturalistas de Aristóteles para justificar la muerte, en el tercero están las de Charles Darwin y, en el presente omitido por la propia censura de la época, el lema «Perón o muerte»: el que no es peronista, es un traidor. El grupo hegemónico desde la Colonia crea un discurso que legitima el exterminio del ser otro, sean vizcachas, anguilas o conejos: «...y entonces los conejos históricamente del género manso, para defenderse criaron garras, desarrollaron el tamaño y el filo de sus dientes y mudaron de pelambre, que tomó coloraciones tal vez simbólicamente color de sangre» (Benedetto 2000 [1978]: 99). En el momento de la escritura de este tríptico, como en la de todo *Absurdos* (1978), Di Benedetto es víctima, como los animales y plantas de sus cuentos, de la destrucción de su hábitat y del rechazo frente a las diferencias. Como sus personajes, Di Benedetto encuentra su casa, Argentina, vacía, y no se reconoce en ella porque la moral de sus habitantes está podrida.

A lo largo de este capítulo, he mostrado como en Di Benedetto, lo latinoamericano es ante todo una condición, la periférica, y no, como muchas veces se ha afirmado, una identidad. Don Diego de Zama, desde ese espacio insular que es el Paraguay colonial, pero que es también alguna ciudad de América Latina después de la Segunda Guerra

---

36. Julio Cortázar entendió la forma magistral de unir pasado y presente, característica típica en Di Benedetto. Al hablar sobre el cuento «Aballay» (la historia de un gaucho en el siglo XIX, perseguido por un gurí en una persecución en medio de la cual, de pronto, aparecen los militares contemporáneos), publicado en *Absurdos* (1978), Cortázar sostiene, en su presentación de *Caballo en el salitral* (1981), que «un pasado próximo se hunde así en otro pasado remoto; de ese juego de ecos temporales nace, creo, ahondado en el oído del lector una interminable teoría de retrocesos; y la gran maravilla es que se retrocede hacia delante, hacia cada uno de nosotros mismos con nuestras culpas y con nuestras muertes, con la esperanza de un rescate que hace del gaucho Aballay uno de tantos argentinos, de hoy, de ahora» (Benedetto 1981: 11).

Mundial, como lo anuncia el epígrafe de *El silenciero* (1964), es un receptor de la historia, es un sujeto que recibe los ecos del devenir histórico pero que no puede hacer nada real por transformarlos. Esa tensión que se produce entre la ley y la realidad conduce al personaje a la locura. Di Benedetto traza una conexión entre el Paraguay colonial y el presente peronista argentino porque, piensa, la condición periférica, concretamente insular, continúa. El centro en el ámbito moderno lo ocuparía el poder absoluto del gobierno militar; la periferia, los ciudadanos que no pueden ir contra él. Los argentinos, como Zama, recibirían pasivamente las decisiones del centro sin poder ir contra ese orden. La relación problemática entre el centro y la periferia también reaparece en la tensión entre la capital y la provincia, donde los últimos recibirían los símbolos vacíos de la modernidad: otro orden impuesto. Desde el período colonial al presente, el hilo conductor de la historia es, para Di Benedetto, el rechazo al otro. Hay una necesidad de homogeneizar a la población, y para ello se ha asesinado a los débiles y a los que el grupo hegemónico construye como diferentes. *Zama* (1956) prueba que la construcción única de lo latinoamericano es ella misma una construcción arbitraria, que no hay una sola imagen de América sino varios roles que uno adopta debido a esta condición periférica que define lo latinoamericano.

En *Absurdos* (1978), desde la experiencia carcelaria, Di Benedetto critica al peronismo y, por eso, lo conecta con la Colonia y con el intento (siempre fallido, siempre imposible) de crear una imagen unívoca y homogénea de lo argentino. Si en la Colonia el otro fue exterminado y marginado, durante el peronismo, ese otro, sinónimo de lo no argentino, fue considerado, como en *Zama*, un traidor, un paria y un vende patria. Di Benedetto nos muestra que, bajo los regímenes totalitarios, donde prevalece la extrema censura y vigilancia, el ser humano sucumbe a los mecanismos de poder y es seducido por el mal. El hombre se enreda en ese laberinto imparable de odio que se propone desde el poder autoritario, y eso provoca su propia muerte y destrucción.

2

La historia como trampa inmóvil: *El mundo alucinante* de Reinaldo Arenas

El mundo alucinante (1965), segunda novela del escritor cubano Reinaldo Arenas —donde reescribe y actualiza las *Memorias* (1819) del fraile mexicano fray Servando Teresa de Mier Noriega y Guerra (1763-1827)—, sería, en apariencia, la antítesis de la propuesta de Di Benedetto: el fray Servando de Arenas, oriundo de Monterrey y ubicado en el virreinato de Nueva España, mostraría la lucha de un hombre contestatario al régimen del Imperio español, pero que, a diferencia de don Diego de Zama, se esfuerza por transformar el sistema que lo aprisiona y que lo lleva a vivir 32 años de su vida en cárceles mexicanas, españolas y cubanas.[1] En lugar de la inacción con que don

1. Roberto Valero (1991) cuenta sobre la alucinante historia por la que tuvo que pasar el autor para poder sacar su manuscrito de Cuba. De acuerdo con Valero, Arenas presentó la versión de *El mundo alucinante* escrita en 1965 al concurso de escritores de la Unión de Escritores y Artistas de Cuba (UNEAC), en el que recibe una mención, aun cuando el premio es declarado desierto: «El autor debió sentirse muy mal al perder el concurso contra nadie; es decir, vence el sistema» (1991: 191). Esta novela, como la gran mayoría de la producción de Arenas, logra salir de Cuba camuflada y se publica primero en Francia con el título «Le monde hallucinant» (París: Éditions du Seuil, 1968) y luego en español, recién en 1969, a través de la editorial mexicana Diógenes. El manuscrito de 1965 se pierde en Cuba; y, en las nuevas versiones, Arenas incluye un prólogo titulado «Fray Servando, víctima infatigable» y una carta dirigida a fray Servando, en la

Diego de Zama actúa frente a su situación de sujeto colonial, el fray Servando de la novela de Arenas ha sido leído como un sujeto ubicado en un lugar periférico que plantea una respuesta activa contra la ideología dominante. A lo largo de estas páginas pretendo rebatir tal interpretación.[2]

Para el autor, esta novela «es la vida de Fray Servando Teresa de Mier, tal y como fue, tal como pudo haber sido, tal como a mí me hubiese gustado que hubiera sido» (Arenas 2003 [1965]: 18). El fraile aparece en ella como un luchador que cuestiona y señala las contradicciones de la Iglesia y, más específicamente, del Tribunal de la Santa Inquisición, llevado a América. Quienes ven, en fray Servando, solo al hombre inconforme y luchador toman en cuenta el hecho de que, siendo parte de la congregación dominicana, a la cual ingresó a la edad de dieciséis años, haya sido el autor de un encendido discurso que cuestionaba sus valores. Su famoso *Sermón guadalupano* (1794), que ocasionó una vasta persecución contra él, fue en efecto un discurso revolucionario, que negaba la aparición hispánica de la Virgen de Guadalupe y planteaba, en cambio, que la virgen era una máscara de Quetzalcóatl. Además, según el fraile, dicha información estaba cifrada en unos jeroglíficos aztecas que contenían su imagen. Sostenía también que no era necesario que los españoles se hubieran establecido en América con el propósito de transmitir la religión católica a los indígenas porque estos últimos, a su manera, ya la practicaban en el Nuevo Mundo. Fray Servando propuso así que el discurso de la guerra justa, que legitimaba la dominación española en América, era infundado.[3]

---

que se reconoce como su doble e indirectamente alude al fraude del concurso de 1966.

2. La novela se escribe en 1964 y se presenta al concurso de novela de la UNEAC en 1965, donde gana una mención. Sin embargo, el libro tiene que salir clandestinamente de Cuba para publicarse en 1969. Arenas le dedica varias entradas de su diario *Antes que anochezca* para contar las peripecias que tuvo que pasar, cómo con sus amigos sacaron este y muchos otros manuscritos de Cuba.

3. La idea central del sermón de fray Servando la escribe Artemio de Valle-Arizpe en *Fray Servando* (1952: 54): «La Virgen de Guadalupe no se había aparecido,

La novela se ha estudiado bajo esta mirada. En una entrevista con Rita Molinero (1982), el propio Arenas señaló que fue aquella cualidad, la eterna rebeldía del fraile y su constante inconformismo, lo que le atrajo para reinventarlo y apropiarse de su historia y novelarla:[4] «Descubrí», sostuvo, «que era un personaje tocado por una grandeza y por una rebeldía; por un don de ser el perseguido, precisamente por ser el rebelde incesante. [...] Yo creo que fray Servando simboliza esa rebeldía incesante e inconsciente del hombre americano» (Molinero 1982: 20).

Julio Ortega consideró al fray Servando de la novela como un personaje marginal, de naturaleza rebelde e infatigable en su compromiso por la independencia mexicana y americana: «su rebelión es anticolonialista y su protesta un estado permanente de disensión: un revolucionario total, que el texto configura sin fervor» (1973b: 222). Algunos años después, Gladys Zaldívar propuso una lectura similar: «concebirlo como impasible sería, no sólo desconocer el carácter de

---

¡quiá! en la tosca tilma de Juan Diego, sino en la fina capa de Quetzalcóatl, quien no era otro sino el apóstol Santo Tomás, que vino a estas américas regiones a predicar el evangelio de Cristo, mucho antes de que llegaran los españoles conquistadores y de que Colón sacara del mar océano el Nuevo Mundo». En palabras del fraile: «Yo haré ver que la historia de Guadalupe incluye y contiene la historia de la antigua *Tonantzin*, con su pelo y con su lana, lo que no se ha advertido por estar su historia dispersa en los escritores de las antigüedades mexicanas» (Mier Noriega y Guerra 1988 [1819], I: 43).

4. Las *Memorias* del fraile contienen dos libros: la *Apología* y la *Relación*. El título completo de esta segunda parte de las *Memorias* es «Relación de lo que sucedió en Europa al Doctor don Servando Teresa de Mier, después que fue trasladado allá por resultas de lo actuado contra él en México, desde julio de 1795 hasta octubre de 1805». En estas *Memorias*, el fraile narra todo lo que le sucedió durante el periodo 1794-1805, después de que pronunciara el sermón sobre la Virgen de Guadalupe. Reinaldo Arenas, en *El mundo alucinante* (1965), reescribe las *Memorias* y también utiliza fragmentos de la «Carta de despedida a los mexicanos escrita desde el Castillo de San Juan de Ulúa» (1821). En este *collage* de citas que es la novela, también hay párrafos textuales del libro *Fray Servando*, de De Valle-Arizpe (1952) y fragmentos de *La expresión americana* (1957) de José Lezama Lima.

hacedor de futuro que Arenas esmeradamente le ha conferido, sino desconocer la historia misma del hombre, trazada por la búsqueda constante de la libertad» (1977: 67). Estas posturas resumen la lectura que ha recibido esta obra y la interpretación de la vida de fray Servando, dentro y fuera de la novela de Arenas, como la de un combatiente.

Hay un momento crucial en la vida del histórico fray Servando Teresa de Mier al que los críticos no le prestan debida atención. Es el de sus últimos años que, en *El mundo alucinante* (1965), corresponden a la última sección de la novela.[5] En ella, el fraile, al igual que el personaje de Arenas, queda atrapado en el centro del poder, ya no como un marginal perseguido y vilipendiado por el grupo hegemónico, sino de la mano de los poderosos, de los cuales se vuelve parte hasta convertirse en un miembro activo del nuevo Estado mexicano. Su lucha quijotesca por la reivindicación de la cultura azteca, su defensa de estos jeroglíficos que contradecían la tradición hispánica sobre la Virgen, su intento de demostrar que la cultura autóctona era igual o superior a la europea, se conviertieron en una discusión secundaria: el fraile estuvo empecinado en que México tuvieran un gobierno centralista y no federado. Su lucha se realizó desde el poder y utilizando el mismo discurso ideológico y las mismas herramientas que emplearon los congresistas mexicanos en ese momento. En la novela, este momento de gloria se destaca cuando el fraile es llevado en hombros y luego en ancas de caballo hacia el palacio del primer presidente de México, Guadalupe Victoria: «Y en ancas fue transportado hasta las

5. A pesar de la agudeza de su célebre ensayo «La carnavalización y la alegoría en *El mundo alucinante* de Reinaldo Arenas», Emil Volek desprestigia el final de la novela y considera que, debido a él, la obra es, al final, un fracaso: «[A] nuestro parecer, si la obra fracasa no es por su orientación hacia los contextos extratextuales ni por la subversión carnavalesca de los mismos; es por abandonar la polémica encubierta y la imaginación carnavalesca por un mensaje directo y por lo demás redundante, cuyo vehículo es la gastada alegoría tradicional. La falla principal de la novela no está, entonces, en que sea lúdica, sino en que no lo es más. *El mundo alucinante*, pese a sus páginas brillantes, resulta ser una obra neovanguardista a medio hacer» (1985: 147).

bóvedas de San Pedro y San Pablo, donde iba a tomar de nuevo posesión de su curul, y donde iba a dirigirle de nuevo la palabra a toda la muchedumbre que inundaba las calles» (Arenas 2003 [1965]: 274). El fraile vivió sus últimos años dentro de este palacio presidencial, en el que disponía de una habitación de lujo y gozaba de la atención permanente de algunos servidores.

Fue aceptado por el nuevo Estado y, dos veces consecutivas, logró un escaño en el Congreso. Para mayores contradicciones en su vida, que muestran su encarcelamiento dentro de la estructura de poder, no solamente no renegó nunca de su fe católica, sino que llegó a exaltarla, un hecho recogido en la novela de Arenas. Luego de haber pasado muchos años de su vida en prisión por sus ideas subversivas, el fraile, antes de reingresar a México con la expedición de Javier Mina, se autodenominó obispo de Baltimore, vistió un paradójico sambenito morado y continuó practicando los sacramentos a pesar de haber estado ya secularizado. Para él, seguir los rituales cristianos era tan importante que, sabiéndose moribundo, organizó un llamado popular para que una muchedumbre fuera al palacio presidencial y participase de su extremaunción.

El entrampamiento dentro del sistema de poder, que en la novela se plantea a través de la metáfora del palacio, un lugar insular donde el personaje queda finalmente atrapado, trascendió el plano religioso. En su *Historia de la revolución de Nueva España* (1813), fray Servando apoyó primero al sistema virreinal y, solo al final, defendió la total independencia de México. Esta *total* independencia, como lo nota Edmundo O'Gorman en el «Prólogo» a su *Ideario político* (1978), seguía siendo una independencia irreal, puesto que el interés del fraile, como el de la mayoría de los criollos en el siglo XIX, era erradicar las diferencias entre ellos y los españoles, y no crear una verdadera situación de igualdad que tomara en cuenta a los indígenas, quienes componían la gran mayoría de la población americana.

En la novela se pueden observar las dos principales causas de las que se vale el grupo hegemónico para encarcelar y considerar una persona *non grata* a fray Servando. Los primeros argumentos son de temática religiosa; los segundos, de temática política.[6] Óscar Rodríguez, tomando en cuenta estos dos tipos de persecución, señaló cómo estos discursos aparentemente inconexos se conjugaron en el pensamiento del mismo fraile, que se inició con reflexiones teológicas que luego derivaron en grandes temas políticos «y que al final de la novela tienden a unificarse en un delirio que prueba la coherencia de un pensamiento» (1980: 31).

Si bien los primeros motivos que llevan a fray Servando a ser encarcelado son eminentemente religiosos y los posteriores, políticos, importa notar lo que uno y otro tienen en común. Para ello es conveniente recapitular la historia real: fray Servando terminó, en ambos casos, en las cárceles del Santo Oficio. La Inquisición, durante esta segunda serie de encierros ocurridos durante el imperio de Agustín Iturbide, ya no funcionaba en España, pero sus cárceles y su estructura, en América, como vestigios del sistema colonial anterior, se utilizaban en ese momento de «independencia» con otros fines. Asimismo, varios años antes, cuando el principal oponente y perseguidor de fray Servando, el arzobispo Alonso Núñez de Haro, ya había sido sucedido por otros arzobispos, su fantasma siguió persiguiéndolo porque la burocracia española imperaba en tierras americanas. Como una gran enredadera, los papeles en su contra y el nombre de Núñez de Haro lo buscarán dondequiera que vaya. *El mundo alucinante* (1965) muestra cómo el sistema colonial continuaba vivo —redefiniéndose

---

6. El fraile es perseguido a raíz del sermón que pronuncia el 12 de diciembre de 1794 en contra de la aparición de la Virgen de Guadalupe. La persecución religiosa es dirigida por el arzobispo mexicano don Alonso Núñez de Haro y Peralta. Las persecuciones políticas empiezan con su regreso a México. Estas últimas fueron lideradas por el nuevo líder, el autocoronado emperador Agustín Iturbide, quien siempre fue un antagonista para fray Servando. Al enterarse de una posible conspiración en su contra decide encerrarlo: «Al tener casi la certeza de que andaba metido en una conspiración republicana, ordenó que lo capturasen, y lo mandó echar con todos ellos en lóbregas pocilgas, en el convento de Santo Domingo, cuyo provincial era muy de su amistad y confianza» (Valle-Arizpe 1952: 170).

pero usando los vestigios del orden anterior supérstites en el «nuevo» orden— varios años después de que México se considerase libre.[7]

El mundo alucinante (1965) describe el orden colonial comparándolo con un orden totalitario. En ambos, la religión y la política se alimentan para construir una «estructura de sentimiento» —utilizo el concepto de Raymond Williams (1977)—, es decir, un entramado en el que todo está en perpetuo movimiento y que, de manera variable, va formando parte de la ideología.[8] Terry Eagleton (1995) definió el concepto de ideología como un *texto,* un conjunto de ideas por las que los hombres proponen, explican y justifican fines y significados de una acción social organizada y específicamente de una acción política, al margen de si tal acción se propone preservar, enmendar, desplazar o construir un orden social dado. Raymond Williams (1977), por su parte, señaló tres distintas definiciones del concepto de ideología —algunas de la cuales se contradicen entre sí— y afirmó, asimismo, que aún no había un acuerdo por una definición única. Si tomamos en cuenta que ideología es (a) un sistema de creencias características

---

7. En el capítulo siguiente analizo las novelas *Duerme* (1994) y *Cielos de la Tierra* (1997) de Carmen Boullosa. Tanto en *El mundo alucinante* (1965) como en las obras de Boullosa, se hace hincapié en el constante choque (siempre irresuelto y problemático) entre la Modernidad y la tradición. Mientras que en el final de la novela de Arenas se muestra esta falsa independencia mexicana, porque la estructura del México independiente guarda todas las formas españolas, en las novelas de Boullosa se enfatiza la construcción citadina del México moderno sobre los muros aztecas del México colonial. Todos los personajes, excepto la protagonista, no son capaces de ver que el soporte de la modernidad lleva intrínsecamente a la tradición. Desde la arquitectura en las novelas de Boullosa se puede ver la irresuelta y perenne confrontación entre las dos instancias temporales, cuyo resultado en el siglo XX es la modernidad periférica mexicana.

8. En palabras de Raymond Williams, una estructura de sentimiento «is chosen to emphasize a distinction from more formal concepts of "world-view" or "ideology". It is not only that we must go beyond formally held and systematic beliefs, though of course we have always to include them. It is that we are concerned with meanings and values as they are actively lived and felt; and the relations between these and formal or systematic beliefs are in practice variable (including historically variable)» (1977: 132).

y particulares de un grupo; (b) un sistema de creencias ilusorias —falsa conciencia— que pueden ser refutadas a través del conocimiento científico, y (c) un proceso general de producción de pensamiento, es claro que las dos primeras definiciones están relacionadas con un pensamiento marxista de la historia, en el cual el grupo hegemónico decide cuál es el sistema de pensamiento y cuáles, los valores que le interesa perpetuar.

Es cierto que el Estado totalitario es producto del siglo XX, pero, por esta negación del progreso histórico que lleva a cabo Arenas a lo largo de su novela, se compara adrede este orden con el régimen borbónico en las colonias durante la Inquisición. En la novela de Arenas, es claro que la ideología cumple el rol de mantener a los ciudadanos bajo un sistema opresivo e injusto. Primero, la Iglesia cumple ese rol educador para autobeneficiarse y promover la aceptación de ese orden social. Luego, los nuevos criollos, como Agustín Iturbide o Guadalupe Victoria, usan la cultura para continuar manteniendo las diferencias de clase y casta entre indígenas y blancos que existieron durante los siglos de colonización.[9]

Tanto en la novela de Arenas (2003 [1965]) como en la *Carta de despedida a los mexicanos escrita desde el Castillo de San Juan de Ulúa* (1821) del propio fray Servando, la religión y la política son un constructo ideológico diseñado por el grupo hegemónico para manipular al pueblo. Por lo tanto, esta coherencia de pensamiento a la que alude Rodríguez Ortiz (1980) para hablar de la evolución ideológica en el pensamiento del fraile, está ensamblada ya desde el sistema (como parte inherente del mismo) y no solo en el razonar del religioso. En la novela, la política y la religión son un mismo espectáculo que sirve

---

9. Es interesante cómo Althusser analiza el perverso rol de la ideología dentro de los sistemas capitalistas, es decir, cómo se utilizan los aparatos ideológicos del Estado para promover las desiguales condiciones de producción que benefician siempre a los ricos. Sin embargo, Arenas, al estar aludiendo al México de fin del siglo XIX pero también a la Cuba socialista de Fidel Castro, muestra cómo la ideología funciona de manera similar en los regímenes capitalistas como en los socialistas.

para fortalecer la estructura de poder en la Colonia y para promover la desigualdad de las clases sociales:

> Y viste al virrey, que te sonreía, y a todos los gachupines del palacio luciendo muy frescos y regordetes junto con las damas enriquecidas que mostraban muy placenteras su ininterrumpida hilera de dientes. Desde el púlpito la distinción de la miseria se hacía más observable: acá los gachupines, que desprecian a los criollos. Allá los criollos, que desprecian a los gachupines y a los indios. Más lejos los mendigos y los indios, que desprecian a todo el mundo y con cierta ironía contemplan el espectáculo. (Arenas 2003 [1965]: 53)

Bajo estos sistemas políticos, nos dice Arenas, tanto la política como la religión forman parte de una misma ideología, de un sistema total del que fray Servando no pudo escapar. Después de su gran lucha para separarlas, el fraile terminó él mismo por conectarlas. En efecto, la continuidad entre política y religión se afianza y celebra en su *Carta de despedida a los mexicanos* (1821). En este discurso, el fraile intentó defender el origen azteca de México. Obsesionado con la etimología de las palabras, abogó por que se descartase la letra *j* para hablar de *Méjico*, tal y como lo habían impuesto los peninsulares. Los indígenas pronunciaban con *x* [š] el nombre de *México*. Servando insistía en que debía usarse la letra *x* para que así México, la nueva nación independiente, adquiriera un significado cristiano: «México, con x, suave como lo pronuncian los indios significa: donde *está o es adorado Cristo*, y *mexicanos* es lo mismo que *cristianos*» (Mier Noriega y Guerra 1978: 8).[10] Fray Servando postuló, no solo en la *Carta de despedida* sino también en sus *Memorias* (1917), cómo lo político

10. En este discurso podemos ver nuevamente la contradicción con la que México logra su independencia: se afianza como un país libre pero se insisten en que lleve impregnado, en su nombre, el sello de la dominación española. El interés de fray Servando gira en torno a la construcción de significantes más que de contenidos. Como en *Zama* (1956), la condición periférica latinoamericana tiene que ver con esa búsqueda de símbolos vacíos, con afianzarse a ciertas estructuras decadentes que solo son cáscaras de algo más profundo.

y lo religioso confluyen en una sociedad absoluta, cómo la idea de un Estado naciente ya llevaba acuñado en sí misma la religión de los conquistadores y su dominación. Este ejemplo muestra la trampa de la ideología, es decir, del sistema con mayúscula: fray Servando regresó de los Estados Unidos convencido de que México era libre, pero lo esperaban los calabozos del Santo Oficio. Fue el primer y único dominico que estuvo preso en esos terribles lugares. Así, Servando termina encarcelado bajo la estructura que su propia congregación había fabricado.

El mundo alucinante (1965) puede leerse como la saga por la que atraviesa un personaje que ingresa y sale de distintas prisiones: México, España, Italia, Inglaterra, Estados Unidos y Cuba son algunos de los países donde el personaje, si no está encarcelado, está siendo perseguido. Su historia es la de un sujeto que oscila entre la libertad y la prisión, y en la que la diferencia entre el encierro y la libertad no es significativa. La ciudad colonial, como la Cuba contemporánea a la escritura, es un espacio de tortura y de eterna persecución.[11] Sin embargo, el verdadero entrampamiento en esta sucesión de cárceles en *El mundo alucinante* ocurre en el espacio del palacio mexicano de Guadalupe Victoria, descrito como una transposición degradada y vaciada de sentido del gran palacio del monarca español Felipe IV

---

11. *El mundo alucinante* (1965) está dedicado a Virgilio Piñera y Camila Henríquez Ureña. En su autobiografía *Antes que anochezca* (1992), Arenas le escribe una sección a Piñera, en la que lo considera su maestro literario y le agradece por haber leído el manuscrito de esta novela. Además del agradecimiento y la amistad, Arenas y Piñera comparten el hecho de ser abiertamente homosexuales durante el régimen castrista, dictadura que persiguió, maltrató y encarceló a los homosexuales en campos de trabajo forzado. En la literatura, la obra de Arenas y la de Piñera también presentan notorias similitudes. Una de ellas es la de mostrar la ciudad como espacio de tortura. En mi artículo «La ciudad como espacio de tortura en la narrativa de Virgilio Piñera» (Wolfenzon 2006), publicado en *Cuban Studies*, profundizo sobre este tema. Piñera muestra cómo la educación está al servicio del poder y cómo se educa a través del dolor y de la tortuosa manipulación del cuerpo. De manera similar, en Arenas, la ciudad es una prisión donde en todo momento se violenta al cuerpo.

(1621-1665). La descripción del palacio de Guadalupe Victoria prioriza la inutilidad de lo que contiene, lo recargado de sus decorados, el engaño a los ojos propios del barroco español.

En el palacio de Felipe IV se representaban las comedias de Calderón de la Barca. Antes de presenciar las obras, el rey y sus invitados atravesaban grandes habitaciones, llenas de esculturas y pinturas alusivas a su propia persona, que daban la impresión a los que las recorrían de estar atravesando un gran teatro del mundo.[12] Este lugar era conocido como la Sala de los Reinos. Desde allí, el rey y la corte circulaban hacia el espacio del Coliseo, donde se representaban las comedias en las que el monarca era un personaje que destacaba por su gran poder y su liderazgo. En comedias como *Darlo todo y no dar nada* o *Amor, honor y poder*, de Calderón de la Barca, el rey no solo se veía representado a sí mismo, sino que el sitial que ocupaba en el Coliseo se convertía en un lugar estratégico donde todas las miradas convergían hacia él y luego hacia la representación que, sobre él, se llevaba a cabo en la escena. Esta necesidad del rey de participar activamente de la obra, de recibir las miradas tanto de los actores como del público, hasta volverse el gran centro de atención y de poder, marcó el inicio del teatro moderno y de la sociedad moderna.[13]

El mundo alucinante (1965) parodia y exagera las condiciones de esta Sala de los Reinos al describir el palacio de Guadalupe Victoria

---

12. Jonathan Brown (2003) describe con planos y dibujos cómo era la Sala de los Reinos de Felipe IV. Contaba principalmente con pinturas de Velázquez y Zurbarán que exaltaban e inmortalizaban sus triunfos militares y políticos a través de la exaltación de las batallas ganadas, de la grandiosidad de la dinastía real y de la figura mitológica de Hércules. De una manera paródica, Arenas (2003 [1965]) construirá este palacio presidencial en México con imágenes de virreyes y estatuas de reyes españoles, a los cuales los americanos endiosan pese a que destruyeron su cultura. Tal palacio, en México, es una burda imitación del original. Si en el mundo de *Zama* (1956) los símbolos son estructuras vacías de sentido, el palacio en *El mundo alucinante* (1965) es un significante que linda con el absurdo.

13. Es el inicio de la sociedad del espectáculo al estilo de Guy Débord: «La unidad de esta vida es ya irrecuperable. La realidad vista parcialmente se despliega dentro de su propia unidad general como pseudomundo aparte, objeto de mera contemplación» (1995: 39).

como una maqueta, una réplica inútil y vaciada de su sentido original. Muestra cómo, en el caso mexicano, las estatuas y los cuadros aludían a un orden impuesto y externo, al cual se veneraba y se rendía culto, y al que se veía como propio. Los mexicanos estaban atrapados en este orden foráneo, impuesto, que causa su propia destrucción:

> El grito desprendió la estatua de un virrey que cayó sobre una china-indiana de la real servidumbre antigua, fulminándola. El escándalo del derrumbe provocó una serie de hecatombes. Todas las estatuas se fueron derrumbando. Y hasta el mismo salón amenazó con hacerse añicos. El fraile aprovechándose de aquella catástrofe echó a correr. Cruzó la casi infinita Galería de los Mártires Inmortales, penetró en el Salón de los Héroes Perennes, y ya ahogándose y, con pasos tambaleantes, atravesó la vasta dimensión de La Sala de los Niños Que También Dieron su Sangre en Aras de La Patria. Miró a cada rincón buscando un objeto al cual aferrarse. Pero todo era tan monumental que irradiaba irrealidad. Finalmente salió al Salón de los Bufones, atravesó el pasillo de los retretes de urgencia colocados a un lado de la Sala de Justicia y entró en la gran sala, siempre buscando el rumbo del sol. Allí casi moribundo, tropezó con el baldaquín de terciopelo carmesí donde aparecían las columnas del *Plus Ultra* tejidas con hilo de oro. (Arenas 2003 [1965]: 283)

El palacio se representa como una isla de la que, al igual que en *Zama* (1956), el personaje no podrá salir con vida. El palacio representa la peor de las prisiones porque, justamente, produce la sensación de libertad aparente cuando en realidad es una cárcel: «Es una conjuración, dijo, quieren aniquilarme, quieren que yo muera en un foso. Han construido una cárcel de la cual ya no sé cómo escapar» (Arenas 2003 [1965]: 279). Por fin, el fray Servando de Arenas es libre o, para ser exactos, deja de ser perseguido, pero justamente lo que pone en evidencia este espacio insular, este lugar aislado y claustrofóbico, es esa imposibilidad. ¿No es este aislamiento palaciego y cerrado en sí mismo justamente el lugar de comunión ideológica entre la religión y la política, el lugar desde el cual se controla a todos y todo? La respuesta es afirmativa, y la elabora el propio fray Servando cuando, en medio del lujo que lo acompaña, siente que tanto por fuera como por dentro, el palacio es una estructura fija que le impide el desplazamiento. La descripción que el Servando de Arenas construye del México colonial es una metáfora del palacio y de la prisión:

> Y pensó que otra vez, como siempre, estaba en una cárcel. Y trató de encontrar la salida. Enfurecido y aterrado recorrió todo el balcón, se asomó a todos los sitios. Miró hacia el extremo oriental y se encontró con la amurallada cordillera de la Sierra Nevada y con dos temibles volcanes, el Iztaccíhuatl, y el Popocatépetl, que amenazaban con fulminarlo de un chispazo; hizo girar su cabeza hacia el suroeste y su nariz tropezó con la sierra de las Cruces, alzándose como una gruesa cortina de hierro. Corrió hacia el frente del balcón y sus manos casi palparon el cerro Jalpan. Dando saltos giró hacia el sur: las estribaciones del Tláloc casi le golpearon la cabeza. Así siguió girando, buscando escapatorias; pero por todos los sitios no halló más que aquellas altísimas murallas, aquellas tapias casi rectas que no ofrecían ni el más mínimo resquicio; aquellos cerros centellantes exhibiendo a veces algunos árboles acorazados de espinas. (Arenas 2003 [1965]: 228)

Por dentro, el palacio es similar a un gran laberinto borgeano. En lugar de anaqueles y libros, contiene la gran Sala de los Reinos antes descrita, estatuas y fotografías de virreyes, a los que los mexicanos les siguen rindiendo culto aunque hayan destruido el país original y su cultura:

> Es inmenso el Palacio. Por centenares se cuentan sus pasillos y pasadizos, sus cámaras y antecámaras, sus salas, salones y saletas, sus dormitorios altísimos, sus galerías infinitas que desembocan en corredores kilométricos. Y cada uno de estos corredores da a un balcón, y cada balcón a una cornisa volada de hierro, y cada cornisa a una escalera, y cada escalera a una arcada y cada arcada a un patio poblado por nopales legendarios [...] Millones de objetos inútiles inundan la mole de inclasificable estilo, por lo que resulta muy difícil abrirse paso entre tantos estandartes, banderas, estatuas, escudos, y objetos de imaginería que todas las generaciones han ido acumulando dentro de este cajón que se bambolea. (Arenas 2003 [1965]: 279)

El palacio presidencial no solo transmite, como lo vengo sosteniendo, la idea de una cárcel en libertad, sino que es un espacio altamente simbólico que conecta ya de manera directa el pasado con el presente cubano de la década de 1960. En él aparecen escritores cubanos contemporáneos a Arenas, aludidos de manera implícita o explícita, con lo cual la similitud entre el sistema autoritario y absoluto del México virreinal se convierte en un espejo del régimen de Fidel Castro, lo que, como en el caso de las novelas de mi corpus, demuestra la doble historicidad de la novela.

Este paralelismo ya había sido sugerido a lo largo de la obra, pero queda desenmascarado al final. Hay varias indicaciones de esta conexión entre pasado y presente en *El mundo alucinante* (1965), como, por ejemplo, que el único periódico oficial del «período colonial» se llame *La Gaceta* (*La Gaceta* es el periódico oficial del régimen castrista) y que, en él, solo publiquen los intelectuales que comparten las ideas del virrey. El brujo Borunda es la parodia grotesca del intelectual que conoce la verdad pero no se atreve a decirla públicamente y, por eso, vive en una cueva subterránea. No puede publicar los *jeroglíficos americanos*, aquel manuscrito que contiene el verdadero origen de la Virgen de Guadalupe, pero evita verse involucrado en el problema de su revelación.[14] Con ese fin, le transmite al fraile su contenido, para protegerse de la posible represión del régimen por publicar temas controversiales: «yo traté de dar a conocer estos manuscritos pero no tenía los fondos para su publicación, y en *La Gaceta* siempre me decían que debía esperar, que había otras obras aguardando turno» (Arenas 2003 [1965]: 60). Otra conexión con el pasado es la que se

14. En las *Memorias*, fray Servando narra cómo se le apareció Borunda y le dijo lo siguiente: «Yo, a más de serme el idioma náhuatl nativo, llevo más de treinta años de estudiar su sentido compuesto y figurado, de leer los manuscritos, confrontar tradiciones, examinar monumentos, con viajes al efecto, ejercitarme en descifrar jeroglíficos, de que creo haber encontrado la clave; y lo que he dicho sobre la imagen de Guadalupe es el resultado de mis estudios. Todo está desenvuelto en este tomo de folio, titulado *Clave general de jeroglíficos americanos*, que he escrito en obsequio a la orden real, con que a instancia de la Real Academia de la Historia se nos invitó a escribiri sobre nuestras antiguallas, y con ocasión de los tres monumentos excavados en la Plaza Mayor» (en Mier Noriega y Guerra 1988 [1917]: 7).

expresa en el hecho de que el fracaso de la Revolución francesa se convierte en un pretexto para referir el fracaso de la Revolución cubana y la pérdida de credibilidad de toda revolución como movimiento que pueda traer igualdad, justicia social y progreso: «Vengo de lugares donde se han aplicado los cambios más violentos y radicales. Y vengo huyendo. Yo, que luché con mis manos para poder llevar a cabo estos cambios» (Arenas 2003 [1965]: 94).

Arenas plantea una ecuación de similitud entre el período virreinal mexicano, la Revolución francesa y la Revolución cubana. Pero si estuviéramos de acuerdo con este juego de espejos y este deliberado anacronismo, aceptaríamos que los tres períodos históricos no son solamente iguales sino idénticos y que, por lo tanto, la historia no tendría ningún movimiento. En un sentido extremo y exasperado, *El mundo alucinante* (1965) es una novela antihistórica, no porque «tergiverse» los hechos de la historia narrados por fray Servando Teresa de Mier, sino porque se rehúsa a entender lo histórico —las crisis colectivas y los cambios en la conducción de la polis— como relevante y prefiere, en cambio, poner en escena las tensiones y relaciones entre el cuerpo y el tropo (tema que analizaré en la segunda parte de este capítulo).

Reinhart Koselleck (1985) estudia cómo, en el idioma alemán, el concepto de historia, a partir de fines del siglo XVIII —época en la que empieza la modernidad en Europa— se divide en dos significantes distintos: *Historie*, que alude a la narración de un evento; y *Geschichte*, que implica las acciones, los eventos ocurridos. Posteriormente, el significado de la palabra *historia* unirá los dos significantes y sus respectivos significados: tanto la secuencialidad cronológica como los eventos son las piezas fundamentales de este concepto. Asimismo, la serie de eventos progresivos que definen todo hecho histórico está enmarcada por una serie de estructuras narrativas que ponen en evidencia el paso del tiempo: ya sea de progreso, decadencia o retraso, pero siempre dibujando una línea espacio-temporal.[15] Desde

15. El orden de los eventos históricos está relacionado con una estructura narrativa concreta que sirve para enfatizar la cronología de los eventos: «it is possible

la Ilustración, señala Koselleck, el progreso fue el motor crucial para definir el tiempo histórico:

> Up until the eighteenth century, the course and calculation of historical events was underwritten by two natural categories of time: the cycle of stars and planets, and the natural succession of rulers and dynasties. Kant, in refusing to interpret history in terms of astronomical data and rejecting as non rational the course of succession, did away with established chronology on the grounds that it provided a guideline that was both annalistic and theologically colored [...] The naturalistic basis vanished and progress became the prime category in which a transnatural, historically immanent definition of time first found expression. Insofar as philosophy conceived history in the singular and as a unitary whole and transposed it in this form into Progress, our topos was inevitably robbed of meaning. (1985: 33)

El mundo alucinante (1965) plantea una circularidad que niega el progreso de la historia y propone, desde su concepción temporal, una crítica a la modernidad mexicana: el tiempo no transcurre de manera cronológica y los eventos son confusos, pues el juego de voces que narra las acciones se contradice. Basta recordar que el final de la novela trae consigo la muerte del fraile y el retorno al corojal inicial, es decir, a su propia infancia, a su casa materna.[16] Todo el texto es anacrónico, ya que se yuxtaponen tiempos y períodos distintos de lo ficcional y lo histórico, tiempos que van desde el México colonial

---

to conceptually deduce progress, decadence, acceleration, or delay, the "not yet" and the "no longer", the "earlier" or "later than", the "too early" and the "too late", situation and duration —whatever differentiating conditions must enter so that concrete historical motion might be rendered visible» (Koselleck 1985: 95).

16. El Corojal, nombre del lugar donde se inicia y termina la novela, tiene dos significados. Por un lado, alude a una planta de la familia de las palmeras que crece de manera abundante en Cuba y cuyo fruto es el palmiche. Este alimento se le da de comer a los cerdos y, de él, se extrae un aceite muy utilizado en la santería cubana para aliviar dolores musculares. Al mismo tiempo, como nombre propio, es una ciudad ubicada en Pinar del Río. De una manera indirecta, el fraile de la novela de Arenas nace y muere en Cuba.

(habitado por escritores cubanos contemporáneos al autor) a un momento inmediatamente posterior a la Revolución francesa. Ese *collage* espacio-temporal tiene como eje la idea de repetición. De esta manera, la novela de Arenas dialoga con la propuesta de Octavio Paz en *El laberinto de la soledad* (1976), cuando analiza la historia de la Revolución mexicana como un círculo cerrado sobre sí mismo.[17] Escribe Arenas:

> Y cuando se hizo coronar emperador, junto con su mujerzuela, yo me llené de temores, que confirmé enseguida al ver que el pueblo había logrado cambiar de gobernante, pero con ello no había hecho más que cambiar de tiranía. El nuevo gobierno ni siquiera tenía la gracia y el don de gentes del pasado. Y si antes a un prisionero se le conducía en argollas, música y cierta distinción y respeto hasta la horca, ahora se le llevaba a patadas y a gritos de insulto. Además vi, con miedo, que las misma personas de antes de la revolución, y los que se aprovecharon de ella, volvían a ocupar grandes cargos; así como los macabros del clero ocupaban parroquias y eran nombrados obispos. Vi, pues, cómo ascendía de nuevo toda la basura, aprovechando que el río estaba otra vez revuelto. (2003 [1965]: 187)

A lo largo de su recorrido por Europa, el fraile cuestionó la manera en que se entendía civilización y barbarie, mostrando cómo el continente europeo, después de haber experimentado importantes revoluciones, era el espacio de la barbarie por excelencia, sobre todo España, país que retrataba como cuna de rufianes, prostitutas y gente de mal vivir.

---

17. Esa conexión y circularidad entre el pasado colonial y el presente se describe de manera precisa en la imagen final que aprecia el fraile desde el balcón del palacio: un grupo de hombres celebra el día de la Virgen de Guadalupe con el mismo ritual con que se conmemoraba la procesión que se le hacía a la deidad Tonantzin antes de la llegada de los españoles. Esta imagen celebratoria de Tonantzin-Guadalupe muestra que el *Sermón guadalupano* de fray Servando no era del todo errado, sino que, como en el cuento de Julio Cortázar «La noche boca arriba», la imagen prueba que el siglo XX y el pasado anterior a la conquista tienen muchos elementos en común que los vuelve difícilmente distinguibles el uno del otro.

En esta crítica sobre la imposibilidad de lograr un cambio verdadero a través de la revolución, es central la apropiación de fray Servando de la voz de Sofía, el personaje femenino de *El Siglo de las Luces* (1952) de Alejo Carpentier. El momento crucial de la novela de Carpentier es aquel en que Esteban regresa a La Habana deprimido, al comprobar cuántas masacres se han llevado a cabo en nombre de la Revolución francesa, y es inesperadamente cuestionado por Sofía, quien, en ese momento, no solo apoya la Revolución, sino que exhorta a que se traiga la guillotina a La Habana lo antes posible.[18] En esta conversación aparece el veredicto final de Sofía: «¡Lo importante es que suceda, que suceda siempre algo!» (Carpentier 2004 [1952]: 309). *El Siglo de las Luces*, como lo ha señalado Peter Elmore (1997), se rehúsa a incurrir en la apología o la propaganda revolucionaria. El texto no aprueba ni condena la Revolución francesa. Lo relevante de la Revolución para todos los personajes —sean sus partidarios o sus detractores— es que es el acontecimiento que define la época y marca la vida de todos. Nadie puede permanecer ajeno o imparcial ante su existencia.

---

18. La referencia a *El Siglo de las Luces* (1952) es importante porque este libro es bastante ambiguo en torno de la revolución como medio para lograr un cambio social. Si bien se critica la Revolución francesa en los excesos que comete Víctor Huges, también es cierto que, en las sucesivas conversaciones entre Carlos y Sofía, dejan abierta la posibilidad de que la revolución como ideal sea positiva. En otras palabras, estos dos personajes sugieren que fue mal aplicada en Francia pero que, en América, una revolución puede ser distinta. Reproduzco la conversación clave entre Sofía y Esteban, donde ella apoya el uso de la guillotina en América: «"Ojalá pudiéramos levantar una, muy pronto en la Plaza de Armas de esta ciudad imbécil y podrida", replicó Sofía. Ella vería caer, gustosa, las cabezas de tantos funcionarios ineptos, de tantos explotadores de esclavos, de tantos ricachos engreídos, de tantos portadores de entorchados, como poblaban esta isla, tenida al margen de todo Conocimiento, relegada al fin del mundo, reducida a una alegoría para caja de tabacos, por el gobierno más lamentable e inmoral de la historia contemporánea. "Aquí hay que guillotinar a unos cuantos", asentía Carlos. "A más de unos cuántos" sentenciaba Jorge» (Carpenter 2004 [1952]: 307).

En *El mundo alucinante* (1965), por el contrario, fray Servando parodia el grito positivo de Sofía mientras es encarcelado. Bayona, el lugar desde donde Esteban reporta los sucesos de la Revolución y sus cambios dramáticos, es también el lugar de entrada a Francia para Servando. Sin embargo, el paisaje descrito por Arenas, a diferencia de la Bayona de Carpentier, es idéntico a un tiempo prerrevolucionario. Con estas descripciones, Arenas no solo apunta a los pocos efectos de cambio que conlleva una revolución, sino que destaca, además, el estancamiento de la historia —todo se mantiene igual— y niega su devenir. Lo que hay en Francia son grandes palacios donde se reúne la nobleza francesa, desde Madame de Staël hasta Chateaubriand, pasando por personajes literarios, como el hombre que se volverá mujer, Orlando, de Virginia Woolf: «A estas reuniones del conservador abate concurría toda la nobleza sobreviviente de la Gran Revolución, y todos los principales personajes de Francia» (Arenas 2003 [1965]: 177). La Revolución francesa es recordada por la nobleza como un símbolo fetichista, un recuerdo lejano e insignificante. Todos continúan viviendo con los mismos privilegios de antes de su ejecución. Voltaire y Rousseau, cuyas obras forman parte de sus bibliotecas, son simples artefactos de lujo: «me ha mostrado su colección completa de obras de Voltaire enchapada en oro» (Arenas 2003 [1965]: 183), dice fray Servando, mientras Madame de Staël le enseña una cigarrera en cuya parte central estaba dibujado el cuerpo de Luis XIV. En la tapa, la cabeza se unía al cuerpo y se separaba en cuanto la cigarrera se abría: «es para recordarle a todo el que observe que aquí una vez se le cortó la cabeza a un rey» (Arenas 2003 [1965]: 182).[19] Queda claro que,

---

19. Son interesantes las distintas lecturas ideológicas que propone *El Siglo de las Luces* (1952). Se suele leer a la sombra de lo que ocurría en Cuba en Sierra Maestra. Lo importante es analizar cómo cada personaje actúa en torno al contexto revolucionario. Es claro que algunos creen en el progreso de la historia, en su evolución. El médico Ogé, citando a Martínez Pasqually, sostiene que: «la evolución de la Humanidad era un acto colectivo, y que, por lo tanto, la acción iniciada individual implicaba forzosamente la existencia de una acción social colectiva: quien más *sabe* más *hará* por sus semejantes». Víctor Hugues, en una

en Arenas (2003 [1965]), la Revolución como utopía de cambio y de progreso es impensable y lo que prevalece es un total desengaño. La novela termina incidiendo en ese desencanto:

> Pensó que el objetivo de toda civilización (de toda revolución, de toda lucha, de todo propósito) era alcanzar la perfección de las constelaciones, su armonía inalterable. Pero jamás, dijo en voz alta, llegaremos a tal perfección porque seguramente existe algún desequilibrio. (Arenas 2003 [1965]: 304)

En el palacio se concreta, de manera desenfadada, la relación entre el presente cubano de la escritura y el período colonial. El lugar, al que se conoce como la «Gran Pajarera Nacional» (Arenas 2003 [1965]: 280), representa al poder unívoco de Cuba, y la «Gran Noche Estrellada» (Arenas 2003 [1965]: 290), la Revolución cubana. Allí están atrapados, en mayor o menor medida, centenares de escritores que componen odas laudatorias al presidente. Hay claras alusiones a Alejo Carpentier y a su estilo narrativo recargado y descriptivo. Él es quien escribe una oda a Guadalupe Victoria, la «Gran Apología al Señor Presidente», y se encuentra en uno de los nichos de esta pajarera. Su novela *El saco de las lozas* —una directa mención a *El Siglo de las Luces* (1952)— se presenta como una adulación al nuevo régimen.[20]

---

clara alusión al Manifiesto Comunista, a ese fantasma que recorre Europa, señala: «Y seguiremos sin noticias porque los gobiernos tienen miedo; pánico al fantasma que recorre Europa» (Carpentier 2004 [1952]: 83).

20. Arenas describe de esta manera a Alejo Carpentier: «Aquel hombre ya viejo, armado de compases, cartabones, reglas y un centenar de artefactos extrañísimos que fray Servando no pudo identificar, recitaba en forma de letanía el nombre de todas las columnas del palacio, los detalles de las mismas, el número y la posición de las pilastras y arquitrabes, la cantidad de frisos, la textura de las cornisas de relieve, la composición de la cal y el canto que formaban las paredes, la variedad de árboles que poblaban el jardín» (2003 [1965]: 285). Es claro que más allá del tono sarcástico de Arenas, lo que está en juego en esta descripción que hace de Carpentier son las distintas concepciones que cada uno propone sobre cómo se construye la historia.

Aparece también Jorge Lezamis, un sacerdote gordo y de voz refinada —alusión evidente a José Lezama Lima, escritor que había aparecido en el texto numerosas veces antes a través de notas al pie de página extraídas de su libro *La expresión americana* (1957)—, y el poeta José María Heredia, con quien el fraile comparte el encierro y quien no hace otra cosa que llorar por el destierro y la ingratitud de los cubanos y de Cuba. La analogía sugerida a lo largo de toda la novela, entre el régimen colonial y la Cuba castrista, así como el fracaso de la revolución de independencia mexicana y la revolución en Cuba, queda explícita en esta figura palaciega.[21] Un cuarto escritor cubano atrapado es una máscara del mismo Reinaldo Arenas, si se toma en cuenta que su persona ha sido ficcionalizada en la carta que antecede a la novela: «lo más útil fue descubrir que tú y yo somos la misma persona» (Arenas 2003 [1965]: 23).[22] Por lo tanto, la presencia de fray Servando y sus largas conversaciones con José María Heredia son, de alguna manera, alegóricas: Arenas (2003 [1965]), utilizando el disfraz de fray Servando, es el que está atrapado en el palacio presidencial. Realiza una reconstrucción narcisista de su propia *performance* y se autoconstruye como un avatar de fray Servando.[23] En la entrevista que

---

21. Este pasaje de la novela recuerda a la película de Luis Buñuel *El Ángel Exterminador* (1962), en la que los personajes, como los escritores cubanos en la novela, quieren salir de la casona colonial mexicana, pero, por incomprensibles razones, no se atreven o no pueden hacerlo.

22. Reproduzco la cita completa de esta carta que antecede a la novela y que es central para entender al fraile como un avatar de Reinaldo Arenas: «No obstante la acumulación de datos sobre tu vida ha sido bastante voluminosa; pero lo que más útil me ha resultado para llegar a conocerte y amarte, no fueron las abrumadoras enciclopedias, siempre demasiado exactas, ni los terribles libros de ensayos, siempre demasiado inexactos. Lo más útil fue descubrir que tú y yo somos la misma persona» (2003 [1965]: 23).

23. Utilizo la definición que propone William Egginton en torno del concepto de avatar: «The relation between an avatar and its master seems to be extraordinarily tight. Unlike the video game characters, the avatar appears to carry a piece of the master with it in cyberspace; it reflects his or her individuality, his or her human uniqueness. Like any personal creation, a master feels protective of it, and

el escritor les concedió a Enrico Santí y Mónica Morley (1983) sostuvo que él se sentía fray Servando en la Cuba de Fidel Castro:

> Yo volvía a verme reflejado en ese espejo un tanto fatal de la historia como trampa sórdida. Y así llegué a la conclusión, algo desmesurada e inmodesta de que, dentro del contexto de lo sufrido, Fray Servando era yo mismo. Había entonces una identificación con el personaje. No me refiero a su valentía —yo nunca la he poseído— ni a su grandeza, sino a su fatalidad contra la historia y el medio de padecerla y de enfrentarse con ella. Es alucinante contrastar que la historia continúa pues cuando yo escribí *El mundo alucinante* en 1965, yo todavía no había vivido todas las peripecias que cuento en el libro. Cuando caí preso me tuvieron en la prisión habanera de La Cabaña donde ciento y pico de años atrás también había estado preso Fray Servando. También es «alucinante» que cuando Fray Servando se fuga de La Cabaña, se va en un bote o barco, nadie sabe cómo, nada menos que a la península de La Florida. Da la casualidad que unos años más tarde yo también he de salir en un bote hasta la península de La Florida. (1983: 116-117)

Dentro de la ficción aparecen un conjunto de narradores y hay ciertos capítulos que están escritos tres veces. Como sostiene Emil Volek, si bien unos y otros se contradicen, los tres narradores son de

---

feels emotional pain if it criticized. But more than that, an avatar experiences *for* a master; it is that prosthesis thorough her way through a world he or she cannot physically enter, and feels emotionally the presence of others, a presence entirely mediated through, and therefore entirely dependent upon, the identity of his or her avatar» (2003: 11). Es interesante notar que, en todas las novelas de la llamada *Pentagonía* de Reinaldo Arenas, existe la figura del doble. Por ejemplo, en *Celestino antes del alba* (1967), el niño protagonista de la historia crea su doble, un compañero imaginario con quien él juega para combatir su soledad, la pobreza y los abusos del abuelo; en *El palacio de las blanquísimas mofetas* (1980), el adolescente Fortunato se convierte en el doble de su tía solterona Adolfina y, al final de la narración, sus vidas se juntan en una; en *Otra vez el mar* (1982), la mujer que narra la primera parte de la novela es el doble de Héctor, con la diferencia de que ella solo ha existido en la imaginación del personaje, y esto lo sabemos en el párrafo final. Sin embargo, en *El mundo alucinante* (1965), la figura del doble trasciende a la ficción: Arenas se considera de alguna manera el «doble» de un personaje histórico, y su libro sería el «doble» de un libro existente.

alguna manera uno y el mismo, porque son variaciones de un solo personaje: «las voces narrativas, alternadas y metamorfoseadas una en otra a lo largo de la obra, son en principio, disfraces de la misma voz. En último análisis, son máscaras retóricas intercambiables, las cuales ocultan y revelan al mismo tiempo, en un juego muy barroco, la profunda homología de los discursos» (1985: 136).

La voz del «yo», del «tú» y del «él», escribió Ortega, están yuxtapuestas en la novela y representan las tres formas de escribir discursos: «The first person is the conventional form of the autobiography, the second is the convention of the "historical chronicle" and the third is the convention of "fictional narrative". Arenas creates a mirroring of perspectives, which is the writing itself» (1973b: 47). Este multiperspectivismo le confiere al texto una reflexión explícita sobre el proceso de construcción de la historia. Las voces dicen y desdicen lo narrado, poniendo, en primer plano, el carácter metaficcional de la narración y la idea de la historia como constructo. Al mismo tiempo, le confieren al texto uno de sus rasgos más significativos: la parodia. El hecho de que todos los personajes se queden atrapados en este *chachachá narrativo* (término de Volek [1985] para aludir a esta confluencia de discursos contradictorios y en algunos casos repetitivos), donde presente y pasado parecen análogos, es central para pensar en cómo los personajes terminan apresados por la historia.[24]

24. La coexistencia de estas tres voces (yo, tú, él) es un recurso literario que ya había sido utilizado en la literatura latinoamericana en *La muerte de Artemio Cruz* (1962) de Carlos Fuentes. Sin embargo, las voces en Arenas no guardan una relación sistemática y predecible como ocurre en la obra del mexicano, en la que el «yo» es la voz del narrador moribundo postrado en la cama del hospital; el «tú», la consciencia futura del personaje; y el «él», la voz de un narrador omnisciente. En *El mundo alucinante* (1965) ocurre precisamente todo lo contrario: lo que prevalece es el caos, la contradicción, el juego desarticulado, y la conversación, a veces frontal entre una y otra voz, es lo que genera muchas opciones de lectura. En su artículo «Celestino y yo», de 1967, Reinaldo Arenas ha señalado que la realidad es múltiple, y esa es precisamente una característica que vincula toda su producción narrativa: «no creo que exista una sola realidad, sino que la realidad es múltiple, es infinita, y además varía de acuerdo con la interpretación

Alicia Borinski (1975) señala cómo Arenas vendría a representar al personaje de Pierre Menard del cuento de Jorge Luis Borges, ya que estaría apropiándose de la historia de Servando y de su libro para narrar los hechos de Cuba en el siglo XX. Menard pretende ser, simultáneamente, Cervantes y él mismo. De la misma manera, Arenas pretende ser fray Servando y él mismo. Por eso, Arenas, ficcionalizado en personaje, le dice: «tú y yo somos la misma persona» (Borinski 1975: 607). El cuento de Borges es precisamente una teoría sobre la ética de la lectura y la escritura, y queda claro, en él, que los fragmentos que copia Menard del *Quijote* cobran un sentido distinto en el siglo XX, porque, precisamente, la historia ha transcurrido. Borinski, sin embargo, señala que la novela de Arenas cuestiona la idea de progreso, porque critica la noción de centro y de continuidad narrativa. El texto se difumina en un conjunto de lecturas posibles y, por tanto, como sostiene Borinski: «it becomes a movement that does not lead anywhere in a straight line but diffuses in multiple directions» (1974: 27).

Esta máquina centrífuga que es el texto conduce inevitablemente a la aceptación de todas las lecturas posibles y a la muerte como resultado final, lo que conecta a esta novela con cualquiera de las obras de la *Pentagonía*, porque en todas ellas se produce el deceso del protagonista. Es una muerte que no es producto de una secuencialidad de acontecimientos vividos, sino que siempre ha estado allí, presente, colindante con la vida, viviendo en paralelo con la misma.[25] Coincido

---

que queramos darle. Y no creo tampoco que el novelista, y el escritor en general, deba conformarse con expresar una realidad, sino que su máxima aspiración ha de ser la de expresar *todas las realidades*» (1967: 118-119).

25. Emir Rodríguez (1980) también relaciona la producción de Arenas con un cuento de Borges: el manuscrito que recibe Ts'ui Pen en «El jardín de senderos que se bifurcan». Para Rodríguez (1980) la novela de Arenas acepta todas las lecturas posibles (y, en esto, su argumento es igual al de Borinski). En las novelas de la *Pentagonía* (más que en *El mundo alucinante* [1965]), la muerte está presente mientras los personajes viven y mueren, y vuelven a vivir en el mismo capítulo. En algunos casos, como en *El palacio de las blanquísimas mofetas* (1980), la novela se abre con la imagen de la muerte montando una bicicleta.

con Borinski (1975) en que estos infinitos caminos que atraviesa el fraile protagonista —recordemos que deambula por cuatro continentes a pie— son especulares a esas voces contradictorias de la narración que apuntan hacia la completa dispersión temporal y espacial: después del enrevesado desplazamiento que adquiere la forma de un garabato geométrico, el fray Servando de Arenas llega al mismo lugar inicial para renacer. William Vesterman (1973) considera que la novela es un absurdo precisamente por su falta de centro y dibuja el desplazamiento del fraile —y lo que para él es la síntesis de la novela— como una caja cerrada y simétrica que apunta a cualquier dirección, donde siempre se llega al mismo punto (figura 6). El personaje está libre pero, por el recorrido que realiza, está atrapado dentro de sí mismo e imposibilitado de ir hacia alguna parte:

Figura 6

Para Ambrose Gordon (1973), el entrampamiento del fraile podría adquirir la forma del siguiente esquema (figura 7):

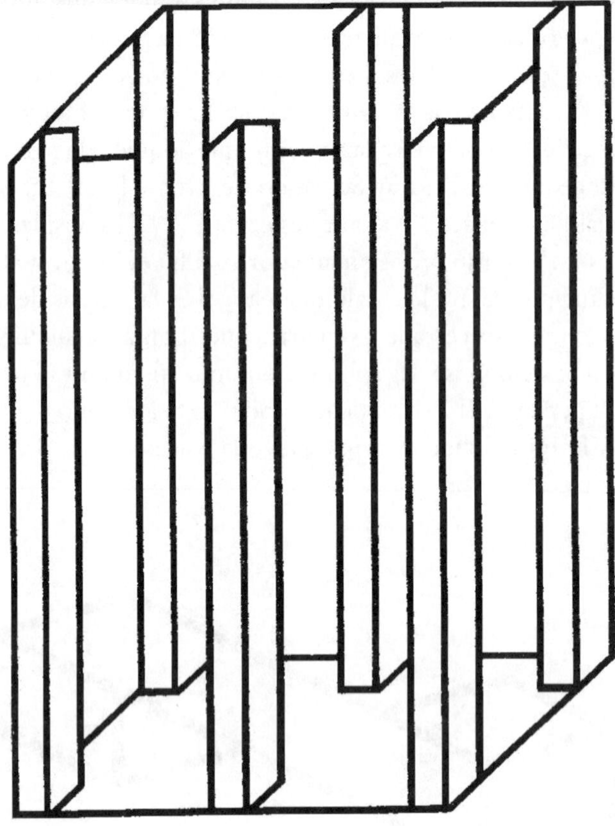

Figura 7

Como se puede apreciar, a pesar de que Servando fue un gran caminante, hay un marco cerrado que configura todo su desplazamiento.[26]

Muchos críticos han concluido (quizá siguiendo la asociación que plantea el propio Arenas) que él es, en realidad, no un avatar de

26. La revista *Review: Center for Inter-American Relations* (1973) le dedicó una sección especial a *El mundo alucinante* (1969) y, como parte del proyecto, se les pedía a los críticos que hicieran un dibujo que condensara el significado de la obra. Son estos dibujos los que he reproducido en este capítulo.

fray Servando sino el propio fraile en el siglo XX cubano. En otras palabras, este entrampamiento en el que queda inmerso el fraile dentro del palacio mexicano sería igual a la posición de aprisionamiento que sufre Arenas como escritor de *El mundo alucinante* (1965) en Cuba. Eduardo Béjar (1987), Perla Rozencvaig (1986) y Francisco Soto (1994) asocian la figura de Arenas con una postura de perpetua confrontación contra los abusos del régimen de Castro. Ambos consideran su estilo literario como un símbolo de rebeldía y de eterna lucha.

Béjar (1987) sostiene que la proliferación de narradores y el juego intertextual, la autorreflexividad, la fragmentación de su discurso y los diferentes puntos de vista contradictorios que emplean los narradores para referirse a un mismo hecho, hacían que el discurso areniano fuera una respuesta para evadir todo principio de autoridad. El juego de la escritura de Arenas «se entrega así a una tensión semántica y a un obnubilar onírico que niega la fijeza y el reposo del habla racional con la que el pensamiento filosófico socrático subyacente a nuestra cultura occidental interpreta, ordena y rige la experiencia humana» (Béjar 1987: 45). Para Béjar (1987) la fuerza nebulizante de la estrategia narrativa de Arenas es un discurso contra el pensamiento de Hegel, contra la noción de una verdad absoluta y única, y una protesta directa contra el régimen absoluto que propone Castro y que Arenas estaría contradiciendo para rebelarse a través de este estilo que construye una pluralidad de realidades.

Por su parte, Perla Rozencvaig sostiene que la propuesta del escritor cubano es la de crear un espacio liberador:

> [...] las novelas de Arenas, a pesar de sus diferencias semánticas y/o estructurales, constituyen un cuerpo orgánico por el que se filtra una visión del mundo en correspondencia con una ideología fija: la constante búsqueda de un espacio liberador, sede de incesantes trasgresiones. (1986: 7)

Tanto el fray Servando novelado por Arenas como Arenas mismo son sujetos activos que se enfrentan a los límites de lo que puede hacer un individuo frente a un sistema unívoco. Sin embargo, el primero da un paso más: se convierte en un sujeto pasivo, cómplice de tal sistema. Arenas, en cambio, se mantiene en suposición de resistencia a pesar de entender que es siempre infructuosa.

Es cierto que, en Reinaldo Arenas, el acto de escribir fue su principal herramienta de protesta contra los abusos cometidos por el régimen castrista y que sus constantes denuncias en torno al maltrato de los homosexuales en Cuba, la falta de libertad y la presión con la que el régimen silenció u obligó a los escritores a que escribieran a su favor, son temas recurrentes en toda su obra. Fue precisamente esa rebeldía inicial lo que le costó la prisión y el encierro.[27] Sin embargo, y sin dejar de considerar la importancia del acto de escritura, me pregunto cuánto de liberador y subversivo hay en el caso concreto de *El mundo alucinante* (1965), novela en la que lo que prevalece es la apropiación,

---

27. En esta batalla contra el sistema que monta el propio autor, es importante resaltar el hecho de que su novela *Otra vez el mar* (1982) fuera escrita en condiciones lamentables y tres veces seguidas. Las dos primeras en Cuba (en los periodos de 1966-1969 y 1969-1971), donde el manuscrito «desapareció» (Arenas cuenta que la segunda vez lo escondió entre los tejados del techo de su casa). La tercera versión, escrita en el periodo 1971-1974, es la que existe y se escribió en los Estados Unidos. Asimismo, pese a adquirir el SIDA ya en Nueva York, Arenas terminó su tan ansiada *Pentagonía* casi al borde de la muerte. Esta *Pentagonía* está compuesta por *Celestino antes del alba* (1967), *El palacio de las blanquísimas mofetas* (1980), *Otra vez el mar* (1982), *El color del verano* (1990) y *El asalto* (1990). *Pentagonía* es el nombre que le da a estos cinco libros que narran la agonía de un mismo personaje que vive y muere en cada novela con un nombre distinto. La *Pentagonía* narra la vida solitaria y claustrofóbica de un niño-adolescente-adulto desde el régimen de Batista hasta el de Fidel Castro. El personaje principal es siempre un homosexual o alguien que tiene inclinaciones femeninas (como el niño Celestino). Francisco Soto señala cómo desde esta, su primera novela, Arenas transgrede el orden social a través del la escritura: «ya en *Celestino antes del alba* está presente como una rebeldía creativa que transgrede y hace frente a un mundo intolerante a toda expresión de diferencia» (1991: 353). Asimismo, este autor analiza la conexión entre escritura subversiva y autobiografía en estas cinco novelas, así como la relación entre sexualidad «desviada» y política trasgresora que Arenas pone de manifiesto en torno a un poder absoluto.

en el sentido de canibalización, del autor y personaje histórico fray Servando Teresa de Mier, por parte de Arenas. Las posturas de Béjar (1987) y Rozencvaig (1986) olvidan que las *Memorias* (1917) son un texto escrito por un autor de nombre Servando Teresa de Mier y que Arenas —pese a jugar con el texto: parodiarlo, exagerarlo, manipularlo, caricaturizarlo y volverlo grotesco— está colonizando ese universo. De este modo, Arenas queda también atrapado en la trampa sórdida del sistema. Asimismo, si esta lucha es finita —como lo muestra la biografía de Servando Teresa de Mier y su ficcionalización—, ¿no nos está sugiriendo Arenas que su lucha también lo será?

Si pensamos en la relación que he señalado entre Arenas y su avatar fray Servando, y en que los diferentes rostros que adquiere son parte de un juego carnavalesco —en el que habría que incluir, primero, al principal perseguidor de fray Servando, el fraile dominico León Francisco Antonio de León, convertido literalmente en un fraile-rata; después, al mismo covachuelo León convertido en mujer; y, finalmente, al propio fray Servando convertido en el doctor Maniau (ya muerto, pero cuyas ropas y pasaporte le sirven al protagonista para salir de Francia)—, es evidente el constante juego de máscaras y disfraces con el que se va vistiendo el autor ficcionalizado como protagonista y doble de fray Servando al parodiar el texto original. En esta proliferación espectacular, es central tener presente el encuentro con el autor Arenas, ficcionalizado en el personaje de un escritor en eterna búsqueda, uno de sus tantos dobles. Este encuentro se produce cuando fray Servando ingresa a las Tres Tierras del Amor en la Corte de Madrid.[28] En la tercera isla o «Tierra del Amor», cuya descripción se asemeja al infierno en el «Tríptico del jardín de las delicias» de Jerónimo Bosch

28. Jorge Olivares (1985) analiza la presencia de lo carnavalesco en esta novela a través del *topos* del mundo invertido en las permutaciones constantes de lo alto y lo bajo que propone Bajtin en su estudio sobre Rabelais. En el estudio de Olivares, lo carnavalesco aparece ya en el título: «Arenas' title can be said to trace a symbolic body, with its upper receiving end and its corresponding discharging orifice» (1985: 468).

y a ciertas imágenes de Brueghel, fray Servando se encuentra con los «desperdicios» humanos. Esta tierra es el «País de la Desolación» o la tierra de los que buscan y nada encuentran. Estas imágenes de imposibilidad de lograr algo, siquiera un cambio minúsculo en sus vidas, se relacionan con lo fallido de la escritura como motor de un posible cambio social y con el desmembramiento del cuerpo. En la Tierra del Amor, de manera paradójica, están los olvidados. Junto al hombre que se había sacado un ojo y quería colocárselo en la espalda, está la anciana que con un cuchillo afilado quería extraerse todas las arrugas de la cara, pero también está el poeta que no encuentra la última palabra con la cual terminar su último verso y, por lo tanto, deambula en círculos por la podredumbre humana sin concluir su obra. Su creación es, a todas luces, inútil. Servando doble del autor y doble del Arenas ficticio siente igualmente que su destino es inútil: «Y es como si yo mismo me viera en esa posición: luchando inútilmente contra lo que ni siquiera se puede atacar» (Arenas 2003 [1965]: 135).

En este eco de disfraces, el guía que lo había acompañado por estas tierras del amor termina siendo el rey de España, quien le confirma que nada puede hacer por él y su búsqueda absurda: «El rey soy yo, y nada puedo hacer por ti —dijo al fin—. Y girando lo vi de frente: era ya un viejo de cara arrugada al que el viento le fue repentinamente tumbando el pelo» (Arenas 2003 [1965]: 136). Este encuentro con el autor Arenas, ficcionalizado en personaje, muestra una vez más cómo la imagen de entrampamiento sórdido, que se materializa en el palacio de Guadalupe Victoria, ya se había manifestado en una instancia anterior en esta tercera Tierra del Amor. En ella, el autor, a pesar de todos sus rostros, muestra que nada se puede hacer frente a un poder absoluto porque, finalmente, uno queda atrapado en él. En la ficción, el rey le recomienda la inacción —«No creo que seas tan tonto como para pensar que existe alguna manera de librarte (Arenas 2003 [1965]: 136)»—, y el personaje de fray Servando, un doble del autor y del autor dentro de la ficción, huye de la Corte, para volver a caer prisionero en la garganta de León disfrazado de bruja y en la enredadera textual de sus palabras: «y la mujer soltó una carcajada. Y la carcajada se convirtió en un bufido de furia. Y el bufido convirtió a la mujer en un hombre barrigón y mofletudo, de grandes colmillos y grandes pilares» (Arenas 2003 [1965]: 142).

El juego lo comienza el autor al travestir (en el sentido de vestir o sobrevestir) las verdaderas *Memorias* (1917), pero este no es liberador más allá de sí mismo.[29] Esto se muestra con el momento cumbre del encadenamiento del fraile, cuando es recluido en la prisión de Los Toribios de Sevilla y es amarrado con ocho cadenas, cuyo centro son sus testículos. La fuerza de las cadenas hace que él se convierta en una pelota y ruede cerro abajo, es decir, la violencia colapsa y genera su propia liberación (por exceso), pero esa liberación es temporal: el fraile volverá a ser encadenado.

El mundo alucinante (1965) no es similar a las *Memorias* (1917) de fray Servando. Si bien Arenas respeta los hechos históricos más importantes de la vida del fraile, como ya lo he mencionado hay una reinvención. El añadido con respecto al original es la parodia, la

---

29. La idea del travestismo en la escritura y del entrampamiento en un molde ya preexistente la realiza el propio Arenas en su novela *La loma del ángel* (1987), donde reescribe, en tono paródico, el clásico del siglo XIX *Cecilia Valdés* (1882) de Cirilo Villaverde. Alfred Mac-Adam (1990) analiza la idea de lo travestido como el acto de vestir y desvestir un texto. Arenas anuncia en el prólogo de *La loma del ángel* que «la ostentación de tramas originales, ya lo dijo brillantemente Jorge Luis Borges, es una falacia reciente» (Arenas 1987: 10). Es interesante que, en este texto posterior a *El mundo alucinante* (1965), Arenas vuelva a colonizar un texto y un autor para parodiarlo y manipularlo, pero al hacerlo, en lugar de ver simplemente un juego como lo propone Mac-Adam, lo que en realidad hace Arenas es mostrar la imposibilidad de salir de fórmulas encajonadas, es decir, de esta biblioteca borgeana a la que él tanto alude. *La loma del ángel* es un ejemplo aún más nihilista del entrampamiento del hombre en una isla real y textual, porque, en él, el narrador no sólo critica a Cirilo Villaverde como autor, sino al propio Arenas como fracasado parodiador de un texto. Dice Leonardo, el protagonista de la novela de Cirilo Villaverde y de *La loma del Ángel*: «así que nada tengo que ver con esas barrabasadas que el sifilítico y degenerado, quien piensa que es nada menos que el mismísimo Goya [«con sifilítico y degenerado», el personaje alude de manera extradiegética al propio Arenas], quiere adjudicarme o con los del viejo cretino quien tampoco dio pie con bola en lo que se refiere a mi carácter, ni en nada» (Arenas 1987: 121).

hipérbole, lo grotesco, la fantasía delirante al estilo de los *Sueños* de Francisco Quevedo, el énfasis en una estructura narrativa que reproduce el género de la picaresca barroca y un altísimo contenido de temática homosexual. En *El mundo alucinante*, la lucha entre contrarios no tiene un carácter diálectico y político, sino circular y erótico: en vez del combate entre fuerzas históricas opuestas que impulsarían el progreso, la continuidad de la historia, lo que se presenta en la novela es una reiterada variación de una escena básica sadomasoquista, que se proyecta, de modo espectral y narcisista, sobre el texto apropiado de las *Memorias* (1917). El placer de la ficción proviene del doble acto de penetrar (en la escritura) el texto ajeno y de ser penetrado (en la fábula o la ficción) en la figura del alter ego. Con ello, la negación del devenir histórico también se presenta en esta secuencia circular y repetitiva de posicionamiento del cuerpo físico y textual.

La orgía perpetua: civilizando al cuerpo

La exageración, las imágenes homosexuales, el énfasis en lo corporal y la reestructuración de las *Memorias* (1917) a un estilo que se ajusta al género picaresco son los elementos centrales que diferencian la novela de Arenas del texto original. La presencia de estos elementos permite que la novela se lea en clave grotesca. Mijail Bajtin (2005) sostiene que lo grotesco está relacionado con la idea de renovación. La imagen grotesca caracteriza un fenómeno en proceso de cambio y metamorfosis incompleta, en el estadio de la muerte y del nacimiento, del crecimiento y de la evolución. Uno de sus rasgos indispensables es su ambivalencia: «los dos polos del cambio: el nuevo y el antiguo, lo que muere y el que nace, el comienzo y el fin de la metamorfosis» (Bajtin 2005: 28). La imagen que utiliza Bajtin para explicar este concepto es la de las célebres figuras de terracota de Kertch que se exhiben en el museo de L'Ermitage de San Petersburgo: un grupo de ancianas preñadas cuya vejez y embarazo son notoriamente exagerados. Para Bajtin (2005), si bien el cuerpo grotesco está relacionado con lo deforme, monstruoso, degradado y horrible, posee a su vez un carácter positivo en tanto que está relacionado con la muerte concebida como embrión de vida. De allí se sigue que estas ancianas sean para él un ejemplo muy alusivo para explicar la estética grotesca: «es la muerte encinta, la muerte que concibe» (Bajtin 2005: 29).

Las pinturas de Jerónimo Bosch, de Francisco de Goya y de Pieter Brueghel, el Viejo, que se hallan en el Museo del Prado inspiraron a Wolfgang Kayser para escribir su clásico libro *Lo grotesco* (1964). Su propuesta sobre esta estética (que no tiene ese carácter positivo y regenerador al que alude Bajtin [2005]) es más útil para pensar en las imágenes del cuerpo grotesco que construye Arenas en *El mundo alucinante* (1965), ya que estas se asemejan a los cuerpos deformes, lujuriosos y ávidos de placer sexual que aparecen en los cuadros de El Bosco, sobre todo de los representados en el tríptico *El jardín de las delicias*, que data de 1500, principalmente al segundo cuadro, aquel que lleva el nombre del tríptico y cuyos personajes están en un jardín. Su imagen remite al jardín del rey de España en el viaje de fray Servando: los personajes librescos, como los del lienzo, mantienen relaciones sexuales en tríos, cuartetos y quintetos, por todos los orificios del cuerpo y en desbordantes orgías públicas (figura 8). Estos cuerpos deformes también aparecen en las pinturas de Pieter Brueghel, sobre todo en *La batalla entre el carnaval y la cuaresma* (1559), en el que el carnaval desata un frenético deseo de posesión de los cuerpos en plena vía pública (figura 9).

Para Kayser, «el mundo grotesco causó la impresión de ser la imagen del mundo vista por la locura» (1964: 224). Lo grotesco, sostiene Kayser, es una estructura; es el mundo distanciado. Podría decirse que el mundo del cuento de hadas, visto desde fuera, es extraño y exótico, pero no es un mundo distanciado. Para que así sea, deben revelarse de pronto como extrañas y siniestras las cosas que antes nos eran conocidas y familiares:

> [...] el mundo grotesco es nuestro mundo [...] y no lo es. El estremecimiento mezclado con la sonrisa tiene su base justamente en la experiencia de que nuestro mundo familiar —que aparentemente des-

Figura 8: *El jardín de las delicias* (1500) de El Bosco.

> cansa en un orden fijo— se está distanciando por la irrupción de poderes abismales y se desarticula renunciando a sus formas, mientras se va disolviendo sus ordenaciones. (Kayser 1964: 40)

Esta definición de lo grotesco se relaciona con lo siniestro u ominoso que propone Freud en un célebre ensayo de 1919, en el que señala que:

Figura 9: *La batalla entre el carnaval y la cuaresma* (1559) de Pieter Brughel.

> [...] lo ominoso es aquella variedad de lo terrorífico que se remonta a lo consabido de antiguo, a lo familiar desde hace largo tiempo [...] se produce cuando se borran los límites entre fantasía y realidad, cuando aparece frente a nosotros como real algo que habíamos tenido por fantástico. (Freud 1919: 220-224)

En Arenas, hay un mundo conocido representado por el texto original —las *Memorias* (1917)—, y ese mundo ha sido invadido por ratas que bailan, gargantas que comen gente, sacerdotes que se convierten en leones perseguidores, orines que caen del cielo, un brujo-intelectual que vive en una cueva llena de murciélagos y de excremento, calles invadidas por semen, mujeres que intentan dar a luz por la boca, cuerpos con escamas, hombres que van perdiendo las manos y paraguas que se transforman en grandes penes. Al tergiversar lo existente (me refiero al texto original) y volverlo diabólico, horroroso y delirante, Arenas vuelve a incidir en este entrampamiento que existe a pesar de las cárceles, por las que ingresa y escapa fray Servando: el entrampamiento textual.

En la novela, la pérdida de la libertad estará a su vez relacionada con un abuso físico sobre el cuerpo. El personaje será constantemente vejado, violado, desgarrado, abierto, inspeccionado en sus intimidades, devorado por las ratas, picado por los piojos y los cangrejos y obligado a tragar semen. Desde el inicio, cuando niño, Servando se escapa de El Corojal porque el maestro lo persigue con una vara de membrillo para introducírsela por la boca. Luego llega el padre, quien en lugar de protegerlo «trató de sacarme los ojos» (Arenas 2003 [1965]: 28): «llorando te corta la otra mano» (Arenas 2003 [1965]: 32). Este espacio familiar agresivo, que de alguna manera es análogo a las tres voces narrativas que confrontan acerca de cómo en verdad sucedieron los hechos sin que el lector llegue a saberlo realmente, es similar al espacio educativo violento donde el poder se ejerce en forma vertical y por una sola persona, y donde la represión consiste en dominar y castigar al sujeto a través del cuerpo.

Lo que ocurre en la ciudad ocurrirá en la cárcel. En la prisión de San Juan de Ulúa, por ejemplo, el fraile será devorado por los cangrejos —«sentí entonces, una mordida enorme que me trozaba los dedos, pues se trataba de un cangrejo» (Arenas 2003 [1965]: 73)— y en la prisión de Las Caldas, en España, tendrá una pelea a muerte con las ratas que quieren devorarlo: «empezó a destrozarme la mano, y yo estaba tan asustado que no me atrevía soltarla y empecé a dar carrera por la celda, con la rata cogida por la cola, que me destrozaba las pocas carnes que me quedaban» (Arenas 2003 [1965]: 93). Su llegada a Madrid ya parece que la lleva a cabo el fantasma de su persona: «yo había dejado parte de la carne de mis manos en las paredes, se pudo demostrar que nadie me había ayudado a escapar» (Arenas 2003 [1965]: 115). Este constante desmembramiento de su cuerpo relaciona a la ciudad con el espacio de una cámara de tortura, donde el sujeto es vigilado e invadido por seres extraños en los orificios de su propio cuerpo, como si este fuera un objeto inanimado y no el cuerpo de un ser humano. Este juego de exageraciones, con incidencia en el abuso corporal, es lo que distingue de manera abismal las *Memorias* (1917) de *El mundo alucinante* (1965). Comparemos un mismo episodio en ambos libros, aquel que narra el intento del fraile por cruzar España e ingresar a Bayona:

> Aunque todo mi equipaje se reducía a un saquillo de ropa, que derramaron los guardias por el suelo, y a ocho duros que llevaba registrados, pasaron también con una lezna el forro del breviario, por si llevaba allí algún oro. (Mier Noriega y Guerra 1988 [1917], II: 16)

En *El mundo alucinante* (1965) se reescribe el párrafo de esta manera:

> Aunque todo mi equipaje se reducía a un saquillo de ropa, que derramaron los guardias por el suelo, y a ocho duros que llevaba registrados, pasaron también con una lezna el forro del breviario, por si llevaba allí algún oro; luego me hicieron desnudar y levantar los brazos, y uno de los guardias me fue levantando todos los pelos de la cabeza y del cuerpo para ver si allí escondía yo alguna riqueza. Las uñas de los pies me fueron levantadas, y me hicieron abrir la boca en tal forma que temí que desprendiesen las quijadas, y me hicieron ver si debajo de la lengua ocultaba algún valor. Y como yo tenía aún una pierna un poco hinchada por tantas caminatas y huidas, los muy viles pensaron que era un truco para allí esconder algunas monedas, y uno de los guardias dio orden de que con un punzón me dieran varios pinchazos, para ver qué guardaba yo dentro de aquella hinchazón [...] Todo eso lo sufrí callado; pero cuando no pude dejar de protestar fue cuando me ordenaron que me acostara boca abajo, y uno del regimiento, con un alambre en forma de garabato, trató de introducírmelo por donde ya se supone, diciendo que había que registrarlo todo. (Arenas 2003 [1965]: 153)[30]

---

30. Carlos Castrillón (1997) reproduce varios párrafos de las *Memorias* (1917) e inmediatamente después muestra cómo Arenas se apropia de estos. He utilizado dos ejemplos, pero Castrillón consigna muchos otros.

Otra escena memorable que exhibe la carga sexual que existe en la obra de Arenas es el momento en que se narra el escape del fraile de su celda cuando esta se llena de ratas. En las *Memorias* (1917), fray Servando narra lo siguiente:

> Al cabo de tres días, aunque la sentencia del arzobispo no mandaba sino reclusión en el convento, se me puso preso en una celda, de donde se me sacaba para coro y refractario y me podían también sacar en procesión las ratas. Tantas eran y tan grandes, que me comieron el sombrero, y yo tenía que dormir armado de un palo para que no me comiesen. (Mier Noriega y Guerra 1988 [1917], I: 229)

En Arenas, este episodio es copiado literalmente pero incluye un acto homosexual:

> Ahora el fraile —se refiere al fraile experto en cazar ratas que ingresó a su celda— estaba junto al fraile. Había llegado al punto en que debían fundirse en uno solo. Estaban a oscuras porque el esperma de la vela ya hacía rato que se había derretido y evaporado. Tanto era el calor. El fraile se acercó más al fraile y los dos sintieron una llama que casi los iba traspasando. El fraile retiró la mano. Y el fraile también la retiró. De manera que ambas manos quedaron en el mismo lugar. «Horrible era el calor», dijeron las voces. Pero ya eran una. (2003 [1965]: 98)

Esta serie de parodias simbolizan la exageración en todo lo que está relacionado con la apropiación y perforación del cuerpo, y se traduce en un canibalismo textual y en un canibalismo carnal. La serie de apropiaciones y perforaciones corporales se relaciona con todo lo que he venido analizando hasta este momento: el estatismo de la historia y la negación de su progreso, que ocurre no solo a través de esa ausencia de centro a la que aludido en la primera parte de este ensayo, sino al hecho mismo de que Arenas reemplaza el fluir de la historia por el juego siempre reiterativo y en una misma escena homoerótica que, a su vez, tiene como base un texto previo.

Por otra parte, toda esta connotación sexual en la novela está relacionada con la persecución y el maltrato hacia los homosexuales en la Cuba de Fidel Castro. Emilio Bejel traza la genealogía política de la homofobia en Cuba: «The problematic image of the queer [...] was constructed amidst Cuba's struggle for independence from both Spanish colonialism and U.S neocolonialism» (2001: xvii). En un contexto en el que urge definir los límites de lo nacional, como la Revolución cubana, los homosexuales son excluidos del imaginario colectivo de *lo cubano*. Esta discriminación se vuelve institucional con la Revolución.[31] Los paralelos en torno al uso y abuso del cuerpo en la ciudad textual colonial y la ciudad real cubana son abundantes. Son, justamente, el excesivo control y la negación de aceptar la otredad, aquello que Arenas destaca como los excesos de la Santa Inquisición en México: la quema del cuerpo, las torturas, el espectáculo público y el goce de todos por ver morir a aquel que es juzgado, con lo que todos forman parte, directa o indirectamente, del sistema. En un pasaje, en el que las hogueras flamean noche y día en la terminación de toda la calle, Servando ve cómo queman a una mujer: «Y me dijo que se trataba de una dama muy respetable que había ido a parar al horno por amor propio, pues no quiso sacarse un diente, como habían hecho todas las demás damas para igualar a la virreina» (Arenas 2003 [1965]: 46).

---

31. En 1965 se crean los campos de trabajo forzado para «rehabilitar» a los homosexuales: las Unidades Militares de Ayuda a la Producción (UMAP). Estas pretenden corregir la desviación del homosexual en las brigadas rurales de agricultura y construcción. Todas las personas que se constituyeran en amenazas para la estabilidad del discurso nacional y la consolidación del *hombre nuevo* que proponía la Revolución terminaban excluidas. Arenas sufrió en carne propia el afán virilizador del Estado cubano y fue enviado a una. Su novela *Arturo, la estrella más brillante* (1984) narra la pesadilla que significaba estar confinado en un campo de trabajo forzado, pero su propia pesadilla no terminó allí. Sus obras, a excepción de *Celestino antes del alba* (1967), no se publican en Cuba, y el régimen le anula la posibilidad de conseguir trabajo. Por eso, en el documental *Improper Conduct* (1994), Arenas sostiene que, en el momento en que saca clandestinamente de Cuba el manuscrito de *El mundo alucinante* (1965), se convirtió en un muerto en vida dentro de la isla, en un fantasma, en un doble de sí mismo.

Arenas utiliza el género de la picaresca para hablar del México del siglo XIX y de la Cuba castrista al mismo tiempo. ¿Qué tiene la picaresca como género literario que le sea útil? ¿Por qué traer ese género a 1965 para hablar de la independencia de México y la Revolución cubana? Considero que la respuesta está en el trato hacia el cuerpo que aparece tanto en el *Lazarillo de Tormes* (1554) y *El buscón* (1626), de Francisco Quevedo, dos textos representativos del género. En ambos, se intenta educar a los protagonistas de acuerdo con ciertos usos corporales y a través de la violencia.

En la picaresca, cada desplazamiento en la ciudad es un encuentro con un nuevo amo y es, simultáneamente, la pérdida irreparable de una parte de su integridad física. Lázaro se va desestructurando a lo largo del relato: pierde los dientes, vomita las tripas al comer la longaniza, se le desencaja la mandíbula. La violencia como forma de aprendizaje marca la vida del protagonista hasta un punto tal que su fe en la unicidad no alcanza siquiera para ocultar la paulatina disolución de su cuerpo. De esta manera, él puede ser puesto en diálogo con los postulados de Norbert Elías (1982), quien realiza un detenido estudio sobre cómo el proceso de civilización se relaciona directamente con el control del cuerpo. El concepto de *civilité*, del cual proviene la palabra *civilización*, sostiene Elías, se vuelve popular en toda Europa con la difusión del libro de Erasmo de Rotterdam, *De civilitate forum puerilium*, publicado en 1530. El libro de Erasmo «is about something very simple: the behavior of people in society—above all, but not solely, "outward bodily propriety"» (Elías 1982: 44). La buena conducta está determinada por distintas reglas de comportamiento que sirven para regular el cuerpo. Estas no son novedosas, explica Elías (1982), porque existían en la Corte (la cuna de la llamada civilización) y regulaban las normas de cortesía en los círculos cortesanos en la Edad Media. Es recién hacia 1530 que estas leyes de conducta se extienden y marcan los límites de lo correcto y lo incorrecto en otros estratos sociales. El proceso de civilización que empieza con la instauración del Estado absoluto y con la emergencia de la burguesía como clase social es un proceso paulatino por el cual el cuerpo es controlado externamente (con leyes y pautas de conducta) hasta que él mismo aprenda a autocensurarse. La sociedad crea mecanismos de control y el ser humano los interioriza y asimila. El *Lazarillo de Tormes* (1554) dramatiza este proceso de civilización y de control del cuerpo. Lo cuestiona y muestra sus contradicciones. Cada amo maltrata el cuerpo de Lázaro, destruyéndolo. En *El buscón* (1626), Quevedo se explaya sobre este tema, pero da un paso más: Quevedo parodia esa reconstrucción fingida de Lázaro y de la picaresca como género. Por eso, en lugar de «recomponerse» al final, Pablos siempre es disfraz, uno que recorre en tono paródico todos los géneros literarios a lo largo de sus aventuras.

La novela de Arenas hace lo mismo que en las dos obras mencionadas. Fray Servando ocupa el lugar del pícaro pero, en vez de tener un amo que lo «eduque», atraviesa por varias cárceles de las que entra y sale. En cada una se incide en el maltrato del cuerpo. Fray Servando, en la ficción de Arenas, y no en las *Memorias* (1917), se articula y desarticula todo el tiempo. Es lastimado corporalmente muchas veces, comido y vomitado. Al igual que en El Lazarillo, hay una insistencia en la educación por el cuerpo y la violencia. Con ello, Arenas está retrotrayéndose a esta idea del castigo corporal, de las buenas costumbres, que marcan la civilización moderna y que de alguna manera empiezan en 1500, en el período colonial. En suma, es esta manipulación corporal, que comienza en el siglo XVI, la que le sirve a Arenas para cuestionar la idea de progreso moderno y del avance lineal de la historia. Estos castigos corporales tienen en Arenas la connotación particular de virilizar al hombre. Ello explica que uno de los pasajes más exuberantes de la novela sea la descripción detallada de las ocho cadenas por las que se vio amarrado el fraile en la prisión de Los Toribios (de cada ceja, de cada pestaña, de cada uña, de cada folículo capilar, había sido amarrado), pero en la que el nudo gordiano de tal armazón eran sus testículos. Si pensamos en las UMAP como centros de regeneración para obtener «una conducta propia», es claro que Arenas muestra cómo la isla es un gran panóptico donde se vigila y castiga al que se desvía de las pautas aceptadas. Lo interesante es que lo que finalmente existe en la novela es el desborde, el exceso. Distintos pasajes terminan en orgías como las que ve fray Servando en las Tierras del Amor: «mujeres y más mujeres revolcándose en la arena y prodigándose caricias inenarrables hasta llegar al paroxismo, y quedar desfallecidas» (Arenas 2003 [1965]: 128); «no había pues allí más que hombres desnudos siempre acariciándose y poseyéndose unos a otros u otros a unos» (Arenas 2003 [1965]: 130). Incluso, una escena como esta se repite en el altar de una iglesia: «el cura coge aquella parte tan desarrollada, y con las dos manos la empieza a introducir trabajosamente en la boca de cada dama arrodillada (a manera de hostia) que, en una actitud de adoración e idolatría besaba, engullendo gozosamente toda su proporción que el padre retiraba al instante para satisfacer otras solicitudes» (Arenas 2003 [1965]: 113). Estas imágenes, grotescas y excesivas, muestran que a más privaciones, más excesos.[32]

Eduardo González (1975) estudia cómo el cuerpo del histórico Servando Teresa de Mier fue momificado y cómo su momia, cuyo paradero actual se desconoce, fue expuesta en varias exhibiciones callejeras, junto con otros cuatro cuerpos momificados, en museos itinerantes europeos. El fraile, pese a luchar contra el sistema, pese a

---

32. El exceso sexual como respuesta a las constantes prohibiciones que hay en la isla es un tema recurrente en *Antes que anochezca* (1992), autobiografía de Reinaldo Arenas llevada al cine por Julián Schnabel en el año 2000. En distintas secciones del diario, Arenas narra sus encuentros sexuales con desesperación: hay una necesidad constante de poseer y penetrar distintos cuerpos. Los actos sexuales se realizan en los baños públicos, en la heladería Copelia, en la playa, en el ómnibus, en las profundidades del mar. Lo que prevalece es el exceso, la desesperación por violar las normas establecidas como única posibilidad de liberación. La autobiografía es una cadena de excesos: lo que vale es tener relaciones sexuales con quien sea y donde sea, y todos comparten una doble moral producto del régimen de censura que viven. El acto erótico con un adolescente de trece años en la playa le cuesta, al autor, la prisión. Similares desbordes con el cuerpo, como único lugar de desfogue por la opresión política, aparecen en *La trilogía sucia de La Habana* (1998) del cubano Pedro Juan Gutiérrez. En dicha novela, el control legal, alimenticio, y laboral, durante el «período especial» en Cuba, tiene como único desahogo el sexo orgiástico y la unión de los cuerpos por cualquiera de sus orificios.

intentar cuestionar la forma en que la violencia es el eje que rige todo los discursos de poder, termina con el cuerpo momificado, cual mamey mexicano, como objeto exótico que hay que estudiar. Además, su cartel identificador lo reduce a cualquiera de las cuatro momias que lo acompañaron por la muestra itinerante de exquisiteces americanas. Decía el cartel: «momia natural de una persona que sufrió el tormento de fuego, puestos los pies en un brasero, o la momia que sufrió el tormento del agua, o la que sufrió el martirio de la rueda, o la que tiene los nervios de la cara torcidos por la pena de la angustia» (González 1975: 593). Sucede que daba igual: cualquiera era y podía ser la momia de ese hombre que había recorrido a pie toda Europa. A nadie le importaba. Lo curioso es que el fray Servando de Arenas, en las últimas escenas de la novela, ve ese mamey mexicano enjaulado como fruto exótico americano y le entristece cómo es puesto en exhibición en una plaza de Florencia: «en el jardín botánico de Italia, se encuentra con el objeto de su absoluto desconsuelo: un agave mexicano (o planta de maguey), enjaulado en un pequeño cubículo, con una suerte de cartel identificador» (Arenas 2003 [1965]: 17).

El fray Servando de Arenas no solo queda entrampado en su lucha contra la ideología dominante, sino que reproduce esa estructura de poder que él mismo cuestionó con su vida y su obra. Su trampa es aún peor que la del fraile histórico: el fray Servando de Arenas termina, minutos antes de regresar al corojal de la casa materna, en una prisión como la del mamey, pero el cartel identificador de esa exótica fruta no está afuera de él: es él. Su cuerpo, como la ideología que él quiere erradicar sin éxito, forma parte de esa trampa inmóvil. Todos terminan penetrando y poseyendo a fray Servando, desgajándolo y violándolo. El fraile de la ficción es avatar de todos y de nadie: se convierte, como la ideología hegemónica, en una gran máscara cuyo contenido es manipulado por los demás.

3

Sueños de rebelión desde la isla: *Cielos de la Tierra* y *Duerme* de Carmen Boullosa

La obra *Cielos de la Tierra* (1997) es la tercera novela histórica ambientada en el México colonial de la prolífica escritora mexicana Carmen Boullosa. En ella, la autora trabaja de manera más detallada temas que ya había tratado en libros anteriores como *Llanto: novelas imposibles* (1992) y *Duerme* (1994).[1] *Cielos de la Tierra* es su novela

1. La narrativa histórica de Carmen Boullosa consta hasta el momento de cinco libros. Además de las tres novelas ambientadas en el México colonial, ha escrito dos *nouvelles* sobre la vida de los piratas en el Caribe en el siglo XVI: *Son vacas, somos puercos* (1991) y *El médico de los piratas* (1992) —esta última, es, a su vez, una reescritura de *Son vacas, somos puercos*—. En ambas se narra la vida del esclavo holandés Smeeks o Esquemelín —a partir de las memorias del cirujano Alexander Olivier Esquemelín—, quien se convierte en un cruel pirata e integrante de la gran cofradía de los Hermanos de la Costa, una hermandad ubicada en la isla de La Tortuga, donde ningún colonizador, ni ninguna mujer, tienen cabida porque allí viven los hombres libres: los filibusteros del mar Caribe. En estas dos *nouvelles*, la autora describe una sociedad utópica, encerrada en sí misma, que es, al mismo tiempo, absolutamente cruel con el que no forme parte de ella. El tema del fracaso de las utopías (pero de la ilusión de que vuelvan a aparecer) es central en su obra. Otros temas recurrentes son la reflexión sobre la escritura oficial de la historia —tema que Boullosa lleva a cabo a través de la reescritura: sus novelas suelen reescribir textos previos o, incluso, reelaborar sus propios libros—, la problemática entre sexo y género, el rol de la mujer en México y el papel de la memoria para la supervivencia de la especie humana.

histórica más ambiciosa. En ella intenta abarcar distintos períodos de la historia de México a través de una estructura literaria compleja: tres narradores escriben sus crónicas en tres distintas épocas. El compilador, Nepomuceno Rodríguez Álvarez, las publica en forma de texto y, en la «Nota del autor» que precede a la novela, aclara que son «tres distintos relatos» (Boullosa 1997: 13), aunque precisa que, en realidad, son dos sobrepuestos, con lo que relega el papel de la mujer, Estela, a un rol secundario: «el relato de Estela la condenó a un papel lateral, el de traductora al español del texto del indio que en Tlatelolco, en el siglo XVI, redactara en latín sus memorias» (Boullosa 1997: 13). Nepomuceno Rodríguez Álvarez sostiene que el número dos es un símbolo de separación, y culpa a Estela de ello, pues «si ella hubiera sabido representarse en las siguientes páginas, el libro, sin dejar de ser tres novelas, hubiera sido una» (Boullosa 1997: 13). El compilador señala la poca importancia de la mujer en la historia, pero augura que, en un futuro cercano, cuando estos tres personajes que componen las distintas crónicas del libro dialoguen entre sí, ella organizará una rebelión y así el texto se volverá un todo integrado: «el diálogo le permitirá revelarse, pero es un diálogo que se da en otro lugar, en uno que no existe en estas páginas» (Boullosa 1997: 13).

Es cierto que la crónica de Estela es la que menos presencia tiene en *Cielos de la Tierra* (1997), pero es una pieza clave. Representa el presente y es la bisagra que une el pasado con el futuro, la que transcribe y recupera el manuscrito de Hernando de Rivas del siglo XVI y, por lo tanto, permite la interpretación del texto y su desciframiento en los distintos tiempos de la historia. Es, entonces, el puente necesario para la unión de sus partes y la conexión histórica entre uno y otro tiempo. La mujer —tanto en *Duerme* (1994) como en *Cielos de la Tierra*— promete una rebelión que aún está latente en la historia de México y que, de llevarse a cabo, permitirá una integración nacional: una sociedad más justa que hasta el momento ha sido siempre un intento fallido.

Alejandro Morales observó que la búsqueda utópica en México ha ocurrido un sinnúmero de veces, siempre liderada por una voz masculina, que ha llevado a la visión de un eterno apocalipsis mexicano: «es el sueño de nunca acabar, siempre frustrado y destruido por sus creadores masculinos, ya sea Moctezuma, Cortés, Santa Ana, Porfirio Díaz, o Gustavo Díaz Ordaz. La utopía mexicana es constantemente visualizada pero nunca se logra por completo» (1999: 194). De acuerdo con Jean Franco (1989), la mujer en México no forma parte de aquello que se considera «lo nacional»: lo femenino ha sido construido como un símbolo de traición y perversidad, que ha tomado como modelo a La Malinche. La reforma liberal del siglo XIX construyó un discurso nacionalista del que se apropió luego la Revolución mexicana y que se encargó de construir la figura histórica de Marina, Malintzin o Malinche, como la «barragana de Cortés» y la traidora de su pueblo indígena. En estas construcciones fabricadas sobre ella, Malinche simboliza la traición y el engaño, la que se vende a los extranjeros españoles.

En la obra de Boullosa, la Malinche es un constructo deliberado del orden patriarcal. En *Duerme* (1994), se dramatiza las limitaciones de acción que tuvo Marina durante la Conquista si se considera su situación de esclava y de mujer regalada al conquistador Hernán Cortés. En *Cielos de la Tierra* (1997), se resalta la faceta de la mujer como traductora y mediadora, y se cuestiona, al mismo tiempo, el concepto de traición: Estela y Lear, las dos protagonistas de la novela, si bien traicionan las leyes de sus instituciones, lo hacen para conseguir una sociedad justa. Boullosa ubica en ambos textos a la mujer en un espacio insular. En *Duerme* (1994), es el espacio fuera del valle de México donde Claire termina dormida, y en *Cielos de la Tierra*, es la isla L'Atlántide desde donde la rebelde Lear, desde un futuro posthistórico, persiste en combatir el régimen del olvido que se ha impuesto a sus habitantes.

La isla es una condición geográfica que alude a una condición existencial. Como explicó John Gillis, la isla es un lugar fronterizo, liminal, de pertenencia y de exclusión simultáneas: «The islands were liminal places, neither entirely of the land nor of the sea, which would have endowed them with unusual power in the minds of those who lived at the interface between land and ocean» (2004: 28). Este espacio periférico, desde donde actúan y sueñan las protagonistas femeninas, expone el lugar excluido que ocupa la mujer en México: un territorio que está entre el adentro y el afuera de la nación, y que representa una posibilidad de cambio futuro.[2] La escritora rescata, sin embargo, que ella, a pesar del lugar marginal que tiene la mujer en la sociedad, se encuentra en posición de rebelarse, debido en gran medida a su papel de intermediaria. Estela, y posteriormente Lear, en *Cielos de la Tierra* (1997), al igual que Claire, la protagonista de *Duerme* (1994), son traductoras y mediadoras entre dos culturas en tiempos distintos. De esta manera, Boullosa resalta el rol de traductora de la Malinche

---

2. La isla de La Tortuga es un lugar recurrente en sus ficciones. Representa el territorio de plena libertad para los piratas y filibusteros en *Son vacas, somos puercos* (1991) y *El médico de los piratas* (1992), y es el lugar de donde procede Claire, la protagonista de *Duerme* (1994). Considero que la isla es una metáfora de la condición femenina desde la perspectiva de Boullosa: La Tortuga está en un lugar marginal pero, al mismo tiempo, crucial para producir el cambio en el orden mundial entre España y sus colonias. De acuerdo con el historiador Arturo Peña (1977), este espacio era prácticamente imperceptible (por su tamaño y ubicación) y formó parte de las mal llamadas «islas inútiles». Sin embargo, fue un bastión de resistencia para la invasión española en América y se convirtió en un bloqueo directo contra España y en un lugar de conexión entre uno y otro mundo: «en las encrucijadas del Archipiélago encontraron acomodo las fuerzas de la piratería y desde allí, como puntos de referencia entre América y Europa, se encauzó el bloqueo contra España. La combinación de la guerra continental con las operaciones marítimas en el Atlántico determinó, desde luego, la quiebra de España» (Peña 1977: 96). La isla de La Tortuga fue un territorio que permitió la expansión de los países del norte gracias a la apropiación de las vías marítimas de comunicación. Jean Franco estudia la función de la isla como lugar de resistencia y de creación del individualismo extremo como un nuevo orden social: «El pirata y el bucanero eran instrumentos de expansión de los países del norte y del capitalismo naciente por vivir en las márgenes de la civilización» (2004: 26). En Boullosa, la isla es marginal y periférica, y es el lugar que en el futuro abrirá la posibilidad de un nuevo orden social porque desde allí se sueña la rebelión cuyo objetivo es el cambio de la historia.

en lugar de su traición (o circunscribe su traición a las circunstancias que le tocó vivir).[3]

La novela de Boullosa es antihistórica porque los tres tiempos que se presentan en la novela —el siglo XVI, el período de consolidación del Partido Revolucionario Institucional (PRI) y un hipotético futuro después de la historia que guarda ciertas coincidencias con el fin del siglo XX— parecen ser el mismo. Al retrotraerse al México colonial y construir la historia sobre un mismo espacio geográfico —la antigua ciudad azteca en el momento en que se inicia la construcción de lo occidental sobre sus muros indígenas—, la autora muestra cómo la ciudad se cubre de asfalto con una aparente modernidad occidental y con un discurso superficial de integración nacional. Sin embargo, en sus cimientos continúan latiendo lo azteca y las rígidas jerarquías sociales impuestas por los conquistadores. Los cambios en la urbe se cubren superficialmente, y las experiencias históricas de México se tornan circulares.

La importancia de la herencia en la historia

Hernando de Rivas es el primer narrador de *Cielos de la Tierra* (1997), uno de los alumnos indígenas del Colegio Imperial de Santa Cruz de Tlatelolco. El personaje histórico fue monje y uno de los informantes del fraile franciscano fray Bernardino de Sahagún. Participó activamente como traductor o transcriptor de *El códice florentino*, libro en náhuatl que forma parte de la monumental *Historia general de la Nueva España* (1540-1585) que Sahagún escribió en español, latín y

3. Erna Pfeiffer conecta acertadamente a Estela (y a la propia Boullosa) con una figura reivindicativa de la Malinche: «Estela podría ser trasunto de Carmen Boullosa, que trata de mantenerse en segundo plano y servir de médium para resucitar la historia perdida del Colegio de Santa Cruz de Tlatelolco; por otro lado, se le atribuyen características de una Malinche moderna, con la diferencia de que sirve de intermediaria no solamente entre dos culturas, entre dos idiomas, sino también entre dos tiempos diferentes» (2004: 114).

náhuatl, gracias a la ayuda de sus alumnos.[4] El personaje Hernando de Rivas, de Boullosa, escribe sus memorias en el siglo XVI sobre sus experiencias y vivencias en los claustros. En el caso de Hernando, narra, desde su perspectiva, el período posterior a la Conquista, concretamente los momentos previos a la fundación y el funcionamiento del Colegio Imperial de Santa Cruz de Tlatelolco (de 1536 a 1571). Cuenta cómo fue encerrado en contra de su voluntad para formar parte de este proyecto utópico organizado por fray Juan de Zumárraga, obispo de México en 1527, para aculturar a los hijos de caciques principales a fin de formar un clero indígena que fuera capaz de transmitir la religión católica a otros indios. Su triste historia da testimonio de aquello que se omite en este proyecto político social y educativo, y que se mostraba hacia el exterior como una máscara de igualdad: a los indígenas se les prohibía transitar ciertos espacios en el colegio, eran llevados a la fuerza y recibían un trato despectivo y desigual por parte de los demás estudiantes, muchos de los cuales eran españoles blancos, a quienes los dirigentes consideraban que estaban mejor preparados para el sacerdocio.[5] Su manuscrito es recuperado por el personaje

---

4. El personaje histórico de Hernando de Rivas también asistió como traductor y transcriptor en las obras de los frailes Juan de Gaona y Alonso de Molina. Con éste último trabajó en *Arte y vocabulario de México*. Holanda Castro incide en la función de intérprete que tuvo Hernando: «los intérpretes se interpretan constantemente [sic], pues, a saber, Hernando de Rivas, protagonista de la novela de la Colonia, fue un personaje histórico y académico y se destacó como traductor y transcriptor en la preparación del famosísimo *Códice Florentino*. Hernando es traductor e intérprete del *encontronazo* cultural dado en el siglo XVI entre dos culturas» (2002: 168-169).

5. Michael Mathes sostiene que los franciscanos comenzaron a temer el hecho de darle tanto poder a los indígenas: «El proceso por idolatría al ex-colegial y cacique indígena Carlos de Texcoco (su verdadero nombre era don Carlos Ometochtzin Chichimecatecatl) cuya ejecución levantó dudas sobre la prudencia de aportarles educación superior y un mayor nivel educativo a los indígenas, fue producto de este temor. Juan de Gaona decía que los indios no estaban preparados para el sacerdocio, hasta el propio Juan de Zumárraga, en una carta que envió a la Corona de fecha 17 de abril de 1540, decía que los alumnos estaban más inclinados al matrimonio que al celibato, desilusión que causó la transferencia

de Estela Díaz en *Cielos de la Tierra*, antropóloga y paleógrafa que trabaja para el Instituto de Antropología en México durante la década de 1990. Estela agrega al manuscrito su historia, que se centra en la actividad de las mujeres en su familia. Esta saga familiar es narrada en paralelo con la permanencia en el poder del PRI. De esta manera, Estela muestra el rechazo del discurso hegemónico y patriarcal hacia lo indígena y hacia la mujer como parte de «lo nacional». Esta discriminación es encubierta en un falso discurso de modernización, apertura e integración, que viene desde las altas esferas del poder. Estela traduce del latín al español el manuscrito de Hernando y reescribe sobre él ciertos hechos históricos y personales relacionados con su vida y la política mexicana de su época. Finalmente, la novela presenta a un tercer narrador, un personaje femenino que cada vez va dejando su feminidad —su corporeidad va desintegrándose junto con su nombre: ella es Lear-Cordelia o número 24— para terminar convertida en un andrógino. Por su lado, Lear es una sobreviviente del tiempo histórico.[6] Ella trabaja para la Central de Estudios en la isla de L'Atlantide y

---

de la renta de dos casas del colegio al Hospital de Dios» (1982: 24). Hernando de Rivas entrará al Colegio suplantando a Carlos de Texcoco y su vida será en todo sentido una máscara. El proyecto utópico franciscano será cuestionado por Boullosa desde el principio como una red de máscaras y suplantaciones, que continuarán en el México del presente y futuro.

6. Varios de los artículos sobre la narrativa de Boullosa que cito en este capítulo han sido publicados en el libro *Acercamiento a Carmen Boullosa*, editado en Berlín como parte del simposio «Conjugarse en infinitivo». En «Recordar a pesar del olvido» (2004), publicado en dicho libro, Demetrio Anzaldo-González nota la importancia del nombre de Lear en el personaje posthistórico, un nombre que remite a la tragedia del Rey Lear de William Shakespeare: «al igual que en *Cielos de la Tierra*, hay ahí un conflicto generacional dentro de la comunidad. Es la historia de una época mala, en la que el amor y la bondad eran barridos por los poderes de las instituciones. [...] Al final lo mismo que aquí el "regreso" del rey Lear y la supuesta resucitación de Cordelia son signos que inician que, pese a la tragedia humana, habrá siempre una esperanza en el porvenir» (Anzaldo-González 2004: 218). La intertextualidad que encuentra Anzaldo-González es importante, pero también hay que recalcar el hecho de que Lear (nombre del rey en la tragedia de Shakeaspeare) en la ficción de Boullosa adopta el nombre

consiguió en El Colegio de México el manuscrito de Hernando (que ya contiene las inscripciones de Estela). Su voz proviene de un momento posthistórico, fuera del espacio y del tiempo: L'Atlántide es un mundo utópico, suspendido en la atmósfera de la tierra, un mundo de «muros de aire» y de «materia de aire» (Boullosa 1997: 230). Lear escribe «en un año luminoso sin nombre o número, más de cien años después de la vida natural terrestre. Quien sabe cuántos años más, si hace 213 exactos, nos prohibimos contarlos» (Boullosa 1997: 32). Ella es una de los 39 sobrevivientes de la historia después de la gran explosión e inicia, en una dimensión apocalíptica que podría considerarse en el rubro de la ciencia ficción, su propia trascripción del documento, es decir, una reescritura del manuscrito de Hernando. De esta manera, el manuscrito se convierte en un palimpsesto sobre el cual se van sobreponiendo ideas, denuncias, sensaciones y una exhaustiva crítica social.[7]

---

de Cordelia. Por lo tanto, esta dualidad Lear/Cordelia dramatiza las categorías entre sexo y género. Cordelia, asimismo, es la hija maltratada del rey Lear, y como en el drama de Shakespeare, queda la esperanza de que ella sea la memoria y que no muera como su padre.

7. Gloria Prado (2004) alude al libro entero como un palimpsesto: «los textos se convierten en palimpsestos inagotables. Una tras otra se van sobreponiendo las capas, los sentimientos, las técnicas descriptivas y las narrativas, los sentidos, los sinsentidos, las denuncias, los motivos de indignación y júbilo, de censura y alabanza» (2004: 204). Es interesante que Sandra Messinger también considere la figura de la Malinche como un palimpsesto sobre el cual la estructura de poder dota de significación según su conveniencia: «Thus the sign "la Malinche" functions as a continually enlarging palimpsest of Mexican cultural identity whose layers of meaning have accrued through the years. With each generation the sign "la Malinche" has added diverse interpretations of her identity, role and significance for individuals and for Mexico» (1991: 5). Si *Duerme* (1994) es la novela que deconstruye la figura mítica de la Malinche hecha por y para salvaguardar el nacionalismo mexicano, *Cielos de la Tierra* (1997), como vengo sosteniendo, muestra cómo hay que saber leer entre esos espacios en blanco. Las dos novelas harían alusión a la idea del palimpsesto y a la importancia de la lectura para poder descifrar estas capas superpuestas sobre las que se escriben.

Estas tres crónicas —donde prevalece la voz de Hernando y Lear— están estructuradas tomando como modelo *La visión de los vencidos* (1959) de Miguel León-Portilla, texto que permite entender el otro lado de la historia de la conquista de México, es decir, la otra versión de los hechos, porque es la historia narrada desde el punto de vista de los conquistados. En el caso de *Cielos de la Tierra* (1997), esa visión está escrita a través de tres otras voces que narran el intento fallido de tres proyectos utópicos de integración nacional: el proyecto educativo de los franciscanos; el proyecto modernizador del PRI, sobre todo durante el sexenio de Miguel Alemán (1946-1952); y la utopía del 68, que terminó en masacre estudiantil.

En *Defender la sociedad* (1976 [2000]), Michel Foucault definió la contrahistoria como el discurso producido por los grupos subyugados o marginados. Esta es la historia silenciada, olvidada o borrada pero que reside en la memoria colectiva. El texto de Boullosa utiliza la forma de la crónica para darle voz a esas historias marginales que no forman parte ni de la historia oficial ni de la idea de lo nacional que prevalece en México: en *Cielos de la Tierra* (1997), el indio y la mujer hablan y nos narran su versión de los hechos. En *Duerme* (1994), Boullosa coloca en primer plano la representación del mito de la Malinche para mostrar cómo el personaje central (que adopta nombre y género según el disfraz que lleve puesto, porque él/ella es Claire-Clara, Monsieur Flercy y el conde Urquiza) es producto de una narración hecha por otros, cuya participación en la historia está encubierta por distintos marcos narrativos que permiten ver su accionar como una *performance* teatral. Hayden White sostuvo que la narración pone en forma la historia «lo históricamente real, el pasado real, es aquello a lo que sólo se puede aludir por medio de artefactos de naturaleza textual» (2005: 72)—, por lo que resulta necesario prestarle atención a la crónica, género seleccionado por los tres personajes en *Cielos de la Tierra*.

No es casual la selección de este género: ninguna de las crónicas —como señala su propia definición genérica— proporciona un cierre, porque en *Cielos de la Tierra* (1997) está implícito que se necesita un receptor o un lector que descifre e interprete la historia y que llene esos vacíos o fisuras que van de un manuscrito al otro a fin de darle continuidad a un discurso que es de por sí incompleto. La clave de lo histórico en la novela es precisamente la lectura, la necesidad imperiosa de que exista ese desciframiento, porque, de lo contrario, ingresaremos en el mundo apocalíptico de Lear. La idea central de Boullosa en *Cielos de la Tierra* es la de conectar, a través de un mismo espacio cultural, social y físico, que es México-Tenochtitlán, momentos históricos distintos en tres épocas diferentes (desde las históricas hasta las posthistóricas) a través de la práctica de la lectura y el desciframiento de un texto. *Cielos de la Tierra* es la yuxtaposición de esas tres voces en un solo manuscrito y es también el espacio utópico que Lear espera reconstruir en un futuro:[8]

> Ganaremos un espacio común en el que nos miraremos a los ojos y formaremos una nueva comunidad. La nuestra se llamará *Los cielos de la tierra*. L'Atlantide pertenecerá al pasado, como la vieja Tenochtitlán, como el México de Hernando y el país de Estela. Los tres nos dedicaremos a recordar. Fundaremos así el principio de los tiempos. (Boullosa 1997: 369)

Para Boullosa lo histórico está relacionado con la continuidad de la lectura y la escritura. De ahí se sigue que el espacio utópico, nueva isla o Nueva Atlántida, lleve el nombre del libro recopilado por Nepomuceno Rodríguez Álvarez, el de *Cielos de la Tierra* (1997). En la

---

8. Más adelante, en este capítulo, estudiaré la conexión entre la obra de Boullosa y la estética posmoderna. El libro *Cielos de la Tierra* (1997) ocupa el espacio que Jameson (1991) llama «nuevo hiperespacio» porque el manuscrito hace las veces del lugar utópico. Para Jameson el nuevo hiperespacio está construido por edificios inmensos llenos de corredores, lagunas y pasillos laberínticos, y se caracteriza por empacar el vacío. El hiperespacio aspira a ser una totalidad en sí misma, un mundo completo, un simulacro de la realidad. Desde su perspectiva, la nueva arquitectura no pretende ser una parte de la ciudad sino su equivalente: ser la ciudad. En *Cielos de la Tierra*, el manuscrito aspira a ser el espacio de la utopía.

novela, lo histórico necesita de un lector que le dé forma de narración. Los tres personajes (Hernando, Estela y Lear) son distintas caras del mismo: seres marginales pero críticos del sistema que los rodea, y que no han formado parte de la escritura de la historia. Hernando escribe, en privado, la intrahistoria del colegio, cuando nadie lo escucha ni ve. En su soledad relata en latín para que el texto sobreviva con el paso del tiempo. Oculta su diario personal con los secretos de los franciscanos y de su vida a los otros internos, y finalmente esconde para siempre el manuscrito debajo de una silla antigua. Estela y Lear encontrarán el manuscrito debajo de sillas también, simples detalles que muestran la conexión directa entre los protagonistas. Estela escribe en privado sus desilusiones sobre la falsa política integradora del PRI. Condena la Revolución mexicana, sobre todo su superficial proceso de modernización. En su visión, este fue un discurso vacío, ya que ni las mujeres ni los indígenas fueron tomados verdaderamente en cuenta en el proceso:

> En lugar de los zapatos de tacón —dice Estela— lo más *chic* eran los huaraches de suela de plástico (casi tan incómodos como los tacones de aguja, por cierto), y en lugar de la blusa de seda nos atrevíamos a las brillantes de tafeta de las mazahuas. Pero el «asunto indio» no era una verdadera preocupación. (Boullosa 1997: 198)

Lear desobedece las leyes de la Central de Estudios y, en lugar de aceptar el olvido como todos los habitantes de la isla, decide resistir escribiendo la intrahistoria de lo que sucede allí: la degeneración de todos los seres hasta convertirse casi en animales. Denuncia lo absurdo de los nuevos decretos promovidos por la Central, entre los que se incluye uno referido a la reforma del lenguaje. El objetivo es abolirlo y obligar a sus habitantes a perder la memoria: «ahora a la comunidad solo le interesa el olvido y la imposición de un código de comunicación que anule el uso del lenguaje. Un día se comprenderá que recordar es sobrevivir. Entonces mis "informes" etéreos se convertirán en libros» (Boullosa 1997: 20).

Los tres personajes están conectados por su capacidad de resistir frente a las instituciones estatales para las cuales trabajan: el Colegio de Santa Cruz de Tlatelolco (en el siglo XVI), el Instituto de Antropología (en el siglo XX) y la Central de Estudios (en un México futuro). Esta última es una institución social y política en la isla que funciona como la máquina de fabricación de imágenes en la novela *La invención de Morel* (1940) de Bioy Casares (o un paso adelante en la sofisticada sociedad del espectáculo de Guy Débord [1995]). La Central de Estudios transmite imágenes a sus habitantes, en las que le construye una vida que no tuvieron y un pasado perfecto a través de un montaje visual. Estas instituciones controlan, en distintos siglos, la política oficial mexicana, en la que la memoria y la cultura de los grupos minoritarios se silencia u omite. Dice Hernando que «había que contar cuántas palabras se decían durante el día» (Boullosa 1997: 189) y había que ocultar los escritos por temor al castigo: «puedo enumerar más de un ejemplo de cómo encalabrian en estas tierras las palabras de lo escrito» (Boullosa 1997: 70). Estela, en este bombardeo de imágenes del Estado, proyecta a la mujer como una ciudadana de segunda categoría y sostiene: «yo callo. No soy escritora, y no gané con mi generación el lugar para hablar. Sigo con mi traducción de Hernando, y a lo que más me atrevo es a reparar lo que era ilegible en el original» (Boullosa 1997: 205). Finalmente, Lear hará lo imposible por preservar los libros en L'Atlantide porque reconoce, en ellos, la única fuente de la memoria: «porque desde el momento en que los libros fueron escritos, empezaron a parlotear con el pasado y con el futuro» (Boullosa 1997: 21).

Los personajes están unidos por esta resistencia —o traición, en un sentido constructivo— frente a las instituciones de poder a través de la práctica de la lectura, el desciframiento de un texto y el interés por recuperar y mantener viva la historia de su propia comunidad en México.[9] Cada quien es un disidente que se apropia del manuscrito

9. En una nota anterior a la «Nota del autor», Carmen Boullosa le explica a los lectores que esta es una novela de autores y les pide que reconstruyan el libro,

y lo vuelve suyo, realizando las anotaciones de su propia época, que hacen que la historia tenga una continuidad, a pesar de los siglos que separan la narración de un cronista y otro. El libro entabla un diálogo casi oral entre los personajes de épocas distintas. Estela, en el siglo XX, revive a Hernando, del siglo XVI, apropiándoselo para entender a su México. Dice Estela:

> Él existió pero ya no es real. Lo he ido difuminando en mi libre traducción, le he borrado los rasgos a punta de imponerle mis intenciones e ideas, mis expectativas de lo que él debiera decir, de lo que debiera haber dicho. ¿O si lo dijo, y he perdido la noción de lo propio y lo ajeno? Yo lo he obligado a vivir pasajes que él de ninguna manera habría articulado en sus palabras. Lo he vuelto tan mío que lo he estrangulado del todo. (Boullosa 1997: 145)

La importancia de la herencia y de la transmisión de la historia es central en Boullosa. Al respecto es importante relacionar algunas ideas de la escritora en relación con lo que sostuvo Friedrich Nietzsche (1983 [1874]).[10] Este filósofo alemán señaló que la tradición no se hereda directamente, sino que se construye en una disputa de fuerzas

---

es decir, que hagan las veces de Hernando-Estela-Lear y que, a través de su propia lectura, lo actualicen: «Toma tú, lector, a este libro, y dale la calidez que no supe encontrarle en el camino. Que nazca en ti, y que sea tuya. Afectuosamente, Carmen Boullosa» (1997: 11). El libro es, en sí mismo, un *lieux de mémoire* en los términos que lo define Pierre Nora, un lugar que sirve como puente entre el pasado y el presente, y que ayuda a mantener viva la memoria colectiva: «*Lieux de mémoire* have no referent in reality; or, rather, they are their own referent; pure, exclusively self-referential signs. This is not to say that they are without content, physical presence, or history; it is to suggest that what makes them *lieux de mémoire* is precisely that by which they escape from history. In this sense the *Lieux de mémoire* is double: a site if excess closed upon itself, concentrated in its own name, but also forever open to full range if its possible significations» (1989: 23-24).

10. Las traducciones del ensayo de Nietzsche las cito del siguiente sitio web: <http://www.nietzscheana.com.ar/sobre_la_utilidad.htm>. Los números de páginas de las citas corresponden a la edición traducida al inglés porque el texto en español no tiene número de páginas.

opuestas. En *Cielos de la Tierra* (1997) se pone, en un primer plano, la necesidad de mantener viva la memoria a través de los libros y la escritura.[11] En una línea completamente distinta, marxista y mesiánica, Walter Benjamin en su "Thesis on the Philosophy of History" sostuvo que había una relación dramática entre la utopía, o el futuro deseado, y la memoria de la comunidad. De este modo, el exterminio de un grupo humano supone no solo el fin de las víctimas actuales sino la de todos sus ancestros. La importancia de la herencia y de la preservación de la memoria en la que ambos filósofos coinciden es crucial, sobre todo cuando la historia en México es descrita como circular y como escrita para favorecer la continuidad de una estructura colonialista excluyente: «desde la Colonia, dice Estela, conservamos la estructura colonial y colonialista, nos alejamos de nuestro propio poder a base de tanto cuento y tanta historia, y nos orillamos al silencio, y al peor silencio, pero aún del que hieden sin parar los cadáveres» (Boullosa 1997: 204).

Para Nietzsche existen tres tipos de historia: la historia *monumental*, la historia *anticuaria* y la historia *crítica*. Cada una tiene su lado perjudicial para la meta de la historia, que es preservar la vida. La historia *monumental* sobrevalora el pasado, lo glorifica e infunde un temor a vivir en el presente. La historia *anticuaria* sabe solo cómo

11. Es cierto que Nietzsche tiene una visión elitista sobre quién es capaz de construir la historia y quién no. Son los seres privilegiados los únicos con derecho a producirla. Si bien en ello difiere radicalmente de las ideas de Carmen Boullosa, me interesa recalcar la importancia que le da a la herencia. Nietzsche critica al hombre moderno, aquel que solo almacena el conocimiento sin compartirlo. Lo importante para él es la transmisión y reelaboración de ese saber: «su sinceridad, su carácter fuerte y verídico se opondrá algún día a que todo se reduzca siempre a repetir, aprender, imitar, empezará entonces a comprender que la cultura puede ser otra cosa que decoración de la vida, lo cuan el fondo, no sería otra cosa que fingimiento e hipocresía, pues todo ornamento oculta aquello que adorna. Así se revelará ante él el concepto griego de cultura —en contraposición al romano— de cultura como nueva y mejorada *Phycis*, sin interior y exterior, sin simulación y convencionalismo, de cultura como unanimidad entre vida, pensamiento y voluntad» (Nietzsche 1983 [1874]: 107).

conservar la vida, no cómo crearla; por lo tanto, también entrampa a los sujetos en el pasado, evitando que vivan en el mundo actual. Por último, la historia *crítica* puede llevar a la tentativa de revisar el pasado y negarlo: «es, por así decir, una tentativa de darse *a posteriori* un pasado del que se querría proceder, en contraposición a aquel del que realmente se procede —una tentativa siempre peligrosa porque es difícil encontrar un límite en la crítica o negación del pasado—» (Nietzsche 1983 [1874]: 75).[12] El filósofo se centra en estos tres conocimientos del pasado para enfatizar que «son los servicios que la historia puede prestar a la vida» (Nietzsche 1983 [1874]: 67). En las ficciones de Boullosa se incide en la historia *anticuaria*, para utilizar el concepto de Nietzsche, lo que prevalece es el sumergimiento y estancamiento en el pasado y en la destrucción y violencia perpetuas. Es como si todos aquellos «abusos» de la historia a los que alude

---

12. En *Duerme* (1994) y *Cielos de la Tierra* (1997), Carmen Boullosa se preocupa en mostrar cómo la historia es una construcción. Sin embargo, en su novela anterior *Llanto: novelas imposibles* (1992), la autora cruza la línea histórica para entablar un debate negacionista, porque pone en duda la posibilidad real de escribir la historia. La mencionada novela narra la imposibilidad de novelar personajes históricos porque, según su perspectiva, no se puede saber a ciencia cierta qué ocurrió con ellos. Esta antinovela muestra la cantidad de versiones que hubo sobre la muerte de Moctezuma durante la conquista de México para llegar a la conclusión de que la historia no se puede escribir: «deserté del hombre que murió de una pedrada en la frente; deserté del hombre que me convocó a escribir *Llanto*. Buscando una verdad en la cual fundar a mi personaje, perdí mi novela» (Boullosa 1992: 96). Para mostrar esta diversidad de textos que representan un mismo hecho histórico de maneras absolutamente distintas, Boullosa utiliza un *collage* de crónicas de Indias tanto oficiales como indígenas (fragmentos del *Códice Florentino*, el *Códice Ramírez* y el *Códice Aubin*, así como las *Cartas de relación* de Hernán Cortés y la crónica de Antonio Solís) para incidir en la diversidad de relatos que existen sobre un mismo hecho histórico. Considero que el hecho de que no exista una sola versión de los hechos (o que las versiones contradictorias que existen, como lo ha señalado Susana Pastor [1983], haciendo referencia a la autoconstrucción heroica y a las omisiones deliberadas que hace sobre sí mismo Hernán Cortés en sus *Cartas de relación*, para lograr un claro objetivo político) no implica que no hubo una gran Conquista donde murieron muchos nativos americanos. Por lo tanto, el proyecto de *Llanto* puede caer en un relativismo extremo.

Nietzsche ocurrieran en los personajes y en la destrucción física de la ciudad: lo que queda son los libros, que se van escribiendo con el pasar de los siglos.

Por otra parte, en *Cielos de la Tierra* (1997), la dialéctica que consiste en la lucha de clases que Marx y Engels anunciaron en su famoso *Manifiesto comunista* (1848) se halla presente pero, en lugar de que se resuelva (produciéndose una síntesis), el juego de opuestos se mantiene a lo largo de la historia sin ninguna resolución y con solo variaciones superficiales. El choque de fuerzas entre lo español y lo indígena, y la imposición de lo español que destruyó lo autóctono durante el siglo XVI en México, resultan un espejo de la política del PRI, que promovía un discurso de igualdad y modernidad mientras mantenía una jerarquía social desigual, en la que indígenas y mujeres eran marginados. Las leyes que promueve la Central de Estudios en la novela consisten justamente en reeducar en el olvido, bajo amenazas de destrucción, a los sobrevivientes de la historia en L'Atlántide. En esta obra, como ocurría en *El mundo alucinante* (1965), no hay verdaderos procesos de cambio, solo ciertos monumentos que cambian de avatar pero que, en cuanto a contenido, son exactamente uno y el mismo. Este mecanismo antihistórico es explotado por la escritora en sus dos elementos cruciales: el espacio y el tiempo.

Los tres personajes en *Cielos de la Tierra* (1997) se encuentran en México como parte de una institución — el colegio (espacio de Hernando), la universidad (espacio de Estela) y la Central de Estudios que hace las veces del Estado (espacio de Lear)— cuyo objetivo es educar a través de la violencia. Dichos lugares son panópticos sociales, y su función poco ha cambiado desde la Colonia. La idea de occidentalizar a lo indígena fue el proyecto de los franciscanos en el siglo XVI y es análogo al que realizan los padres de Estela en el siglo XX, quienes juegan a ser misioneros en algún pueblo indio. Esta concepción de imponer el desarrollo según los patrones occidentales no sólo es similar a lo ocurrido en el pasado de Hernando, sino que los métodos de ejecución se repiten en el México posthistórico de Lear: la máquina de la Central de Estudios que sirve para aculturar a los sobrevivientes de la historia a través del olvido es similar a la que utiliza Estela de niña para aculturar indígenas. Para incidir en esta circularidad histórica —y en la idea de que la concepción del tiempo no es lineal y, por lo tanto, el progreso no existe—, Boullosa traspone el uso de la máquina «civilizadora» del futuro al presente de Estela:

> Yo tenía siete años, y mi labor catequizadora consistía en pasar filminas. Pin, sonaba de cuando en cuando el disco *Mambo, el niño mártir*, y yo giraba una perilla que hacía correr la tira del celuloide, cambiando de una proyección a la siguiente. Fray Jacobo de Testera, el inventor del catequismo audiovisual, jamás imaginó a qué sutilezas de la tecnología moderna iba a arribar su método. (1997: 53)

En todos los casos, se yuxtapone la idea de que hay una violencia educativa e impositiva, constante y similar en las tres épocas, que opera desde las esferas del poder y que se ejerce desde las instituciones hacia la población. Gloria Prado (2004) observó que los espacios en la novela son, en realidad, uno solo. Prado señala que «el Colegio Real de la Santa Cruz y El Colegio de México —lugar donde Lear encuentra el manuscrito de Estela— están situados ambos, en el mismo espacio: el terreno donde se asentaba, primero, la ciudad azteca; después, la colonial; y, finalmente, la urbe, a lo largo de cuatro siglos» (2004: 233). Esta concentración geográfica une incluso con mayor precisión el pasado y el presente de Estela, pero también el futuro, porque la isla L'Atlantide, si bien remite al mito del continente hundido, hace referencia también a México.

Charles Berlitz estableció una relación entre los mayas, quienes se consideraban descendientes de Aztlán y la historia de la Atlántida: «Atlantean theory, since the Mayas themselves are considered by many to be, if not the descendants of survivors of Atlantis, at least people brought to their relatively high level of civilization by the Atlanteans —is an ancient version of help to "underdeveloped nations"» (1969: 13).[13]

---

13. El espacio mítico de Aztlán es actualmente utilizado para aludir al sudeste de los Estados Unidos como parte expropiada del territorio mexicano. Gloria

Figura 10: La isla Aztlán, la Atlántida de donde provendrían los aztecas.

Figura 11: Imagen extraída de la *Historia tolteca chichimeca*, códice postcortesiano de 1550, escrito por los habitantes de Cuauhtinchan (de ancestro chichimeca) para defender su derecho a la tierra bajo las autoridades españolas.

En su *Historia general de las Indias* (1552), Lopez de Gómara afirmó que los mayas creían provenir de aquella isla y señaló que la Atlántida mencionada por Platón y los nuevos continentes eran el mismo. Para López de Gómara, el filósofo debería haber escuchado sobre estos continentes trasatlánticos reales para basar su romance en torno a estos rumores.[14] En su *Nueva Atlántida*, Francis Bacon (1941 [1624]) recurrió a la leyenda que relaciona a la Atlántida con América y específicamente con México. Bacon (1941 [1624]) proporcionó una clave central para entender la perdición de L'Atlantide en Boullosa: la fascinación por la tecnología. Esta singularidad de la utopía imaginada por Bacon, que la diferencia de la de Tomás Moro, lo convirtió en un profeta del progreso científico. En la obra de Bacon, el camino de la sociedad perfecta es construido a través de la aplicación de la ciencia. Así, Bacon (1941 [1624]) glorificó la tecnología en esta «Casa de Salomón» que es una síntesis del saber y, a la vez, una especie de museo y catedral de la tecnología. Se le rinde culto a los avances científicos

---

Anzaldúa dice que «The *Aztecas del norte* compose the largest single tribe or nation of Anishinabeg (Indians) found in the United States today. Some call themselves Chicanos and see themselves as people whose true homeland is Aztlán [the U.S Southwest] [...] The oldest evidence of humankind in the U.S —the Chicano's ancient Indian ancestors— was found in Texas and has been dated to 3500 B.C.» (1999: 23-26).

14. Platón en sus *Diálogos*, principalmente en «Timeo» y «Critias o de la Atlántida», es el primero en mencionar a la Atlántida como una civilización perfecta que habitaba una isla inaccesible, que luego sus habitantes degeneran y se hunde en el mar: «Todo el tiempo que los habitantes de la Atlántida razonaron así y conservaron la naturaleza divina de la que habían participado, todo les salió a medida de sus deseos. Pero, cuando la esencia divina se fue debilitando en ellos por su continua mezcla con la naturaleza mortal, cuando la humanidad se les impuso, entonces, impotentes para sobrellevar la prosperidad presente, degeneraron (2005: 391). L'Atlantide remite directamente a la mítica Atlántida y, en palabras de Lear, «L'Atlantide no sería solamente el continente sumergido, sino que sus habitantes serían los sumergidores de continentes» (Boullosa 1997: 251). En la ficción de Boullosa, como en el mito de Platón, la sociedad perfecta degenera. Esa deshumanización está relacionada con el hecho de que sus habitantes aceptan perder la memoria y el lenguaje.

con «ciertos himnos y servicios de alabanza y se le dan gracias a Dios por sus maravillosas obras» (Bacon (1941 [1624]): 261). En la isla de la *Nueva Atlántida*, la sociedad llega a ser ideal en tanto que logra el dominio de la naturaleza a través de la construcción de puentes, edificios, acueductos, huertos, submarinos y fábricas. En L'Atlantide de Boullosa se cultiva esta misma fascinación por la tecnología, pero la autora incide en sus efectos nocivos: L'Atlantide es la isla más contaminada del mundo, pues está llena de basura y desechos radioactivos.

El círculo que construye Boullosa es perfecto: la acción de las tres historias ocurre en México-Tenochtitlán y los cambios lo son solo en apariencia. La novela nos presenta un mismo espacio, el Colegio de Santa Cruz de Tlatelolco, que modifica su exterior pero que no resuelve sus problemas internos, ya que estos se presentan de manera casi idéntica durante la década de 1960, el presente de Estela. La similitud de las desigualdades sociales sirve para justificar la Revolución mexicana, que vuelve a fallar en sus objetivos discursivos de igualdad social. Estela conectará de manera circular el fracaso de la integración indígena en el Colegio de Santa Cruz de Tlatelolco y la Revolución:

> [...] porque soy mexicana y vivo como vivimos los mexicanos, respetuosa de un juego de castas azaroso e inflexible, a pesar de nuestra mencionadísima Revolución y de Benito Juárez y de la demagogia alabando nuestros ancestros indios. Y porque creo que nuestra historia hubiera sido distinta si el Colegio de la Santa Cruz de Santiago de Tlatelolco no hubiera corrido la triste suerte que tuvo. (Boullosa 1997: 65)

L'Atlantide, la utopía que se degenera hasta convertirse en un lugar contaminado e inhabitable, es, de manera refleja, el México moderno del presente de la escritura.[15] De este modo, la historia se ha

15. En una entrevista a Emily Hind, Boullosa señala que uno de sus temas recurrentes es la destrucción del valle de México por la contaminación que empezó con la llegada de los españoles y continúa hasta nuestros días: «Este valle, era uno de los más hermosos de la Tierra con su sistema de lagos saldos y dulces, y sus ríos, sus bosques —no había campos de cultivo—, tenía un orden ecológico

estancado en este eterno tiempo de destrucción. Se construye lo moderno negando lo antiguo, y las ruinas prehispánicas se transforman en grandes palacios que imitan el estilo europeo. Se intenta tapar lo ancestral, pero ello solo se logra superficialmente. La historia en *Cielos de la Tierra* (1997) no progresa, no avanza en línea recta, sino de manera circular. Esta noción de lo revolucionario como circularidad es un motivo ya explorado por otros autores. En efecto, Octavio Paz en *El peregrino en su patria* (1987) definió la Revolución mexicana como una revuelta, como un círculo en el cual todo el orden previo, por el que se había luchado para cambiar la sociedad, volvía a instaurarse en el poder perpetuamente. En lugar de la revolución como transformación, la novela de Boullosa convierte estas metáforas de movimiento lineal y progreso hacia el futuro, en metáforas cíclicas, de la mano con la idea de la repetición violenta y traumática. Las novelas retroceden al tiempo colonial para mostrar y criticar las similitudes entre la historia de la Colonia y el presente priísta. De esta manera, inciden en la idea de historia como repetición y círculo, y se remontan a la violencia destructiva que se origina en los años posteriores a la toma de Tenochtitlán. De esta forma, la novela es antihistórica en la

---

precario; el islote donde estaba la ciudad era en parte artificial, porque el manejo del agua era complicado y cultivado, por explicarlo así. Pero esa misma precariedad hacía que sus habitantes fueran muy conscientes de cómo debían conservarlo y cuidarlo [...] En cambio, en la cultura nuestra, donde solamente reina un dios y es un dios arbitrario que no tiene que ver con lo natural —aunque sea el creador de todas las cosas—, la relación del hombre con su naturaleza se vuelve violencia, destrucción, enojo, y a veces, hasta catarsis. Lo que ha ocurrido con este valle es verdaderamente bestial; no queda nada de su sistema lacustre y fluvial, casi nada de los bosques. Nuestra memoria acerca de lo que fue la compleja belleza del valle es muy fresca. Todos sabemos que hubo el lago, hubo ríos, bosques. Y abrimos los ojos y no queda absolutamente nada de eso» (2003: 26). Esta temática está presente en *Duerme* (1994), donde el agua antes de la presencia hispánica era pura y luego está contaminada. Lo mismo sucede en *Llanto* (1992), cuando Moctezuma llega al Parque Hundido en México y se asombra por la contaminación, el humo de las fábricas y principalmente por la ausencia de follaje.

medida en que lo histórico se relaciona con las crisis colectivas y los cambios en la conducción de la polis.

En *Duerme* (1994), Claire puede ver cómo lo indígena se cubre con lo español de manera aparente. Ella, desde la horca, puede ver esa ciudad azteca que ha quedado cubierta pero cuyas piedras todavía respiran bajo el cemento:

> Creo oír adentro de mí sus tímidos oleajes. Aspiro su limpieza y su variedad, no la fetidez que estancada solloza bajo las barcas y las canoas, como si fuera pastura infectada y ellas ganado enfermo. Veo en mis ojos cerrados la ciudad antigua, con templos blancos cubiertos de frescos relieves y esculturas. Observo el mercado opulento, el juez de plaza, ataviado con exótica elegancia, gobernándolo, al costado. La cuerda sigue dando vueltas y yo sigo viendo Temixtitan intacta, la camino de aquí a allá, en mis ojos cerrados, con asombro, porque en nada se parece a ninguna ciudad que haya yo visto en ninguna tierra, visito el Palacio del Tlatoani, veo a los hombres castigado por embriagarse enjaulados en el mismo lugar donde ahora cuelgo de la horca. (Boullosa 1994: 34)

En cuanto al tiempo, si volvemos a *Cielos de la Tierra* (1997), la estructura de la novela está dada en fragmentos, escritos en primera persona bajo un mismo título en latín, lo que homogeneiza a los hablantes (sobre todo si se toma en cuenta que Hernando empieza utilizando un lenguaje que parece reflejar la escritura del siglo XVI, para luego escribir como Estela, es decir, como un personaje del siglo XX mexicano). Esta yuxtaposición temporal —que explicaré con más detalle en la última sección del capítulo— da la sensación de que los tres manuscritos son uno solo y, por lo tanto, la idea temporal del pasado, el presente y el futuro, como tres tiempos distintos independientes el uno del otro, se borra. El texto salta de una a otra época sin orden, equiparando ciertos aspectos de uno y otro tiempo, y volviendo, a través de este recurso narrativo, a la idea de círculo ya aludida.

El período colonial que escoge Boullosa en estas dos novelas corresponde a la conspiración de Martín Cortés, el segundo marqués del Valle (1565-1568), y es el momento histórico que coincide con la destrucción de la ciudad azteca y su renovación urbana de acuerdo con los patrones estéticos españoles. *Duerme* (1994) se inicia en el momento en que la protagonista, Claire, llega de Francia a la Nueva España en un barco pirata, y es obligada a suplantar al conde Urquiza, un hombre que ha sido condenado a la horca por rebelarse contra la Corona de Felipe II.[16] El ambiente de fiesta con que se recibe al conde y el de rebelión, posteriormente, son similares a la atmósfera que existía en México durante la rebelión de Martín Cortés y los hermanos Ávila, criollos ahorcados en la picota de la plaza pública al intentar sublevarse contra el rey Felipe II. El cronista Juan Suárez de Peralta dio cuenta de este acontecimiento y detalló cómo era el escenario montado para eliminar a los conspiradores, todos ellos ayudantes de Cortés:

> [...] fue juicio ver la gente abofetearse y llorar, que ponían los gritos en el cielo; porque estos caballeros eran muy bien quistos y muy honrados, y no hubo en toda la ciudad quien pensara tal, sino que estaban más libres que los que servían al rey; a ellos les cortaron la cabeza. (Suárez de Peralta 1945 [1989]: 80)

En *Duerme* (1994) se dan solo dos fechas: «Nueva España, 19 de agosto de 1571» y «27 de marzo de 1572». En la primera, se cita la carta que escribe el conde Enrique de Urquiza y Rivadeneira a Felipe II en alusión a la conspiración. El lector la conoce gracias a Claire:

---

16. En «Vertiente histórica y procesos intertextuales en *Duerme*», Luzelena Gutiérrez de Velasco (1999) ha estudiado en detalle los anacronismos que aparecen en la novela, que empiezan en la yuxtaposición de los epígrafes. Boullosa extrae una frase de la famosa «Carta a sor Filotea» de sor Juana Inés de la Cruz (siglo XVII) y la coloca bajo un fragmento de los *Diálogos latinos* (concretamente del segundo diálogo titulado: «Interior de la ciudad de México») del cronista español Cervantes de Salazar (siglo XVI): «*Duerme* fusiona los siglos XVI y XVII para plantear el conflicto de la mujer que no acepta los roles que le han sido asignados» (Gutiérrez de Velasco 1999: 148). Considero que los anacronismos son deliberados, pues Boullosa no busca la precisión histórica: lo central es la construcción de un ambiente que, en este caso, sí corresponde con la conjuración de los hermanos Ávila y Martín Cortés en años anteriores.

«vuelvo a poner la mirada en el papel un poco más abajo: "conspiración"… "horca". Me salto ya todas las palabras para llegar a la firma: "Depositario del poder de su Majestad, Felipe II, el Excelentísimo Señor Virrey Don…"» (Boullosa 1994: 26). Claire luego nos explica las razones por las que el Conde estuvo preso: «tuvo diferencias con el Virrey, se granjeó la amistad de la mayoría de los criollos, y se opuso a viva voz a los Autos que dictaban tratos más blandos a los indios y negaban el derecho de heredar las encomiendas para la tercera generación» (Boullosa 1994: 87). Aunque la novela solo nos presente dos fechas, recrea el momento de la conspiración de Martín Cortés y la forma de asesinar a los alzados. El Conde Urquiza es eliminado de manera similar a como mataron a los conjurados de esta rebelión: «y como era imposible lo descalzase e hiciera caminar a latigazos hacia México, por la simpatía que despertaba aquí y allá, hizo le cortaran por la noche la cabeza, dejando a su lado un libro a la usanza india, en el que Yuguey se atribuía el asesinato» (Boullosa 1994: 128).

La historia de Hernando en *Cielos de la Tierra* (1997) es ambientada en este mismo tiempo histórico, que aparece de manera más explícita. Hernando de Rivas alude a la llegada de Martín Cortés y a las innumerables fiestas que se celebraron durante su llegada a la ciudad, y la posterior destrucción de la misma: «los señores principales y los parientes ofrecieron ajuar de casa y atavíos para sus personas y hasta el Marqués del Valle, que entonces iba dejando estas tierras para llevar presentes al Emperador, envió un criado a ofrecer un exceso de regalos» (Boullosa 1997: 82). La selección de este momento histórico no es arbitraria: Boullosa incide en la idea de la circularidad de la historia y, por ello, se refiere a Martín Cortés simplemente como el capitán Cortés (para generar una idea de similitud y estancamiento temporal entre él y su padre Hernán Cortés) y a su amante, simplemente como Marina —de acuerdo con Juan Suárez de Peralta (1945 [1589]), Martín Cortés tuvo una amante que casualmente se llamaba Marina, igual que doña Marina, la «barragana» del otro Cortés—. El cronista deja en claro las semejanzas entre una y otra historia: «Llamábase Marina la señora con quien él, decían, traía requiebro y servía; y del mismo nombre fue la india que su padre traía por intérprete de los indios cuando la conquista, la cual fue grandísima para el buen suceso que tuvo en ella» (Suárez de Peralta 1945 [1589]: 19). Martín Cortés le rendirá culto a su Marina:

> Por Marina soy testigo,
> ganó esta tierra un buen hombre,
> y por otra de este nombre,
> la perderá quien yo digo. (Suárez de Peralta 1945 [1589]: 19)

Agustín Yáñez, en el «Prólogo» a *La conjuración de Martín Cortés* (1945 [1589]), considera que esta rebelión fue un primer intento de independencia mexicana pocas veces tomado en cuenta por la historia.[17] El hecho de que el telón de fondo en ambas novelas coincida con esta rebelión es central: Boullosa presenta un levantamiento liderado por un hombre cuya finalidad es perpetuar (o agudizar) el régimen de explotación creado por los españoles. Por el contrario, la mujer,

---

17. De acuerdo con Agustín Yáñez, «la llamada conjuración de Martín Cortés, hijo legítimo de don Hernando y segundo marqués del Valle, constituye uno de los más sensacionales acontecimientos de nuestra historia, bien porque perfila prematuramente y muy remotamente la independencia política de México» (1945: xviii). Luis González realiza un exhaustivo estudio sobre este levantamiento y señala que el grupo de criollos que se rebeló contra Felipe II lo hizo para preservar sus derechos sobre la posesión de indígenas y la permanencia de sus encomiendas: «la Real Cédula fechada en Toledo en 1562, eximía de devolver los vasallos que excediesen de 23.000 concedidos a Cortés por Carlos V, y de pagar los tributos que había percibido de aquellos que de ese número pasaban» (2005: 10). Se calcula que cuando llegó Martín Cortés a la Nueva España tenía 60.000 indios en sus tierras, y su rebelión se organizó para no pagar impuestos a la Corona y continuar teniéndolos. El motivo de su levantamiento fue únicamente económico: «como resultado de los informes del virrey Velasco, el fiscal del Consejo Real puso al marqués demanda, asegurando que el rey había sido engañado en la merced que hizo su padre, y para esta demanda poco después lo mandaron citar, viniendo con la cita una "Real Cédula", en que se prevenía al virrey que suspendiese la sucesión de indios, en la tercera vida, es decir, que los nietos de los encomenderos no podían heredar los indios a la muerte de sus padres» (González 2005: 28).

como lo ha señalado la misma escritora en una entrevista de María Stycos y Elvira Sánchez-Blake (2005), ocuparía el lugar inverso al de «la Bella Durmiente», porque, en lugar de esperar a que su príncipe azul la despierte con un beso como ocurre en el clásico cuento de hadas, Claire, en *Duerme* (1994), planea sus sueños de rebelión desde la isla. A diferencia de la revuelta de Martín Cortés, que solo espera perpetuar el sistema de injusticias en México o la eterna dependencia entre México y el viejo continente por la que aboga Pedro de Ocejo en esa misma novela —«esta tierra debe pertenecer al viejo Continente, sola es insostenible» (Boullosa 1994: 145)—, la protesta de Claire es auténtica, integradora y radical (pero, pese a sus buenas intenciones, su deseo permanecerá irrealizado, porque, al sacarla del valle de México, ella se quedará dormida):

> En la casa, al llegar la noche, entran y salen indios. Ella les da dinero para comprar armas, y los organiza. Ahora me ha explicado todo: «Tengo tantos preparados para dar el golpe, que someternos a los españoles, sin que nos sientan. Primero México, después Veracruz, Puebla, Querétaro, Zacatecas, Potosí... No pagaremos ni un céntimo de tributo al Rey, ni diezmo a la Iglesia».[18] (Boullosa 1994: 154)

La rebelión de Martín Cortés tiene como trasfondo los cambios urbanísticos que ocurren durante ese período. Esta serie de renovaciones se asemeja al discurso vaciado de sentido que propone la

18. Hago alusión a la entrevista filmada por María Stycos y Elvira Sánchez-Blake y titulada «Entrevista con Carmen Boullosa», que aparece en el libro *Voces hispanas del siglo XXI: entrevistas con autores en DVD*. La escritora señala que, pese a la combinación de géneros que aparecen en *Duerme* (novela de caballerías, de aventuras, sentimental y picaresca), ella se inspiró en el cuento de hadas para escribir esta ficción. Claire en *Duerme* y Lear en *Cielos de la Tierra* serían dos distintas versiones del cuento infantil «La Bella Durmiente»: mientras que Claire termina dormida fuera del valle de México pensando en la rebelión, Lear, desde su propia isla, nunca puede conciliar el sueño y está siempre despierta por las estridentes alarmas que suenan durante toda la noche, pero vive alerta, como la primera, organizando su propia rebelión.

modernidad del PRI en el presente de Estela en *Cielos de la Tierra* (1997) y se asemeja también a la fascinación por la tecnología —que no provee un desarrollo sostenido— que comparten los habitantes de L'Atlantide en el México futuro de Lear. Lo que ocurrirá con el gobierno de Miguel Alemán (en el tiempo de Estela) es, de alguna manera, una continuidad del mismo fenómeno: promover la destrucción de lo antiguo para edificar una modernidad que es periférica y derivativa, y en cuya superficie se pronuncian discursos de igualdad e industrialización, mientras que, en el fondo (como los cimientos indígenas que soportan los templos), se mantiene un orden jerárquico e inamovible, en el que los indios y las mujeres no forman parte de lo nacional. En ese discurso de modernidad que sostuvo el priísmo durante el presente de Estela, la mujer no forma parte activa de la sociedad, como tampoco lo formó el indio Hernando en el siglo XVI o Lear en el futuro. Sin embargo, Boullosa le entrega a la mujer un poder único: el germen de la rebelión futura, resemantizando la imagen de la Malinche no como la de una rebelde y traidora en contra de su pueblo, sino como la de una luchadora a favor de la justicia social.

La Malinche: apropiación histórica de un texto

En *El laberinto de la soledad* (1976), Octavio Paz sostuvo que, en la visión popular, la mujer es la culpable de todos los males en la sociedad mexicana. Ella es la madre violada, la Chingada, la traidora, el ser abierto, la que vende su alma a los invasores españoles. Ella es, además, una ciudadana de segunda categoría. En palabras de Paz:

> Por contraposición a Guadalupe, que es la Madre virgen, la Chingada es la Madre violada [la] pasividad [de la Chingada es aún más] abyecta: no ofrece resistencia a la violencia, es un montón inerte de sangre, huesos y polvo. Su mancha es constitucional y reside, según se ha dicho más arriba, en su sexo. Esta pasividad abierta al exterior la lleva a perder su identidad: es la Chingada. Pierde su nombre, no es nadie ya, se confunde con la nada, es la nada. Y sin embargo, es la atroz encarnación

> de la condición femenina [...] Si la Chingada es una representación de la madre violada, no me parece forzado asociarla a la Conquista, que también fue una violación, no solamente en el sentido histórico, sino en la carne misma de las indias. El símbolo de la entrega es doña Malinche, la amante de Cortés. Es verdad que ella se da voluntariamente al Conquistador, pero éste, apenas deja de serle útil, la olvida. Doña Marina se ha convertido en una figura que representa a las indias, fascinadas, violadas o seducidas por los españoles. Y del mismo modo que un niño no perdona a su madre que lo abandone para ir en busca de su padre, el pueblo mexicano no perdona su traición a la Malinche. (1976: 77-78)

Si no quedara suficientemente claro que la mujer lleva en sí una culpa inherente a su constitución femenina, Paz volvió a revisar estas ideas tradicionalmente populares en *El peregrino en su patria*:

> Las mujeres son seres inferiores porque, al entregarse se abren. Su inferioridad es constitucional y radica en su sexo, en su «rajada», "herida que jamás cicatriza». De esta misma «fatalidad anatómica» que configura una ontología definida por el existencialismo, analizada exhaustivamente por Simone de Beauvoir en *El segundo sexo* [...]. La mujer es como el campesino, un ser excéntrico, «al margen de la historia universal», «alejado del centro de la sociedad». (1987: 59-60)

En la tesis de Paz se equipara la irracionalidad femenina con la del indio, un eufemismo que utiliza para aludir a los campesinos o naturales en la cita anterior, y clasifica a lo masculino como parte de otro estado: un espacio distinto y privilegiado. Sin duda, sus ideas sellaron un paradigma de pensamiento que ha marcado la representación femenina en las letras de México. Si bien muchas escritoras han cuestionado, desde la ficción, la imagen de La Malinche y de la representación de la mujer en general, se perpetúa la representación de lo femenino como agente traidor.[19]

---

19. Carlos Monsiváis (2001) señala la importancia del texto de Paz en la construcción de lo femenino en México y explica que su repercusión es tan intensa que la cadena de significantes asocia directamente a la mujer con la traición y el

Figura 12: En el *Lienzo de Tlaxcala*, Marina (imagen superior izquierda) aparece al lado de los de a caballo, es decir, junto a Cortés y los invasores. Estas pinturas han proliferado en el imaginario mexicano para promover la asociación de la mujer a la traición.

En su estudio sobre las obras de Rosario Castellanos, Elena Garro y Elena Poniatowska, Margo Glantz concluyó que estas escritoras mexicanas, que pertenecen a una generación anterior a Carmen Boullosa, asumieron el papel de las hijas de la Malinche, porque «intentan

---

amor hacia lo extranjero. El término *malinchismo* alude a «quienes en todo y sin motivos que lo justifiquen, prefiere a los extranjeros, los sobrevalúan, los consideran naturalmente superiores y se amanceban con ellos» (Monsiváis 2001: 190-191).

Figura 13: El cuadro *Cortés y Malinche* (1926) de José Clemente Orozco contribuye —junto con otras pinturas de los muralistas mexicanos— a consolidar la imagen de la mujer como aquella que se entrega al conquistador. © José Clemente Orozco, APSAV, Lima, 2016.

crear una forma y trascender mediante ella la maldición a la que están condenadas por su "fatalidad anatómica" y por el papel simbólico de la Malinche a través de la historia» (2001: 284). Sin embargo, un examen cuidadoso de *Balún Canán* (1957) de Rosario Castellanos, *Los recuerdos del porvenir* (1963) o el cuento «La culpa es de los tlaxcaltecas» (1964) de Elena Garro, y *La flor de lis* (1988) de Elena Poniatowska, revela que, a pesar de querer reivindicar la imagen femenina y disociarla de la idea de traición y perversidad, estos textos finalmente corroboran los postulados de Octavio Paz.

Los textos de estas autoras comparten el hecho de representar a la mujer como un ser que está en una categoría fronteriza y que forma parte de dos mundos: el de los campesinos y los terratenientes, en el caso de *Balún Canán* (1957), el mundo católico y el ambiente secular en *La flor de lis* (1964), y el espacio del hogar que tradicionalmente se asocia a la mujer (en particular el de la cocina, lugar donde ocurre la acción en «La culpa es de los Tlaxcaltecas» [1964]) en contraposición con el mundo exterior, en el cuento de Garro. En todos estos casos, la mujer, desde este espacio dual, termina siendo una traidora para ambos grupos. En *Balún Canán* de Rosario Castellanos, la niña es el personaje que finalmente traiciona a su nana, la mujer indígena que la cuida y la quiere más que si fuera su propia hija, para luego confundir su rostro en medio de la multitud porque «Nunca, aunque yo la encuentre, podré reconocer a mi nana. Hace tanto tiempo que nos separaron. Además, todos los indios tienen la misma cara» (1957: 291). En *La flor de lis*, es también una niña la que nuevamente traspasa las reglas del convento (y posteriormente las de su propio hogar), al enamorarse del sacerdote que la guía; y, en el cuento «La culpa es de los Tlaxcaltecas» de Elena Garro, la mujer tiene una doble vida y se convierte directamente en la Malinche, engañando a su marido y amancebándose con un hombre indígena, aunque «comprendiendo la magnitud de su traición» (1964: 10) y «el tamaño de su culpa» (1964: 12). En suma, en todos estos textos, la mujer representa la traición y el personaje que genera conflicto para los dos mundos de los que forma parte.

Asimismo, la tesis de que estas ficciones reviven la figura de la Malinche se enfatiza desde el momento en que los personajes femeninos son traductores, tal como los definió Margo Glantz (2001). En *Balún Canán* (1957), la niña traduce del tzotzil al español y es capaz de leer lo que ocurre en ambos espacios; en *La flor de lis* (1964), la protagonista es consciente de la adquisición del idioma español en un entorno aristocrático que utiliza el francés como medio de comunicación, mientras que, en *Los recuerdos del porvenir* (1963), Isabel Moncada, la gran traidora de la novela, dejará escrita, en piedra, la historia del pueblo de Ixtepec (con lo cual también será una mediadora, en este caso, del lenguaje oral al escrito). En todas estas ficciones se presenta una conciencia de culpabilidad y hay una dramatización de la idea de traición y de traducción, las dos actividades que la historia de la conquista de México, desde la mirada española y masculina, se ha encargado de asociar indisolublemente con la imagen de la Malinche.

Sabemos por los cronistas Bernal Díaz del Castillo y Francisco López de Gómara que Malintzin formó parte de un lote de regalos que se le dio al conquistador y que fue entregada junto con veinte mujeres:

> Así que pasado el término que llevaron, vino a Cortés el señor de aquel pueblo y otros cuatro o cinco, sus comarcanos, con buena compañía de indios, y le trajeron pan, gallipavos, fruta y cosas así de bastimento parar el real, y hasta cuatrocientos pesos de oro en joyuelas, y ciertas piedras turquesas de poco valor, y hasta veinte mujeres de sus esclavas para que les cociesen pan y guisasen de comer al ejército; con lo cual pensaban hacerle gran servicio, como los veían sin mujeres y por cada día era menester cocer y moler el pan de maíz, en que se ocupaban mucho tiempo las mujeres. (López de Gómara 1552: 39-40)

La crónica de Bernal Díaz nos relata la fusión del nombre de Cortés y el de Marina como el de capitán Malinche: «Antes que más adelante quiere decir cómo en todos los pueblos por donde pasamos y en otros donde tenían noticias de nosotros, llamaban a Cortés Malinche, y así lo nombraré de aquí a adelante, Malinche» (1993 [1568]:

193-194). Sin embargo, lo más importante de Marina, como lo ha señalado Georges Baudot (2001), es lo poco o nada que sabemos a ciencia cierta de ella —Cortés la menciona solamente en la última *Carta de relación*—, a pesar de su importancia histórica. Al utilizar como recurso narrativo aquello que Josefina Ludmer (1984) denominó «las tretas del débil», refiriéndose a la actuación y escritura de Sor Juana Inés de la Cruz desde el convento, Carmen Boullosa se muestra audaz (si se la compara con estas otras tretas de las escritoras que he venido mencionando): tomando como base lo que se considera géneros literarios masculinos —novelas de caballería, ciencia ficción, novelas de piratas— incide en la idea de constructo de la figura femenina mexicana como una reelaboración del mito de la Malinche y muestra precisamente cómo ella fue, y continúa siendo, una construcción hecha por terceros, dado lo poco que se sabe de ella.[20] Boullosa intenta reivindicar su imagen y, para ello, se centra, primero, en su imposibilidad de actuación, debido a las circunstancias en que fue regalada a Hernán Cortés; y, después, en su rol de traductora y mediadora en lugar del de traidora.

La crítica al sistema mexicano, a través de la clasificación genérica, es llevada a cabo por Boullosa desde sus primeras obras. En ellas se cuestiona el orden cultural de géneros que rige a la sociedad mexicana a través de la representación de una casa abandonada donde no existe

20. Me refiero a su conocido ensayo «Las tretas del débil», publicado en el libro *La sartén por el mango* (1984). Josefina Ludmer muestra cómo ciertos espacios y ciertos géneros considerados menores (las cartas, los diarios, la autobiografía) pueden leerse como lugares de resistencia desde el espacio periférico. Ludmer estudia las negaciones de Sor Juana Inés de la Cruz, quien aparentemente acepta su lugar subalterno, pero cuestiona, desde allí, el orden establecido: «En este doble gesto se combinan la aceptación de su lugar subalterno (cerrar el pico las mujeres), y su treta: no decir pero saber, o decir que no sabe y saber, o decir lo contrario de lo que se sabe» (1984: 51). Debra Castillo (1992) analizará diversas obras escritas por mujeres y el uso de sus tretas de resistencia: el silencio, la negación, el uso del subjuntivo, la apropiación, la posición marginal. En Boullosa, la resistencia es doble: aplica todas las características antes mencionadas y cuestiona la propia idea de la representación.

la figura materna —me refiero a sus dos primeras novelas: *Mejor desaparece* (1987) y *Antes* (1989)—, donde lo único que hay son niñas huérfanas prisioneras dentro del espacio de la casa (por antonomasia el lugar de lo femenino). Se trata, pues, de un hogar decadente, rígido e injusto, donde el trato que las mujeres reciben por parte del padre es frío, hostil y autoritario. Lo que prevalece en estas obras (y continuará existiendo de manera encubierta en las posteriores) es una necesidad de cambio radical de esa estructura que solo genera destrucción y sufrimiento.[21] En *Duerme* (1994) y *Cielos de la Tierra* (1997), Boullosa se aleja del tiempo de la niñez y de la casa paterna, pero muestra también cómo la construcción de lo femenino es arbitraria y es una fabricación que perpetúa el sistema de diferencias entre los géneros en México. Por ello, su escritura es siempre fragmentaria, partida, borrosa, confusa, cortada: un *collage* de narradores, voces, estilos y géneros ponen en primer plano la artificialidad del lenguaje.

Cielos de la Tierra (1997) funciona como una recolección de textos yuxtapuestos, en la que no hay un orden establecido que guíe una estructura fija. Boullosa cancela la idea de que hay una verdad:[22] el lector desconoce a ciencia cierta cuándo está leyendo lo que agregó

---

21. Bárbara Dröscher sostiene que Boullosa se distancia de la escritoras de la generación anterior, porque ella aboga por un cambio radical en la sociedad mexicana: «Da la impresión de que en estas dos novelas —se refiere a *Mejor desaparece* y *Antes*— señalan un cambio fundamental en los modelos de familia patriarcal y que la muerte de la madre, se puede interpretar como una metáfora de una nueva constelación social y psíquica de la mujer» (2004: 59). Este cambio social por el que aboga Boullosa está relacionado con el trato desigual que recibe la mujer en México. En la entrevista de Emily Hind, Boullosa señala que la mujer mexicana es un semihumano: «el trato a las mujeres en México sigue siendo completamente desigual, en el mundo laboral, en el mundo práctico, en el mundo doméstico, en el mundo cotidiano, *en todo*. Exageraré un poco si digo que la mujer no es precisamente un humano, que sigue siendo un semihumano pero sólo un poco» (2003: 28).

22. La estética posmoderna se relaciona con la falta de centro o progreso narrativo que ocurre en las tres novelas que vengo analizando hasta este momento. El juego de voces y narradores de Boullosa es caótico, desordenado e impredecible. Si en Arenas los narradores se contradicen unos a otros, en *Cielos de la Tierra*

uno u otro personaje. Para incidir sobre esta imposibilidad de acceso al original, el compilador incluye muchas notas al pie de página que señalan que todo texto (incluso el de Hernando) es una construcción de algo anterior. Por lo tanto, lo original no existe, pues todo libro ya ha sido escrito anteriormente. En el caso de *Duerme* (1994), la novela está dividida en nueve capítulos que son distintos marcos de construcción de la realidad y que muestran que no existe una verdad sino distintas versiones y perspectivas de esta. Por esta falta de centro, su estilo ha sido relacionado con el posmodernismo. Me interesa revisar primero cuáles son esos elementos que conectan su escritura con este movimiento y, por otro lado, entender el trasfondo político que existe en dicha estética.

Jean François Lyotard (1984) ahondó en el tema de la posmodernidad desde la perspectiva del conocimiento. Sostuvo que, en la modernidad, se consideraba a la ciencia como un conocimiento indiscutible. Este se justificaba a través de un conjunto de discursos conocidos como metanarrativas que servían para darle legitimidad al saber científico. La característica principal del conocimiento posmoderno es justamente la incredulidad hacia las metanarrativas. Según Lyotard (1984), allí donde hubo un fuerte y sólido discurso narrativo, hay ahora una serie de discursos de distinta índole, cada uno con valores pragmáticos propios, de modo que las supuestas verdades que cada uno de ellos establece no son compatibles o verificables. Lyotard llega a la conclusión de que cada área de conocimiento tiene su propio lenguaje, y que el conocimiento enciclopédico que caracterizó a la sociedad moderna, ya no tiene validez. La posmodernidad, sostiene Jameson (1991), reemplaza lo profundo por la superficie o, mejor, por la multiplicidad de superficies. Esta superficialidad no solo es cuestión de formas: trasciende a los contenidos. Si la modernidad se caracterizó por representar el dolor, la angustia y la desolación, y diversas

---

(1997) los narradores escriben sobre un mismo texto sus nuevas experiencias, que incluyen, incluso, un tiempo posthistórico.

expresiones canónicas siempre desde la perspectiva de un sujeto central (una mónada que exterioriza su emoción hacia la superficie), en la posmodernidad ya no se centra la obra de arte en un sujeto único —el sujeto ha muerto, dice Jameson (1991)—, sino que predomina el descentramiento, y eso trae como consecuencia el fin del estilo único y personal, y el fin de la distinción individual: los trastornos del punto de vista (como sucede en ambas novelas de Boullosa) y la contaminación de discursos diversos.

La muerte del sujeto afianza la práctica de lo que Jameson (1991) denomina *pastiche*. Este no es otra cosa que la parodia vacía, visual y superficial. Se caracteriza por la combinación de estilos del pasado en un mismo producto. El pastiche es un simulacro de la realidad, porque, para Jameson (1991), vivimos en la sociedad del simulacro, donde el tiempo histórico se ha modificado completamente, donde el pasado colectivo es un juego de espectáculos: puesto que el «referente se ha borrado, sólo nos quedan textos». El pastiche trae como consecuencia una de las características centrales del posmodernismo: la crisis de la historicidad. Nos acercamos a ese momento por medio del lenguaje del simulacro o por el pastiche de un pasado estereotípico: «estamos condenados a ver la historia a través de nuestras propias imágenes y simulacros de la historia. Los hechos están para siempre lejos de nuestro alcance» (Jameson 1991: 20).[23] Linda Hutcheon señaló que los textos posmodernos dramatizan el hecho mismo de que

23. En este punto, Frederic Jameson (1991) parece sustentar su idea en conceptos de Baudrillard, según el cual vivimos en la era de los simulacros, pues los referentes, el valor funcional entre el signo y el objeto real que representa, en palabras de Baudrillard, «ha muerto». Baudrillard explica la relación entre los modelos de producción y las formas de representar la realidad desde la Revolución Industrial (algo que Jameson [1991] también hace sobre la base de las etapas propuestas por Ernest Mandel) para llegar a la conclusión de que hoy vivimos en la era de la reproducción ilimitada. Jameson (1991), por su parte, recoge la idea de simulacro y sostiene que el pasado no existe, que es una vasta colección de imágenes: un simulacro. ¿Y qué es el pastiche?: una yuxtaposición de elementos de todas las épocas porque el pasado histórico es una simulación de la realidad.

son construcciones: «What postmodern theory and practice together suggest is that everything always was "cultural" in this sense, that is, always mediated by representations» (1989: 34).

En *Duerme* (1994) abundan los marcos narrativos que enfatizan la idea de la representación: el primero es el de Claire, que se narra a sí misma su propia historia; otro es el del Cacique Yuguey, que cuenta que la historia de Claire ya ha sido escrita en un texto; otro es la obra de teatro *Afrodita y el monstruo*, teatro dentro del teatro de representaciones que es *Duerme*, cuyo argumento es un juego de espejos en relación con la historia de Claire y su amor homosexual por la actriz Ifis. Finalmente, quien termina de contar su vida no es ella sino su amigo escritor Pedro de Ocejo, que cierra el relato desde su punto de vista, apropiándosela y dejándole al lector la duda de que la historia de Claire sea o no parte de sus propias ficciones.[24] Todo este juego de marcos narrativos que van acompañados de los distintos disfraces que utiliza la protagonista enfatiza la idea de *performance:* Claire es como los otros quieren que sea. Claire, Clara Flor, monsieur Fleurcy, y el conde Urquiza, son un personaje construido por disfraces y nombres, que cambia de sexo y de posición social según la vestimenta que lleva. Se convierte así, sucesivamente, en un aventurero francés, un noble español, una mujer india y una protegida del virrey. Esta investidura permanente es análoga a cómo fue apropiada la Malinche a lo largo de la historia mexicana: ¿acaso su vida no ha sido un símbolo vacío que ha ido redefiniéndose o vistiéndose de acuerdo con las circunstancias políticas de México?

En *Duerme* (1994), Claire es Malinche. Su accionar en toda la primera parte de la novela hace las veces de un objeto que se deja hacer sin posibilidad de refutación; como en el caso del personaje histórico, ella no es dueña del relato. Es como una muñeca de trapo; le cambian el disfraz y actúa como la persona que suplanta. Los narradores

24. Lorena Monzón analizó en detalle los distintos niveles narrativos que, como cajas chinas, se abren uno dentro de otra, constituyendo nueve marcos.

enfatizan su imposibilidad de decisión: «soy un cuerpo yerto» (Boullosa 1994: 15), «cargan conmigo como un saco inerte al hombro» (Boullosa 1994: 15), «veo volar la orilla de mi capa en camino al cuerpo que me suplanta (Boullosa 1994: 18), «van a cambiarme las ropas con las de un español y yo no puedo defenderme» (Boullosa 1994: 18), «este silencio y esta inmovilidad equivalen a las tinieblas» (Boullosa 1994: 37), «me acuestan en la cama, los indios que me han traído a cuestas salen y cierran tras de sí la puerta» (Boullosa 1994: 38). Todos los ejemplos muestran cómo los demás personajes se apropian de ella, y posteriormente adquiere la ropa adecuada para transformarse en uno de ellos. Como Malinche, ella es vista como una diosa y luego como una traidora. Recibe los poderes de la magia indígena: no tiene sangre en las venas y no menstrúa; y, por ello, el cacique Yuguey la ve como una divinidad, mientras que para otros es una traidora, porque los indígenas la salvan de morir en la horca, y ella diseña la estrategia militar para que el virrey arremeta contra el indio rebelde. La representación de diosa y de traidora la comparten tanto Claire como Marina.

Georges Baudot (2001) observó cómo las crónicas de Indias hicieron de Marina una mezcla de divinidad y perversidad. Estas características se repiten en *Duerme* (1994).[25] En efecto, Claire no es mujer,

---

25. Blanca López de Mariscal (2004) afirmó que los cronistas españoles construyeron la imagen femenina como la de un ser pasivo y manipulable. Esta autora seleccionó distintas crónicas escritas por españoles y algunos códices aztecas, en los que aparecen mujeres activas y guerreras intentando cuestionar el estereotipo que prevalece en la mayoría de los escritos coloniales que fueron reforzados por Octavio Paz en el siglo XX: «en términos generales, existe la idea de que todas las mujeres indígenas que participaron en el proceso de la conquista y la dominación novohispana fueron seres sobre los cuales el hombre tuvo derecho de uso y abuso, que aceptaron pasivamente su condición de inferioridad y que se dejaron manipular por los verdaderos protagonistas del drama americano: los varones» (López de Mariscal 2004: 22). Un estudio más breve sobre el mismo tema lo realiza Sara Poot Herrera en «Colón (des)cubre a las Indias» (1994), donde se muestra cómo Colón describió a la mujer como parte del paisaje y al paisaje como si fuera una mujer (recordemos la célebre expresión de Colón en

no es varón, no es india, no es francesa. Es un cuerpo híbrido que va cobrando distintos significados de acuerdo con el disfraz que adquiera. El huipil es el traje de peor rango en la escala social mexicana: cuando Claire lo lleva puesto, el conde Urquiza la confunde con una india y la viola, a pesar de que fue ella quien lo salvó de morir en la horca. Cada traje, entonces, implica una lectura premeditada de lo que socialmente se espera de él/ella cuando es hombre, mujer, pirata, india, asesora militar o bella durmiente.[26] Claire entonces problematiza los binarismos y la dualidad de concebir al mundo, y muestra que es posible ir más allá de los rígidos códigos de conducta existentes: «ven mi porte de blanca, mi cuerpo de blanca, mi ropa de india, y dicen "es mestiza". No miento, respondo a las cuentas que han aprendido a hacer en estas tierras los españoles. Para ellos tres es dos» (Boullosa 1994: 58). Claire representa al número tres, porque cada disfraz la vuelve parte de un mundo y de otro simultáneamente. Al no tener sangre en las venas y no menstruar, su cuerpo es casi como el de un andrógino: una *tabula rasa* que se enviste de significado a través de la ropa pero que carece de un sexo. El número tres, como lo ha señalado Marjorie Garber, en *Vested Interests*, dramatiza el hecho de que el género sea una construcción cultural que critica la forma de pensamiento dual: «cross-dressing offers a challenge to easy notions of binarity, putting into question the categories of "female" and "male", whether they are considered essential or constructed, biological or cultural» (1997: 10). Claire, la Malinche disfrazada, es un andrógino cuya investidura muestra, por un lado, cómo el lector ha construido

---

la que compara a América con el pezón de una pera, es decir, el seno femenino como el umbral hacia el Paraíso).

26. Distintos críticos como Salvador Oropesa (1997), Laura Pirot-Quintero (2002), y Ute Seydel (2001) comparten la tesis del disfraz como ejemplo del mestizaje. Para ellos, el cuerpo vestido de Claire es una metáfora de México, porque en ella se concentran las distintas razas y los distintos géneros. Sin embargo, lo que ella (y su cuerpo) demostrarían son justamente las fisuras de ese mestizaje, porque Claire no logra formar parte estable de ningún grupo social. Lo interesante es ver el vestido como un constructo para ser siempre otro.

un personaje sobre ella, otorgándole un significado arbitrario; y, por otro, cómo la sociedad mexicana atribuye ciertas conductas a uno u otro género.

Boullosa, empecinada en desvincular a su literatura directamente del rótulo de *femenina*, muestra cómo la construcción de género y las expectativas que el lector tiene para analizar ciertas acciones humanas son un producto social.[27] Por ello, sus protagonistas femeninos van dejando a lo largo de las novelas su feminidad para volverse paulatinamente andróginos: Claire en *Duerme* (1994) y Lear en *Cielos de la Tierra* (1997) muestran cómo la historia de Malintzin —así como las pautas de conducta que se esperan como propias del género femenino— es un constructo cultural. Su apropiación siempre por otros muestra, al mismo tiempo, que Malinche se vuelve un signo de acuerdo con el momento histórico o grupo social que tenga interés en ella. Malinche —como significante— simboliza precisamente la apropiación de la historia por parte del grupo hegemónico y la negación de la historia como devenir: ella, al igual que la historia mexicana, va cambiando de rumbo, de significado; nos lleva al pasado o al futuro; reaparece o va borrándose, se va volviendo siempre lo otro. En todas sus posibilidades, ella une el pasado con el presente o los yuxtapone, rompiendo la lógica de la continuidad cronológica de lo que es antes y después.

---

27. No es de extrañar que la propia Boullosa defina algunos de sus libros como *varoniles*: «y sí he dicho que soy un escritor varón es porque mi apuesta es literaria» (citado en Ibsen 1995: 54). Ella misma cuestiona cómo la cultura decide no solo el rol de la mujer en la sociedad, sino el tipo de literatura que produce. Para Boullosa, si bien existe un tipo de sensibilidad femenina, esta no es exclusiva de las mujeres. En la entrevista con Gabriela de Beer (1996), insiste en que no importa el género de quién escribe para catalogar a una escritura como femenina o masculina. De manera consecuente con esta idea, propone que Marcel Proust es la mejor escritora: «Since it is my view that the nationality of writers is their language, I also believe that the gender of writers is their language. Marcel Proust is for me the best woman writer in the history of the world. Marguerite Yourcenar [1903-1987], I don't know whether she is a man or a woman writer» (Beer 1996: 180).

4

La historia como tragedia cíclica: *El gran señor* y *Muchas lunas en Machu Picchu* de Enrique Rosas Paravicino

El gran señor (1994) y *Muchas lunas en Machu Picchu* (2006) son dos novelas del cuzqueño Enrique Rosas Paravicino. A pesar de reconsiderar inteligente y críticamente materias desarrolladas por el indigenismo peruano, estas obras no han tenido la suerte de ocupar un lugar importante en el panorama literario nacional. Luis Nieto Degregori atribuyó esa poca atención a que la escritura de Rosas está «condenada a una situación de subalternidad por su persistente interés en lo rural y las pequeñas ciudades de la sierra; es decir, franjas ambas de la realidad peruana que a los ojos de la crítica tenían un inocultable tufillo telúrico o arcaico» (2007: 58).

Cabe advertir que, debido al desgaste del indigenismo como corriente literaria, los llamados escritores andinos prefieren no ser calificados como regionalistas, indigenistas o neoindigenistas. Suelen definirse más habitualmente como autores «andinos» en contraposición con los «criollos», nombre con el que suele mencionarse a los narradores de la costa, sobre todo los de origen burgués o tendencia política conservadora. A estos los andinos comúnmente los describen como defensores de un *establishment* centralista, nucleado en torno a editoriales internacionales y medios de prensa limeños.[1]

Esta oposición resulta muy significativa, puesto que está conectada con una ya tradicional relación conflictiva entre lo costeño occidental y lo andino.[2] Coincidentemente, los dos novelistas cruciales de la tradición narrativa peruana, Mario Vargas Llosa y José María Arguedas, suelen ser colocados como los ejes de tal contradicción. Tanto el primero, asociado habitualmente con los «criollos», como el segundo, estandarte de los «andinos», dedicaron no solo varias ficciones sino también diversos ensayos a intentar comprender las escisiones irresueltas entre modernidad, occidentalización e indigenismo, que aparecen como los grandes conflictos definitorios de la sociedad peruana. Esta percepción posee tal impacto que es muy difícil encontrar un escritor, un artista plástico o un realizador cinematográfico en cuya obra no aparezca alguna representación de dichas tensiones.

Dos hechos que influyeron en las reformulaciones de la literatura peruana en el siglo XX son las migraciones masivas de la sierra a la costa que comenzaron en la década de 1940 y la violencia política iniciada por el grupo maoísta Sendero Luminoso, que concentró sus acciones, en un principio, en varias zonas pobres rurales de los Andes centrales, sobre todo en el departamento de Ayacucho, para luego dirigirse a las ciudades, en especial hacia Lima. Los desplazamientos poblacionales dan pie a nuevas interacciones, nuevos encuentros y desencuentros, y nuevos procesos transculturadores, en un marco de marginación y violencia social que trastornan o radicalizan (o hacen parecer inviables) anteriores concepciones de hibridación o mestizaje. La modenización parece volverse más imperativa y necesaria pero también más beligerante, monstruosa, acaso destructiva.

---

1. Los artículos y columnas de opinión escritos por unos y otros durante la llamada «polémica de los andinos y los criollos» pueden revisarse en el siguiente enlace: <http://www.omnibus.com/congreso/debate/indicedebate.html>.

2. Para leer sobre los defectos de planteamiento de la polémica y la relativa arbitrariedad de las denominaciones «andinos» y «criollos», véase Faverón 2008.

En *El gran señor* (1994), Enrique Rosas Paravicino cuestiona la visión de los Andes como lugar cerrado. Por el contrario, la apertura y el eclecticismo de la sierra son evidentes para quien observa de cerca las expresiones de su espiritualidad.[3] Los Andes no conforman, entonces, un espacio refractario a la influencia externa o ajeno a la modernidad. Tampoco son un conjunto de comunidades en donde se pueda encontrar la «pureza» de lo indígena.

La novela ocurre durante la gran procesión andina del Qoyllur Rit'i, una de las fiestas religiosas más importantes de la sierra peruana. La celebración atrae a más de 20.000 peregrinos desde el sur andino hasta el nevado Ausangate, a 4.600 metros de altitud, en la puna cuzqueña. Se origina en la aparición de la imagen de Jesús en una roca, a la cual los peregrinos llegan con el fin de agradecerle y pedirle favores. Es el Señor de la Cordillera, llamado por los fieles *Taytacha*, es decir, «padrecito» en la lengua quechua. La fiesta concluye cuando un grupo de danzantes sube a la cima de la montaña y carga trozos de hielo en sus espaldas —una puesta en escena del Vía Crucis— para transportarlos hacia la catedral del Cuzco, ubicada en la plaza de armas de la ciudad. Allí los novenantes colocan esos trozos de hielo cerca de las imágenes de los santos cristianos, donde se halla una importante *huaca* incaica.

---

3. Peter Elmore me hizo notar que en la fiesta patronal de la Virgen del Carmen en Paucartambo hay cuadrillas de danzantes paucartambinos que han adoptado la vestimenta de los danzantes de tijera de Ayacucho. Otros ejemplos de este eclecticismo, esta vez en la artesanía, son las tablas de Sarhuas y los retablos ayacuchanos. Estos últimos son un producto con gran capacidad de cambio y adaptación. William Rowe y Vivian Schelling estudiaron el retablo del conocido artesano ayacuchano Lopez Antay y destacan cómo sus piezas incluyen ahora temas seculares y no propiamente andinos: «when Lopez Antay came to the notice of *indigenista* painters, collector of popular art from Lima and tourists, they began to demand different themes from him, and he began to present in his *retablos* a variety of local scenes, no longer limiting himself to the traditional one, and eventually also replacing the religious upper story with the depiction of secular customs» (1991: 67).

El catolicismo popular andino es sincrético de una manera peculiar. No es una integración de elementos sino, más bien, una suma: se adora tanto a los cerros como a Jesucristo:

> Tras persignarnos de rodillas y decir con callada devoción el padrenuestro, el Pancho Sorata sacó de entre sus pertenencias un atadito raro del tamaño de un puño. Lo desató como quien abre un gran libro de latines. Y —¡qué diría un celador si lo viera!— al tiempo de pronunciar en quechua las claves del despacho, fue ordenando en el paño varias hojas de coca, una decena de granos de maíz color rojo, una conopa que representaba al ganado y diez piedrecitas blancas y pulidas como muelas de res. (Rosas 1994: 234-235)

Rosas Paravicino combina la acción de los personajes con una narración detallada de los procedimientos de la fiesta y enfatiza los cambios que ha sufrido la tradición del Qoyllur Rit'i en los últimos años. Esto lo hace a través de técnicas modernas de escritura: su estilo toma elementos del realismo mágico, principalmente su gusto por la hipérbole y lo maravilloso. El eslabón de esta categoría con lo andino es el escritor peruano Manuel Scorza en la saga novelesca que incluye *Redoble por Rancas* (1970) y *Garabombo el invisible* (1972).[4]

Lo mágico en la obra de Rosas Paravicino tiene también un referente en los relatos mágico-realistas de la tradición oral andina: hay una multitud de aparecidos, condenados, espíritus benéficos, conversaciones entre fantasmas que datan del siglo XVI y bandadas de pájaros en el nevado Ausangate que funcionan como augurios de las desgracias

---

4. *Garabombo el invisible* (1972) de Manuel Scorza combina temas andinos y reales con lo maravilloso. Garabombo es un personaje transparente, solo visto por sus seguidores, y es él quien lidera la rebelión de los comuneros de Yanahuanca contra los hacendados de Uchumarca, Chinche y Pacoyán en el departamento de Cerro de Pasco. A este hecho mágico se le suman muchos otros, entre los que destacan los diálogos entre el arriero y sus burros. Los animales hablan y se vuelven héroes de la revuelta. Este realismo mágico está presente en toda la obra de Rosas Paravicino: en «Al filo del rayo» (1988), el cuento que da título al libro, el rayo presagia el nacimiento de Sendero Luminoso en Ayacucho.

que ocurrirán. Los cóndores, por ejemplo, sobrevuelan insistentemente la zona como presagios de los atentados terroristas: «en el cielo el pavor era similar al de la tierra. En su desesperación por escapar las aves chocaban entre sí. Se impactaban unas a otras: gavilanes, tordos, calandrias, pitos alondras y palomas» (Rosas 1994: 74).

El incluir y combinar distintas propuestas literarias, y ser abierto y ecléctico, convierte a Rosas Paravicino precisamente en «andino», en la medida en que es heterogéneo y acumulativo. Esto ocurre en su arte de narrar y en su afán de enfatizar los cambios de la fiesta.[5] Este rasgo reaparece en *Muchas lunas en Machu Picchu* (2006), novela ambientada en el siglo XVI durante las rebeliones de los cuatro incas de Vilcabamba. La obra muestra cómo, desde a la llegada de los españoles —que en la ficción son representados por los Españarri—, la mentalidad andina cambió irrevocablemente y, por lo tanto, el Tahuantinsuyo, ese espacio utópico que describió el Inca Garcilaso de la Vega en sus *Comentarios reales*, se encuentra irremediablemente perdido. Así, cuatrocientos años de convivencia dieron como resultado un mestizaje no solo social y cultural, sino mental. Es en este catolicismo popular donde el mestizaje cobra una plenitud de incorporación de elementos de una y otra cultura, que es el objetivo que anima a todo proyecto mestizo.[6]

---

5. Otro escritor decididamente andino por las mismas razones que Enrique Rosas Paravicino es Oscar Colchado Lucio, quien proviene de la sierra norte del Perú. Su novela *Rosa Cuchillo* (1997) es considerada por Miguel Gutiérrez como una «divina comedia andina» (1999: 41). En ella se intercalan los conceptos del *Janaq Pacha* (el mundo de arriba y lejano en la concepción andina) con actos terroristas perpetrados por Sendero Luminoso en el Perú y elementos fantásticos.

6. El sincretismo no puede entenderse como una preservación en la clandestinidad de un contenido indígena autóctono y puro. El catolicismo popular andino es catolicismo, solo que muy distinto de la vertiente tradicional de la Iglesia. La devoción a la virgen María y a Jesús no es un traje que encubre la adoración a los cerros. En el catolicismo popular andino, tal y como aparece en *El gran señor* (1994), el culto a la virgen y a Jesús va acompañado de adoración a los cerros.

En *Muchas lunas en Machu Picchu* (2006), Rosas Paravicino muestra que los mitos andinos como los conocemos actualmente ya han recibido una influencia hispana —la misma noción de milenarismo solo tiene sentido después de la Conquista—, con lo cual lo precolombino autóctono no existe, porque no se puede hablar de autenticidad después del periodo colonial. Sin embargo, si bien, en el plano de la representación de la particularidad, Rosas Paravicino subraya los cambios que están ocurriendo en la sierra e incide en la ecléctica flexibilidad de la religión católica popular, el contrapunto de las líneas argumentales de las novelas aquí estudiadas nos indica que, en un sentido radical, la historia andina es una tragedia cíclica: todo cambia y todo permanece. Rosas Paravicino tiene una visión de la historia que es pragmática y escéptica, y que se presenta de acuerdo con los tiempos del desencanto de las grandes utopías.[7]

En *El gran señor* (1994), el narrador —el observador cual panóptico que ha visto el accionar de cada uno de los personajes de la ficción y revela el desenlace de cada uno de ellos— es Mateo Pumacahua, uno de los tantos condenados o almas en pena que está en el cerro Ausangate. Él representa la traición en la historia peruana: el rebelde que desconoció los intereses de su pueblo y defendió a la Corona española durante el gran levantamiento de Túpac Amaru II. A través de fragmentos históricos que recrean la relación entre ambos personajes, que se intercalan con una serie de episodios de atentados terroristas perpetrados por Sendero Luminoso, alzado en armas desde 1980, Rosas

7. Mario Pantoja Palomino en «Rosas Paravicino: la novela histórica por vía del mito» señala cómo la ciudadela de Machu Picchu es el núcleo de la trama narrativa y conecta ambas novelas con resonancias milenaristas: «el lugar oculto que atesora el saber del astrónomo inca, pero también —al finalizar el siglo XVI— el foco activo de la resistencia indígena frente al arrollador avance de la catequesis colonial. El mito andino repercute a lo largo del relato histórico como un acorde sostenido que anima la voluntad de gesta y sacrificio, de memoria y éxtasis, sobre todo cuando los habitantes de Machu Picchu que aquella noche final es la clave para entenderlo todo: el destino, la derrota, el éxodo, la decadencia» (2008: 122).

Paravicino traza una línea que conecta la violencia en el Perú en los tiempos de la Colonia con la ocurrida en la década de 1980. *Muchas lunas en Machu Picchu* (2006) comienza y termina precisamente en el mismo Ausangate, cuando la cabeza de Túpac Amaru I es llevada allí clandestinamente por el protagonista Astor Ninango en el momento en que los españoles han vencido a los incas rebeldes de Vilcabamba e inician una especie de procesión hacia la misma montaña sagrada. En el plano de la representación, esta ya tiene elementos de lo que siglos más tarde será la festividad del Qoyllur Rit'i.[8]

Este hecho conecta directamente las dos novelas que muestran la circularidad y tragedia de la historia peruana: *Muchas lunas en Machu Picchu* (2006) tiene como trasfondo la rebelión de Túpac Amaru I (1572), mientras que *El gran señor* (1994), la de Túpac Amaru II (1781). La historia es cíclica: José Gabriel Condorcanqui, tataranieto de Túpac Amaru I, decidió doscientos años después tomar el nombre de su antepasado e iniciar la gran rebelión del sur andino, que tuvo eco en casi todo el continente. El ciclo histórico real —las revoluciones fallidas de los dos Túpac Amaru— son similares por su desastroso y violento final que concluye con la decapitación. Este paralelismo histórico se refuerza en el plano de la ficción: las dos novelas se abren y cierran con la imagen de los peregrinos subiendo a la montaña sagrada —en *Muchas lunas en Machu Picchu,* Astor Ninango lleva la

8. Túpac Amaru I fue el útlimo inca de la dinastía de los rebeldes de Vilcambamba. Su rebelión fue aplastada por los españoles en el Cuzco en 1572. Fue tomado prisionero y decapitado públicamente en la plaza de armas de esa ciudad. José Gabriel Condorcanqui o Túpac Amaru II lideró la rebelión más importante en el virreinato del Perú en 1780. Debió observar cómo asesinaban a toda su familia. Algunos miembros de esta fueron capturados y amarrados de cada una de sus extremidades a cuatro caballos hasta que sus cuerpos se despedazaran con el movimiento de las bestias. Túpac Amarú II resistió, no murió de esta manera: fue cortado a hachazos y repartido por las distintas regiones del Perú, y su cabeza fue exhibida en la plaza de armas. Fue ejecutado en la plaza de armas del Cuzco en 1781. Mateo Pumacahua, cacique de Chinchero en el Cuzco durante la rebelión de Túpac Amaru II, contribuyó a la causa realista con armamento y hombres, y ayudó a capturar al rebelde.

cabeza de Túpac Amaru I hacia el Ausangate; en *El gran señor*, los fieles van al *apu* donde reside el fantasma de Túpac Amaru II—: las dos se abren y cierran con la profanación del Ausangate; en ambas hay seres nómades que transitan de un lugar a otro, seres errantes que nunca se encuentran: en *Muchas lunas en Machu Picchu*, Astor Ninango llegará tarde porque su padre ya ha muerto cuando él finalmente lo encuentra; en *El gran señor*, los personajes se dirigen hacia el mismo lugar pero los grupos de comparsas distintas no interactúan entre sí y, cuando lo hacen, solo se producen actos violentos o atentados terroristas.

En estas novelas, como en las estudiadas en los capítulos anteriores, los personajes son representados en un tiempo antihistórico. Las acciones parecen cobrar vida de manera circular e idéntica en cada uno de los períodos de la historia. En este caso —a diferencia de la inmovilidad de *Zama* (1956), del entrampamiento en la historia en *El mundo alucinante* (1965) o de los sueños de rebelión desde la isla en *Duerme* (1994) y *Cielos de la Tierra* (1997) —, los protagonistas son peregrinos que viven en perpetuo desplazamiento y total desconexión. Las relaciones étnicas y de clase se mantienen presentes desde la Colonia con ligeras variaciones: ahora existe la posibilidad de ascender socialmente a pesar del color de la piel, aunque el trato desigual entre blancos, indígenas y mestizos sigue vivo en el Perú actual.[9] Rosas Paravicino parece sugerir que si hay algo que conecta a los distintos peruanos es ese fervor religioso intenso pero esporádico, producto del mestizaje cultural entre indígenas y españoles. Sus ficciones muestran que el mestizaje se dio de manera sincrética en

9. El nuevo rostro del Perú está conformado por miles de hombres de la sierra que han migrado del campo a las ciudades. Es un contingente que está formado por bilingües quechua-castellano o aimara-castellano o, entre las nuevas generaciones, incluso por hablantes monolingües del castellano. «Cholos» es el vocablo con el que se les identifica, pero es peyorativo y, por eso, se utiliza más el término «andino». Aunque muchos «cholos» han ascendido en la escala social y algunos son prósperos empresarios que viven en las grandes ciudades, todavía existe mucho racismo y discriminación.

la religión—y de allí su interés en el catolicismo popular no solo en estos textos, sino en varios de sus cuentos de *Al filo del rayo* (1988)—, pero que, en un nivel individual, existe más como hecho biológico y hasta cultural pero no como superación del antagonismo social ni como reconciliación.[10]

En este capítulo trabajaré los temas centrales de la obra de Rosas Paravicino: una sierra descrita de manera ecléctica y permeable a lo occidental, sin que por ello haya perdido sus valores tradicionales y sin que esa modernización haya borrado las desigualdades entre unos y otros grupos sociales. Asimismo, sus novelas permiten pensar la manera en que, dentro de la heterogeneidad cultural peruana, compuesta y estudiada mayoritariamente por el sujeto mestizo e indio, aparece la configuración de un sujeto migrante que no obedece más que parcialmente a los códigos de la transculturación en el Perú de los últimos años. Rosas vincula esta perpetua violencia con los tiempos de la Colonia: el Ausangate, el lugar donde ocurren todas las muertes cíclicas en la novela, es el espacio de las fallidas rebeliones; es un caldero de enfrentamientos perpetuos cuyas causas, que generaron la explosión de la violencia cíclica peruana, no están resueltas y, por eso, reaparecen cada cierto tiempo. En *El gran señor* (1994), la puna es un territorio insular que, a pesar de haber incorporado aspectos del mundo moderno, sigue siendo visto como un espacio exótico por los visitantes limeños.

---

10. «Temporal en la cuesta de difuntos» y «El camino de la suerte» son dos de los cuentos de *Al filo del rayo* (1998) en los que Rosas Paravicino trabaja el tema de la religión popular. En ellos incide en la cosmovisión andina que combina las historias de los condenados vivos en el Ausangate, la adoración a los *apus* y Cristo como parte de la simbiosis cultural que existe hoy en la sierra.

La sierra y sus dos rostros: la civilización de la barbarie o la barbarie de la civilización

En su novela *Lituma en los Andes* (1993) y en su ensayo sobre la obra de Arguedas *La utopía arcaica* (1996), Mario Vargas Llosa presentó al mundo andino como un lugar incomprensible y cerrado para todo lo extranjero, opuesto inclusive al mundo de la costa peruana. La sierra es para Vargas Llosa un lugar sin civilización, cuyas costumbres son totalmente primitivas y arcaicas. Estas se retrotraen a la cosmovisión prehispánica y continúan existiendo de manera intacta en la mentalidad de sus habitantes.

Un ejemplo de esta forma salvaje de pensamiento aparece representado en *Lituma en los Andes* (1993), novela ambientada en la comunidad minera de Naccos, pueblo imaginario pero que, por una serie de descripciones y referencias, se puede situar entre los departamentos de Ayacucho y Huancavelica.[11] En Naccos, los protagonistas creen en el mito del *pishtaco*, adoran a los *apus* y les otorgan ofrendas permanentemente. Una de las líneas argumentales de esta novela es la muerte de tres peones de las minas sin una explicación racional que lleve al sargento Lituma, el detective de la ficción, a resolver el caso. Él no es capaz de llevar a cabo la investigación porque solo los «naturales» son capaces de entenderse a sí mismos. Lituma proviene del departamento costeño de Piura y no entiende lo que ocurre en ese campamento minero. La muerte de estos trabajadores, según revela al final uno de los indígenas del pueblo, fue producto de atroces actos

---

11. Miguel Gutiérrez anotó que la localidad ficticia de Naccos estaría dentro de la podríamos llamar la sierra arguediana, por la gran presencia de indígenas de habla quechua: «es como si MVLL librara una guerra secreta con Arguedas, el novelista y el pensador, con el cual viene desarrollando una especie de contienda en los planos de la ficción y el pensamiento» (1999: 25). Cabe agregar que para Antonio Cornejo Polar (1988: 30), *El hablador* (1987) podría ser leída como una parodia del indigenismo y, en especial, de toda la literatura arguediana.

de canibalismo: los pobladores no solo asesinaron brutalmente a los mineros desaparecidos, sino que los otorgaron como ofrenda a las montañas y los devoraron.

Los actos de canibalismo y los sacrificios humanos fueron un argumento reiterado por los españoles para mostrar el salvajismo de las culturas americanas. Los evangelizadores los utilizaron como una de las razones discursivas más importantes para obligar a convertir a sus habitantes a la fe cristiana. En la novela, las acciones que emprenden los mineros son idénticas a las creencias de los chancas y los huancas, es decir, a las culturas precolombinas que existieron en la zona antes de la llegada de los españoles, como si en cuatrocientos años de historia hubiera pervivido esta muestra de salvajismo en la gente de los Andes:

> ¿Así que los chancas y los huancas sacrificaban gente cuando iban a abrir un camino? [...] Era su manera de mostrar respeto a esos espíritus del monte, de la tierra, a los que iban a perturbar. Lo hacían para que no tomaran represalias contra ellos. Para asegurar su supervivencia. Para que no hubiera derrumbes, huaycos, para que el rayo no cayera y los quemara ni se desbordaran las lagunas. (Vargas Llosa 1993: 180)

En la ficción, el mundo de Naccos es «el mundo viniéndose abajo, ajusticiamientos, desapariciones, diablos, mukis, pishtacos» (Vargas Llosa 1993: 106), que se conecta, además, con la barbarie de Sendero Luminoso en viñetas que intercala el escritor: en la sierra ocurren los asesinatos del grupo terrorista y los actos de canibalismo ejecutados por sus mismos habitantes. En los Andes sucede toda la barbarie del Perú y es la antítesis de la civilización. Es el mundo primitivo y bestial poblado de mitos que no solo existen en la consciencia de sus habitantes sino en la praxis: unos se comen a los otros para exorcizar el mal que ha caído en el pueblo.

Vargas Llosa, en 1993, año de la escritura de esta historia, revivió la antigua pugna entre civilización y barbarie de la novela regionalista. En ella, la costa y la ciudad representan lo primero, la civilización, y los Andes, lo segundo.[12] Los habitantes de la sierra tienen costumbres mágicas e irracionales, muy difíciles de cambiar porque «toda visión mágico-religiosa es irracional, no científica, pues presupone la existencia de un orden secreto en el seno del orden natural y humano fuera de toda aprehensión racional e inteligente» (Vargas Llosa 1996: 186). En esta dicotomía entre civilización y barbarie, que se traduce en un choque insalvable entre modernidad y tradición, la propuesta de Vargas Llosa es transformar la sierra modernizándola completamente. De lo contrario, el Perú estaría siempre dividido, incomunicado, y habría una zona, la de los Andes, que sería una amenaza de desarrollo latente para la otra.[13]

José María Arguedas, por el contrario, veía con temor la modernidad porque, para él, esta simboliza una posibilidad de destrucción de la tradición, de las costumbres y los ritos de la sierra. La visión

---

12. Me refiero a las novelas regionalistas canónicas como *Doña Bárbara* (1929) de Rómulo Gallegos, donde el llano, simbolizado por doña Bárbara, es la barbarie. Sin embargo, su hija es educada por Santos Luzardo, el hombre citadino que la transforma. En *Don Segundo sombra* (1926) de Ricardo Güiraldes, la pampa (la barbarie) y la ciudad llegan a una armonía. En *La vorágine* (1928) de José Eustacio Rivera, la selva es el espacio «otro», el lugar salvaje donde se explota el caucho y donde el hombre ha dejado su humanidad y donde todo aquel que ingrese a este espacio maldito terminará destruido. De las tres novelas de la tierra, *Lituma en los Andes* (1993) tiene elementos de *Doña Bábara* y de *La vorágine:* los Andes es el lugar (que hace las veces de la selva); no se puede salir de él, pero su solución para domesticarlo, se asemeja a la planteada por Gallegos: aplicar la leyes citadinas en el espacio otro.

13. Para Vargas Llosa, Arguedas prefiere mantener el salvajismo antes de denunciar el horror y el aislamiento en el que viven las culturas andinas. En relación con *Yawar fiesta* (1941), novela donde gana la corrida de toros a la manera indígena, señala: «Ahora bien: al hablar de *Yawar fiesta* no es, como lo fueron muchas novelas costumbristas, una superficial y complaciente apología de una fiesta local. En verdad anima un propósito desmesurado: congelar el tiempo, detener la historia. La novela es un alegato contra la modernización del pueblo andino, una defensa sutil y vigorosa de lo que hoy se llama multiculturalismo: la evolución separada y autónoma de las culturas y el rechazo de una integración percibida como un proceso de absorción destructivo de la cultura indígena por Occidente» (Vargas Llosa 1996: 134).

de Arguedas experimentó un proceso de lo local a lo nacional y enfrentó una tensión entre tradición y modernidad. Antonio Cornejo Polar (1997) señaló que la obra de Arguedas era expansiva por cuanto empezó en sus cuentos de *Agua* analizando los problemas entre mistis e indios, para luego volverse cada vez más abarcadora e intentar comprender las diferentes rivalidades étnicas y culturales en las tres regiones del Perú. De allí se deriva que Luis Nieto Degregori (2007a) haya calificado a Arguedas como el primer escritor andino. En obras como *Yawar fiesta*, el narrador elogia la carretera Puquio-Nazca, que une la sierra con la costa, solo en la medida en que prueba lo eficiente que es el trabajo comunal indígena, porque ha sido fabricada con la fuerza y mano de obra campesina, sin intervención ni presión de las autoridades locales o regionales.

Con *El zorro de arriba y el zorro de abajo* (1971), novela inacabada y póstuma, Arguedas acepta que esta modernización es incontenible y plantea con mayor detalle los posibles caminos que podrían tomar los serranos en su encuentro con este choque entre modernidad y tradición —choque que ya en 1968, año de la escritura de la novela y del suicidio de Arguedas, era inminente— y sus posibles consecuencias.[14] La novela que intercala una historia ficcional con el diario íntimo del autor presenta a un grupo de pobladores del Ande que baja a la costa, concretamente a la ciudad portuaria de Chimbote. Durante la década de 1950, dicha ciudad experimentó una desordenada modernidad

---

14. En su ensayo «Puquio, una cultura en proceso de cambio», Arguedas analiza los cambios modernizadores que se están llevando a cabo en Puquio —y esa línea argumental la continuó desarrollando posteriormente en la ficción en *El zorro de arriba y el zorro de abajo* (1971)—, en los que el mestizo tiene una función central y negativa como ejecutor de dichas modificaciones culturales: «las normas que regían la convivencia de esas viejas familias con los indios y mestizos está siendo reformada. Se han convertido en grupos dominantes los hombres dedicados al comercio y la ganadería; y estos hombres son en su mayoría nuevos, surgidos de la clase de los mestizos. Casi todas las familias aristocráticas se han dispersado y emigrado. Las que aun permanecen en Puquio han tenido que modificar sus costumbres» (1964: 224).

económica en torno a la producción de harina de pescado. Casi todos los personajes migrantes serranos atraviesan un proceso de deculturación y un empobrecimiento de su condición humana. Tinoco, por ejemplo, «vestía camisa roja y zapatos bien lustrados, una ancha correa a la cintura, la brillantina olorosa, Glostora, le hacía salir lustre no sólo de los cabellos peloduros sino también de la cara» (Arguedas 2003 [1971]: 69). La mayoría de los serranos emula al dueño de la gran empresa de harina de pescado, el todopoderoso Braschi, y quiere parecerse a él. Apasa, otro personaje, cuyo origen es aimara, al igual que Tinoco, solo quiere convertirse en blanco a través del dinero y entrar en la mafia. El indio Asto quiere *desindianizarse* y está dispuesto a acriollarse cueste lo que cueste. Como señala Antonio Cornejo Polar, «Asto se niega a sí mismo, se aniquila. Su nueva autoimagen es trágicamente grotesca e implica un grado superlativo de enajenación. Repite, dentro de otro contexto, la situación del soldado que en *Los ríos profundos* cree poder confundirse con sus jefes y actuar como ellos» (1997: 237).

Solo a través de un personaje, Hilario Caullama, patrón de lancha de la empresa, Arguedas sondea la hipótesis de que lo andino puede sobrevivir a pesar de la penetración capitalista en el puerto: Caullama combina con orgullo su origen indio —repite que se siente plenamente identificado con el inca Atahualpa— y, al mismo tiempo, no le interesa ni blanquearse, ni enriquecerse; en cambio, confía en el progreso y el socialismo. Caullama, a diferencia de los otros personajes de origen andino, no es servil, valora la vida comunitaria, uno de los rasgos más importantes del mundo andino, y cree en la superación personal sin llegar a ser empresario.

El tema del posible mestizaje, de la armonía entre lo tradicional y lo moderno, de la posibilidad de un Perú de «todas las sangres», es, como sostiene Gonzalo Portocarrero (2006), un lugar utópico en Arguedas. Es más un deseo que una posibilidad: «el mestizaje en Arguedas implica integración y orgullo, libertad y gratitud, apertura y tolerancia. Pero, en el mundo andino, el mestizaje se dificulta mucho por la dominación étnica, el racismo. Desde los blancos es vivido como un peligro que debe ser evitado. Una vergonzosa contaminación» (Portocarrero 2006: 84). Como lo observó Alberto Flores Galindo (2005 [1986]), es notoria en la narrativa de Arguedas la ausencia de mestizos: los pocos que existen, como Caullama, desaparecen del relato sin estar desarrollados en la ficción. En principio, Arguedas está a favor del mestizaje, pero no hay en su obra respuestas acabadas, ni certidumbres sobre el tema. Prevalece en cambio la ambivalencia. Esta situación se manifiesta concretamente en su famoso discurso de 1968 «Yo no soy un aculturado», pronunciado al recibir el premio Inca Garcilaso de la Vega. José María Arguedas sostuvo entonces:

> Acepto con regocijo el premio Inca Garcilaso de la Vega, porque siento que representa el reconocimiento de una obra que pretendió difundir y contagiar en el espíritu de los lectores el arte de un individuo *quechua moderno* que gracias a la conciencia que tenía del valor de su cultura pudo ampliarla y enriquecerla con el conocimiento, la asimilación del arte creado por otros pueblos que dispusieron de medios más vastos para expresarse [la cursiva es nuestra]. (2003: [1971]: 11)[15]

Arguedas encarnó, en sí mismo, la figura del mestizo problemático, siempre en conflicto con su propio ser, y que anuncia, desde su primer diario en *El zorro de arriba y el zorro de abajo*, que no puede continuar viviendo: «Y ahora estoy otra vez a las puertas del suicidio. Porque nuevamente, me siento incapaz de luchar bien, de trabajar bien» (1971: 17). Entonces, es un individuo que públicamente se autodenomina «quechua moderno» pero que, en la realidad, no puede conciliar esta fusión: es un deseo irrealizable. *El zorro de arriba y el zorro de abajo* termina siendo la aniquilación total del autor. Como lo notó Martin Lienhard (1981), los diarios se inician con un tono angustiante, resolución provisoria que le permite a Arguedas empezar sus relatos para luego encontrar el silencio. La respuesta final de *El*

15. La edición chilena de *El zorro de arriba y el zorro de abajo* (1971) empieza con ese discurso.

zorro es el vacío, uno que queda abierto e inconcluso, pero que genera preguntas actuales.

La polémica ente Vargas Llosa y José María Arguedas, con estas dos maneras antagónicas de entender la sierra y la costa, la modernidad y la tradición, sigue completamente vigente en el Perú. ¿Se puede modernizar la sierra sin perder la tradición? ¿Puede sobrevivir una cultura milenaria después del choque con la modernidad? Si esto ocurriese, ¿estaría inevitablemente condenada a desaparecer?

Enrique Rosas Paravicino nos entrega una respuesta que está a medio camino entre las visiones tan dicotómicas de ambos escritores. Su ficción muestra cómo en la fiesta del Qoyllur Rit'i, originariamente de corte campesino y exclusivamente indígena, se han incorporado —y continúan incorporándose—varios elementos modernos que son narrados con técnicas literarias contemporáneas. No por ello la celebración ha perdido la tradición y el simbolismo que la caracterizan.[16] Asimismo, incorpora el tema del sujeto migrante y lo que significa la migración en el Perú: esta tiene elementos de la transculturación, pero, a diferencia de la teoría que plantea Ángel Rama (2004), la síntesis plena no se logra.

---

16. De acuerdo con la leyenda —recojo la versión recopilada por Juan Andrés Ramírez (1969)— hubo un niño indígena de nombre Mariano Mayta que vivía en una choza muy pobre en Sinakara. Su padre lo había dejado solo pastando sus ovejas por semanas. Se cree que se le apareció un niño blanco y rubio, y de su misma edad, de nombre Manuel, quien hizo que la producción mejorara significativamente. El vestía un solo traje que no envejecía. Sin embargo, un día envejeció y la tela de su ropa comenzó a verse en malas condiciones. Mariano viajó al Cuzco para conseguir una igual y después de una detallada búsqueda, le informaron que ese tipo de ropa era la que usaba el obispo. Como consecuencia de este extraño suceso, una expedición va al Sinakara a buscar al niño Manuel, pero llegando al sitio mencionado apareció una luz intensa y la silueta del niño se fue acercando a una roca hasta desaparecer. El niño Manuel dejó la imagen de la crucifixión de Cristo en una rama de *tayanka* y Marianito, el niño indígena, al ver a su amigo crucificado murió de la impresión. Se le enterró en la piedra debajo de la imagen del Cristo de la Cordillera, es decir, del niño Manuel.

El nevado en la ciudad

La mayoría de los antropólogos que han estudiado la fiesta del Qoyllur Rit'i se ha empecinado en ver la permanencia de las costumbres indígenas en ella, rechazando o cuestionando cualquier tipo de incorporación foránea a la peregrinación. Algunos estudiosos como David Gow (1974) hacen referencia a la idea del disfraz: los indígenas encubren las costumbres andinas con imágenes cristianas, pero esto ocurre solo en apariencia, porque la tradición indígena pervive completamente intacta en todos los rituales.[17] De acuerdo con esta lógica, la idea de la división entre *hurin* y *hanan* —los dos conceptos andinos con los que se representaba el mundo durante el Imperio de los Incas y que se traducen como «el mundo de arriba» y «el mundo de abajo»— continuaría intacta. Esta división territorial que propone Gow (1974), que funcionaba para dividir al Cuzco y la cosmovisión del mundo durante el Tahuantinsuyo —tal y como aparece en la crónica de Felipe Guamán Poma de Ayala (1993 [1615]), *Nueva corónica y buen gobierno* (véase la figura 14)— se reactualizaría en la fiesta a través de la rivalidad de las comunidades de Paucartambo y Quispicanchis. En ese mapa geográfico, Paucartambo representa el *Collasuyo,* mientras que Quispicanchis el *Chinchaysuyo*. La primera incluye a las provincias del Cuzco, Calca y Urubamba, comunidades predominantemente agrícolas y colindantes a la ceja de selva, mientras que Quispicanchis está conformada por las provincias de Acomayo, Canas y Canchis, que son ganaderas. Esta división entre localidades permite a su vez pensar en otras divisiones jerárquicas y binarias: la rivalidad entre el mundo de

---

17. David Gow anuncia, desde el título, la continuidad de la festividad entre las comunidades andinas a la manera en que las describió Guamán Poma en el siglo XVI: «Mientras el catolicismo sigue edificándose sobre la base de las creencias y tradiciones indígenas existentes y lo refuerza, la continuidad queda demostrada por la importancia de la adoración a las piedras, en la leyenda del Qoyllur Rit'i, en el crecimiento de las apachetas, y los inqaychus, en las casas de miniatura» (1974: 84).

Figura 14: Ilustración de Guamán Poma que muestra la división del Cuzco en cuatro regiones que se dividen en dos: el mundo de arriba y el de abajo.

arriba y el de abajo, la sierra en contraposición con la selva, lo ganadero frente a lo agrícola: el mundo de lo misti contra lo indio.

Según Robert Randall (1982) y Michel Sallnow (1987), este esquema representa un enfrentamiento ancestral entre lo quechua y lo *qolla* (aimara) —y también entre las distintas etnias dentro de cada comunidad—, y eso es lo que se escenifica cada año en el Qoyllur Rit'i. Las diferentes danzas que cada región baila en el Ausangate —para las cuales cada individuo debe portar un traje con una máscara particular de acuerdo con su estatus en la comunidad— revivirían ese antagonismo ancestral entre las dos regiones opuestas del Imperio incaico. En palabras de Michel Sallnow:

> *Naciones*, for their part, are all based in rural communities and villages. All share a public image of Quechua-speaking, Indian identity, and all are at the one level equivalent components of a single macrocosmic field. Yet here, too, entrenched or emergent distinctions are expressed through or acquire an ethnic coding. The overarching moiety division between Quispicanchis and Paucartambo, between Qolla and Quechua, comes to possess an ethnic flavor, signaled by the contrast between their respective leading dance styles, the *qolla* of Ocongate and the *ch'uncho* of Paucartambo. (1987: 241)

Hasta la década de 1970, cada peregrino iba al nevado con un tipo de comparsa que definía su lugar de origen y su estatus social y cultural. La peregrinación no era solo un espacio sagrado de comunicación con Dios, sino el lugar ritual para mostrar las diferencias de clase entre los distintos individuos que asistían al lugar. En esa década, la danza predominante era la danza del *chuncho*, que inmediatamente asociaba a una persona como un campesino pobre. A este baile se le contraponía el de los *qollas, machulas, pabluchas* y *k'ampachas*, en los que podían participar campesinos. Sin embargo, eran danzas bailadas principalmente por mestizos o *mistis*. Deborah Poole (1987) señaló que, a partir de la década de 1980, estas divisiones étnicas o culturales van perdiendo sus definiciones absolutas y ya no es posible establecer una relación definitiva entre máscara y afiliación cultural. Las danzas del Qoyllur Rit'i constituyen un testimonio de la ambigüedad y del incierto futuro de esas fronteras étnicas y culturales (construidas y cosificadas por la antropología tradicional) en un mundo moderno donde participa tanto el misti como el campesino y donde cada comunidad adopta el baile que más le conviene.[18]

Actualmente, a la fiesta van un conjunto de bailarines que no pertenecen a ninguna de esas dos regiones antagónicas del Cuzco. Asisten danzantes que son originalmente de otros departamentos del Perú y participan en la peregrinación con distintas comparsas como la *La Diablada,* del departamento de Puno, y la *Comparsa de los Negritos de Andahuaylas,* del departamento de Apurímac. En *El gran señor* (1994) aparecen, además de estos dos grupos de bailarines no locales, los de Sicuani (Puno), y Lizardo Jordán, uno de los narradores, menciona que todos los novenantes cantan canciones del valle de Majes de Arequipa. Cirilo, el niño que proviene de la comunidad agrícola de Angasmarca, otro de los narradores de la novela, recalca la inclusión de pueblos distintos a los tradicionales en la fiesta:

> ...recogimos las banderas que tres días antes habíamos plantado allí. Las de Quispicanchis, Paruro, Anta, Canchis, Paucartambo y Acomayo. Pero las banderas no llevaban el nombre de las naciones, sino el de los pueblos que las hacían flamear en la nieve [...] Otros pueblos me sonaban completamente a desconocidos; no sabía si correspondían al Collasuyo o al Chinchaysuyo. (Rosas 1994: 156)

---

18. Deborah Poole (1990) ha asistido en varias ocasiones a la fiesta y señala que muchos antropólogos insisten en ver lo rígido o invariable del mundo andino cuando este es ecléctico y permeable a las influencias externas. Esto sucede sobre todo desde la década de 1980: «la totalidad de los cambios que han ocurrido en el culto a Qoyllur Rit'i entre 1979 y 1987 parece correr en sentido contrario a las visiones antropológicas de una cultura campesina imaginada a partir de ritos telúricos y supuestas permanencias prehispánicas» (Poole 1990: 114). Me interesa significativamente notar los cambios que percibe Poole (1990) en sus visitas recientes al Qoyllur Rit'i, porque son los mismos de los que da cuenta Rosas Paravicino en su novela.

Esta apertura geográfica va acompañada de la presencia de extranjeros y creyentes bolivianos en la peregrinación: «esa es la delegación del padre Agustín Lastaria, un dominico español que vive en una lejana región de Bolivia, cerca de la frontera con Argentina» (Rosas 1994: 191).

Tal como se celebra actualmente, la fiesta del Señor del Qoyllur Rit'i muestra cómo este mundo andino no es ni tan cerrado, ni rígido como lo describen Vargas Llosa o Arguedas (en sus obras anteriores a *El zorro de arriba y el zorro de abajo* [1971]), ni, mucho menos, tan estático. La fe en el *Taytacha* se mantiene de generación en generación y las formas de agradecerle los milagros o favores que realiza a la población sufren ligeros cambios conforme transcurren los años. Rosas Paravicino incide en esta apertura. Por un lado, gran parte de los personajes que asiste a la festividad son mestizos o profesionales independientes, sin que por eso la presencia campesina deje de ser mayoritaria. En *El gran señor* (1994), las comunidades de Angasmarca y Pumahuanca hacen un larguísimo viaje para llegar al Señor de la Cordillera. Pero también llegan los mineros acaudalados como Lizardo Jordán, un cuzqueño que migró hacia la selva de Madre de Dios y que, en agradecimiento de su próspera situación económica actual, viaja al Cuzco para participar en la procesión una vez al año. También llegará Balduano Aparicio, un exmisti, o exhacendado, y Alberto Bellonta Cuentas con su novia Isolda. Ambos provienen de la ciudad del Cuzco y realizan la peregrinación para pedir que liberen a los padres de Alberto, inculpados injustamente de senderistas. A este grupo de mestizos se suma el dueño de uno de los restaurantes en el cerro, Nemesio Capatina, al que el narrador hará referencia en repetidas ocasiones como «el mestizo gordo» (Rosas 1994: 60), insistiendo precisamente en su condición de mestizo. Él aprovechará la ocasión sagrada para vender ollas con comida en el Ausangate. Junto a estos mestizos, llegan otros profesionales de clase media que asisten de manera individual al ritual (ya no en grupo, como lo hacen los campesinos de Angasmarca o Pumahuanca, que van a través de las tradicionales *naciones*): el juez civil Néstor Castelo y el escribano Melanio Tincopa.

La descripción que hace Rosas Paravicino del cerro Ausangate parece la de un «pueblo joven» en la periferia de Lima.[19] Se alude a él como un «inmenso campo ferial» (Rosas 1994: 114), donde hay tiendas de comida, albergues, un centro de salud y mucho comercio: «era inmensa la toldería que se extendía en la rinconada, pero el minero se empeñó siempre en recorrerla de canto a canto» (Rosas 1994: 60). En el Ausangate, junto al enorme fervor religioso, prevalece la compra y venta de todos los productos imaginables: Lizardo Jordán —previo regateo ferial— adquirirá toda la olla de adobo de Capatina y todas las cervezas de su tienda, ofreciéndole cinco veces su valor, e invitará trago y comida a todos los paseantes para mostrar su poder. Él es un nuevo rico que quiere ostentar su ascenso social. En la lista de cambios en el mundo andino, se hace alusión a la preferencia de los novenantes por los viajes en autobús (en lugar de ir a pie hasta la base del nevado), que son cada vez más recurrentes. Esto se puede realizar gracias a la buena carretera que existe ahora entre el Cuzco y el pueblo de Ocongate.[20] Se menciona a los bailarines independientes, así

19. A partir de la década de 1980, debido a la violencia que generó el grupo terrorista Sendero Luminoso (principalmente en los departamentos de Huancavelica y Ayacucho), hubo un repunte de la migración andina hacia Lima. Los migrantes se establecieron precariamente en la periferia de la capital, instalándose primero en carpas para después construir asentamiento humanos que han ido creciendo en las últimas décadas (algunos de los cuales son hoy verdaderos emporios empresariales). Estos espacios conformados mayoritariamente por la gente de la sierra en Lima combinan la cultura costeña con la de los Andes, sin fusionar ambas en un producto acabado y sincrético.

20. Es interesante que *El gran señor* (1994) le dedique, uno de los dos «testimonios» que se insertan en la novela, al proceso de construcción de la carretera Cuzco-Ocongate: su existencia no impide el culto al *Taytacha*, sino, todo lo contrario, promueve la visita a la montaña sagrada de manera masiva. En *Lituma en los Andes* (1993) hay una polémica en torno de la construcción de la carretera. Esta se ve como un problema social y, por eso, los mineros impiden que se lleve a cabo. En *Yawar fiesta* (1941), como ya dije, se celebra el trabajo comunal en relación con la construcción de la carretera, pero la unión de la sierra y la costa es vista con temor. Rosas Paravicino les está contestando a ambos escritores canónicos mostrándoles cómo se puede incorporar la tradición a la modernidad.

como a la inclusión de instrumentos musicales no andinos: «Al cabo de unos minutos, volvió con tres músicos ambulantes que tenían fachas de mendigos: dos violinistas y un arpista. Ninguno de ellos tenía ni comparsa ni nación» (Rosas 1994: 149).

Pero quizá el cambio más significativo, el que simboliza con mayor énfasis esta particular modernización de la sierra, es el juego de las piedras, que es un intercambio comercial imaginario, una especie de trueque de personalidades admiradas y de deseos añorados. El mercado empieza junto con el juego de representaciones frente a la imagen de Cristo en el cerro y consiste en adquirir y ser lo que uno quiere por un tiempo breve. Debora Poole interpreta que se trata de un «juego de compra-venta, de "préstamos", de "dinero" y de "bancos" que ahora ocupa todo el espacio sagrado entre el templo mismo del Señor y la subida a su nevado donde antes los devotos construían casitas y estructuras de piedra como ofrendas al Señor, y hacían tejidos como ofrendas a la Virgen de Fátima» (1987: 111).

Así, la puna se convierte en el espacio de las transacciones con billetes falsos —a los que Alberto Bellonta, uno de los narradores, llama «billetes del Señor de la Rinconada»—, en los que los participantes sueñan con todo lo que quieren obtener. Las rocas, antiguas huacas del lugar, se usan para imaginar un intercambio simbólico comercial semicapitalista —sin billetes verdaderos y sin objetos reales—, cuya lógica no es la adquisición de mercancías sino la necesidad del milagro:

> [...] centenares de peregrinos se afanaban en ordenar sus ilusiones sobre la ladera. Las piedras eran los objetos más prodigiosos que, al menor contacto del deseo cobraban vida. Se convertían, de pronto en acémilas, muebles, casas, volvos, maquinarias, talleres y comercio. Aquello era el mercado más justo y cordial de la tierra. Se vendía, se compraba, se trocaba y se remataba con el mejor ánimo. (Rosas 1994: 178)

Los asistentes no sueñan con aspectos tradicionales del campo sino con carros, casas, buena educación para sus hijos o tractores que mejoren la productividad agrícola. Así ocurre en el diálogo que cito a continuación:

> Cerca del mediodía las transacciones llegaron a su punto más alto:
> —Necesito un camión de seis toneladas.
> —Vamos a ver. Creo que aquí hay uno.
> —Que tenga chasis extra y carrocería metálica.
> —¿Igual que esta? —y le mostró una piedra larga y plana.
> —No, quiero algo más grande. Como para transportar carga a Puerto Maldonado.
> —¿Y esa otra?
> —Ajá como esa. Pero debe tener catorce llantas.
> —Sí tiene. Y además frenos hidráulicos, tanque petrolero, barandas reforzadas y chapa de doble seguro.
> —¿Y la tarjeta de propiedad?
> —Está listito el carro para circular.
> —Lo compro. (Rosas 1994: 179)[21]

Miguel Gutiérrez, en uno de los pocos estudios que existen sobre esta obra, ha señalado que la peregrinación trasciende los límites del Perú como nación: «*El gran señor* ofrece las imágenes más vivas y eficaces de la sociedad andina tradicional en proceso de transformación. Esta visión de los Andes constituye un espacio conformado por múltiples naciones que trascienden ampliamente las fronteras del Estado peruano» (1999: 47). Retomando el motivo de la insularidad que he

---

21. A Catherine Allen (1997) le llama profundamente la atención el que los campesinos le pidan al *Señor* cosas modernas. El diálogo antes citado que ocurre en la ficción es similar al que ella observó en su visita a la procesión: «around the small shrine devote to the Virgin of Fatima were bustling with miniature house-building activity. The most of the participants were young men in a more urban style of dress, speaking Spanish as well as Quechua. Indeed, their little houses reflected a more urbanized style of life and a commercial orientation. There were fewer domestic animals and many *artefactos* —pebble sewing machines, refrigerators, televisions and Volvo trucks. Small groups of these pilgrims carried on games of buying and selling articles of pebble property for bits of paper representing money» (Allen 1997: 74).

revisado en los capítulos anteriores, se podría señalar que Ausangate es un espacio aislado e incomprensible para la cultura occidental. A pesar de la incorporación de estos aspectos modernizadores de los Andes, a pesar de su apertura y eclecticismo, solo hay un hombre costeño en la novela, que aparece en la última página. Se trata de un simple espectador que «miraba la procesión con asco o pavor» (Rosas 1994: 233). Las «comunidades imaginadas» de Benedict Anderson (1991) no funcionan aquí a pesar de la imprenta y de los periódicos: los peruanos casi no se reconocen como parte de una nación y conocen muy poco de la cultura otra. De hecho, los bolivianos están más conectados con la sierra peruana que los peruanos costeños, por solo citar un ejemplo que aparece en la ficción. Esta endeble conciencia de nación hace que algunos serranos tengan como ideal el poder ser autosuficientes y quieran «descentralizarse» de la capital.[22] Balduano Aparicio, por ejemplo, desea instalar una gran industria textil e independizar la sierra de la capital, así «no tendremos la necesidad de mirarle la cara al gobierno» (Rosas 1994: 114).

Antonio Cornejo Polar (2003) señala que la heterogeneidad cultural define a los sujetos latinoamericanos y que hay que escapar de ese legado romántico que ve la identidad como algo monolítico, fuerte, sólido y cohesionado. En su estudio, llega a la conclusión de que la identidad es híbrida, abigarrada, hecha de fisuras y principalmente

---

22. En una interesante crónica sobre su visita al Ausangate, el reconocido sociólogo Santiago Pedraglio narra, desde su perspectiva de limeño de clase media, lo incomprensible que le resultaron todas las costumbres andinas hasta preguntarse cómo podrían él y el campesino guía, ser parte de la misma nación: «El debate y la comunicación personal entre ellos era en quechua; el español no lo usaban sino para hablar con los "afuerinos". Entonces tuve la convicción de que ellos y yo formábamos parte de dos nacionalidades distintas. Incluso tuve la impresión de que seguramente al otro lado del mundo personas que manejaran códigos semejantes a los míos, con los cuales la relación sería más fluida. [...] El guía estaba contento con su huésped y para demostrarlo mató un carnero. Como atención especial, me sirvió una sopa con la cabeza del animal. En ese momento tuve que hacer un esfuerzo máximo por controlar al limeño de clase media que llevaba adentro» (Pedraglio 1999: 45).

heterogénea. Rosas Paravicino muestra esa heterogeneidad de manera individual y social: en lugar de la aceptación entre unos y otros, lo que prevalece es la violencia y la incomunicación. Una manera de enfatizar la hibridez es mostrar el distinto español de cada uno de los narradores en la novela, que privilegia el uso de los sociolectos del castellano de la sierra sur peruana: el niño Cirilo, quechua-hablante, usa un español cuya sintaxis es prioritariamente la del quechua; Lizardo tiene un español característico de los oriundos de la selva; Alberto Bellonta es monoligüe y tiene un español castizo; y el senderista Gustavo habla español con cierta interferencia del quechua, aunque menos notoria que en el caso de Cirilo.[23]

Lo particular en *El gran señor* es que esa pluralidad de voces y perspectivas no convergen. Los narradores están en el Ausangate y casi no interactúan entre sí. Todos se dirigen al lector en primera persona —a través de textos que remiten a lo oral, en los que se insertan dos testimonios de gente de la zona que explican cómo se ha construido la nueva carretera—, pero prevalece entre los personajes el silencio. Hay reminiscencias del conflicto entre la oralidad y la escritura, que constituye el pilar de esa heterogeneidad cultural y se retrotrae a la Conquista.[24] Rosas Paravicino representa ese conflicto en su novela

---

23. En relación con el uso del lenguaje en *El gran señor*, Enrique Rosas Paravicino ha señalado en una entrevista: «en la forma más fiel posible trato de registrar la fiesta del Qoyllur Rit'i, trato de utilizar el castellano dialectal de esa zona, con algunos localismos, arcaísmos, quechuismos, para que el lenguaje recoja con mayor propiedad lo que en efecto vive este tipo de personaje. He tratado de ser fiel a la festividad y retratarla lo mejor posible» (citado en Arévalo 1994).

24. Antonio Cornejo Polar (2003) analiza cómo el conflicto entre la oralidad y la escritura se remonta a la escena primordial de Cajamarca, en el momento del «diálogo» entre Atahualpa y Francisco Pizarro. Él denomina a ese desencuentro «el grado cero» de la relación entre la cultura oral y la escrita. Atahualpa no puede leer la Biblia y no entiende el funcionamiento del libro, con lo cual la arroja con violencia, y ese es el pretexto para que la guerra de conquista empiece. A partir del período colonial, la escritura asume la representación plena del poder y la autoridad sobre la oralidad. Ese desencuentro, que es el pilar de toda identidad heterogénea, todavía está vivo en el Perú.

yuxtaponiendo una imagen de los personajes antes de cada uno de los monólogos. El autor dibuja a cada protagonista, y sus imágenes preceden cada texto. A veces incluye dos dibujos que simbolizan el encuentro de personajes distintos en algún momento de la procesión, pero no necesariamente su interacción.[25]

Por otro lado, no hay una correlación entre el texto y los dibujos: mientras que el texto va «avanzando» —los seis personajes principales van contando en capítulos independientes las razones que los trajeron a la peregrinación—, las imágenes de los protagonistas son siempre las mismas. Prevalece el desencuentro y el silencio: los narradores no conversan entre sí y solo se encuentran en las imágenes que el autor ha fabricado antes del texto. Al intercalar dibujos con un texto, hay una alusión a la crónica de Guamán Poma de Ayala. Pero mientras en esta crónica los dibujos cumplen la función de decir lo que no se dijo con las palabras, en la novela de Rosas Paravicino la imagen sirve para incidir en la repetición: a pesar del avance de la historia, las figuras son siempre idénticas a lo largo de toda la novela.[26] No es necesario continuar leyendo para saber qué personaje está diciendo su historia personal, porque cada uno tiene el mismo dibujo

---

25. A pesar de la importancia del período colonial en el Perú, existen pocas novelas históricas que lo representen. Una interesante excepción es *Sol de los soles* (1998) del escritor e historiador Luis Enrique Tord, quien recrea el mismo período histórico que *Muchas lunas en Machu Picchu* (2006), es decir, los años de la resistencia de los incas de Vilcambamba. Tord utiliza las imágenes de la crónica de Guamán Poma de Ayala entre capítulos para también el choque entre la oralidad y escritura. El autor plantea la noción del Inkarrí con todos sus ecos milenaristas, esperanzado en el retorno al Tahuantinsuyo, a la manera de los indigenistas de principios de siglo. Su prosa, que recuerda el estilo de *Aves sin nido* (1889) de Clorinda Matto de Turner, es distante y ajena al mundo que describe. Esto muestra las fronteras que existen entre la costa y la sierra.

26. Rolena Adorno en su exhaustivo estudio sobre la crónica de Guamán Poma señaló que hay un conflicto entre las imágenes y el texto, porque estas no dicen exactamente lo mismo: «the presence of a picture neutralices or domesticates the stridence of his attendant verbal assertion, creating an ironic distance between picture and prose as they send conflicting messages» (2000: 84).

durante toda la ficción. Esta relación entre las imágenes y las palabras en *El gran señor* (1994) refleja la repetición que se narra en la novela: lo único que une a estos peregrinos —además de su fe en el *Taytacha*— es la violencia cíclica de las acciones ocurridas en ese mismo cerro desde la Conquista.[27]

La puna cuzqueña es el espacio provisional para el encuentro de sujetos que están en un constante andar. Ellos sueñan con una utopía pero esta no ocurre. A diferencia de otros escritores indigenistas o andinos, no hay en Rosas un proyecto mesiánico-utópico en el que esta armonía ocurrirá, y el espacio sagrado es profanado por el discurso extremista y secular de Sendero Luminoso, que se conecta con las distintas rebeliones fallidas que impidieron integrar al Perú. A lo largo de la novela, estos personajes se desplazan sin cesar por el cerro —de manera individual, sin que exista entre ellos un proyecto colectivo, léase un proyecto de nación—. Este perpetuo andar encarna a la figura del migrante y el constante desplazamiento en que viven los peruanos.

Rosas Paravicino hace hincapié en el grado en que la cultura andina ha penetrado en la cultura occidental. En sus ficciones, el autor continúa el camino que ya había trazado Ángel Rama (2004) en su teoría sobre la transculturación narrativa. Los escritores de la transculturación son aquellos que permiten un mestizaje cultural y funcionan como un puente: combinan las técnicas modernas de la escritura con temas autóctonos, creando una fusión entre ellos.[28] En

27. Juan Carlos Galdo (2000) estudió la obra de Óscar Colchado Lucio y Enrique Rosas Paravicino, e hizo hincapié en la importancia de la tradición oral andina en ambos escritores. La inclusión de temas populares de la mitología andina está relacionada con la búsqueda de una identidad, «sólo que ahora se quiere expresar una identidad colectiva cuya base se halla en un sistema de creencias míticas puesto en evidencia de manera óptima en los relatos orales. Este hecho supone un mecanismo de apropiación que no se limita a lo temático. La incorporación plena de expresiones del habla popular andina es un índice claro de ello» (Galdo 2000: 100).

28. Ángel Rama incidió en la importancia del letrado en el proceso transcultural: «este narrador o este destinatario del relato, ocupa el papel de mediador, uno de

la teoría de Rama (representados en la ficción por un narrador que es, a su vez, un puente entre dos culturas), estos escritores-puente son capaces de incorporar lo moderno a la cosmovisión andina, y eso crea un mestizaje cultural. En la novela de Rosas Paravicino, la sierra baja a la ciudad de muchas maneras, pero, sobre todo y literalmente, a través de los *ukukus,* los danzantes de Angasmarca que llevan los trozos de hielo en sus espaldas para dejarlos en el centro de la ciudad —«éramos el espectáculo del momento. La atracción de chicos y grandes. La presencia del nevado en la ciudad. Entramos en la Plaza de Armas» (Rosas 1994: 230)—. La transculturación en el sentido de Rama no ocurre exactamente como él la describe: no hay un narrador puente, sino cinco voces distintas que no se hablan entre sí, y el producto final no representa una fusión única y plena, sino diversa y fragmentaria, que corresponde más a la identidad fluctuante del sujeto migrante que a la simbiosis perfecta de un mestizaje. En el caso de Rosas Paravicino, los puentes (que son varios) continúan el camino desde la cultura otra hasta la ciudad, a la que reingresan. Esto explica el grado en que la cultura quechua ha logrado penetrar en la cultura occidental y resignificarla según sus propios códigos.[29]

---

los "roles" característicos de los procesos de transculturación: en él se deposita el legado cultural y sobre él se arquitectura para poder transmitirse a una nueva instancia del desarrollo, ahora modernizado. Es el escritor quien ocupa el puesto de mediador, porque esa es su función primordial en el proceso, y es él quien devuelve al relato esa función mediante personajes que desempeñan dentro del texto esa tarea» (2004: 100). Wolfenzon (2006) ha analizado distintas novelas —*Los ríos profundos* (1958), *Balún Canán* (1957) y *Hombres de maíz* (1949)— y muestra cómo la teoría de Rama, al llevarse a la ficción, presenta fisuras: todos los personajes-puente en las novelas terminan desintegrándose, delatándose y traicionándose a sí mismos, mostrando las contradicciones que existen en la transculturación como concepto.

29. Al respecto, Javier Ávila (2005) analiza cómo el Qoyllur Rit'i se celebra en los últimos años también en Lima. La enorme cantidad de migrantes cuzqueños en la capital peruana hace una peregrinación por el centro de la capital hasta llegar a la catedral de Lima. La masa humana transporta una réplica del Señor de la Cordillera, previamente bendecida por el *Taytacha de la Cordillera*: «the

Pachacuti e Inkarrí: la historia como poética de destrucción

En su segunda novela, *Muchas lunas en Machu Picchu* (2006), Rosas Paravicino trabaja dos conceptos centrales para entender la cultura andina: el Pachacuti y el Inkarrí, que conforman parte de la tradición milenarista indígena. Estos han sido utilizados por diversos escritores indigenistas con el fin de promover una vuelta al orden incaico, es decir, la posibilidad del resurgimiento del Tahuantinsuyo como en la época anterior a la Conquista. Sin embargo, Rosas Paravicino escribe una ficción histórica ambientada en la gran rebelión de los Incas de Vilcabamba, los últimos en resistir a los españoles, para volver a mostrar —como lo hizo en *El gran señor* (1994) a través de los cambios en la religión popular,— que la utopía de un retorno a lo «autóctono», la insistente búsqueda de un inca que ha ocurrido en los diversos períodos de la historia del Perú (como demostró Alberto Flores Galindo), es imposible. *Muchas lunas en Machu Picchu* presenta un conjunto de mitos andinos que han sido leídos como lugares o formas de resistencia indígena, pero aquí, como en la novela antes analizada, se incide en el cambio de mentalidad que hubo en la sierra con la llegada de los Españarri (los españoles): transformación irreversible y esencial para entender varios conceptos indígenas. Al mismo tiempo en que se incide en el cambio, en *Muchas lunas en Machu Picchu*, como ocurrió en *El gran señor*, se subraya que ese cambio de mentalidad ocurre bajo una estructura o marco de pensamiento milenarista de la concepción del tiempo histórico, con lo cual, en esta ficción tanto como en la otra, Rosas Paravicino insiste en que, en un sentido radical, la historia andina es cíclica y repetitiva.

El Pachacuti ha sido definido por el cronista Guamán Poma de Ayala (1993 [1615]) como un castigo divino (pestes, terremotos, carestías, heladas y muerte del ganado), pero, al mismo tiempo, la idea de castigo se asocia a la de purificación, con lo que existe la esperanza

---

devolopment of an urban cult of the taytacha Qoyllur Ritti is part of an explosive reinvention of Andean rituals in the city of Lima» (Ávila 2005: 182).

de una salvación. José Imbelloni recopila distintas definiciones postuladas sobre el concepto del Pachacuti y señala que es «el tiempo que se trastorna» (1946: 105), «la tierra que se trastorna o convulsiona» (1946: 106), «el que vuelve, trueca o trastorna al Mundo» (1946: 82). En cualquiera de estas acepciones, la idea del Pachacuti forma parte de una convulsión cósmica, de un orden que se destruye para luego sustituirse. El Pachacuti es una crisis que conduce a un momento mejor. Se cree que inevitablemente ocurrirá después de un período de tiempo (según diversos estudios sobre el tema, los incas pensaban que ocurría cada quinientos años), con lo cual la época o edad anterior cambiaba junto con el curso de la historia. El principio del Pachacuti tiene dos momentos centrales: por un lado, el hundimiento en las tinieblas y en el caos; y, por otro, un posterior amanecer. Para los incas, el transcurso del tiempo histórico era lineal hasta que un Pachacuti (léase, una ruptura) lo transformaba y se producía en la historia un cambio radical. El concepto histórico le debe su nombre al Inca Cusi Yupanqui, noveno inca, conocido como Pachacútec, quien gobernó el Cuzco de 1438 a 1471. Él transformó el reino de los incas volviéndolo un gran imperio y cuadruplicando su extensión. Pachacútec significa literalmente «el que cambia el mundo» y, gracias a que él fue un verdadero Pachacuti para los incas, se empezó a usar su nombre como base del concepto histórico (véase la figura 15).

Muchas lunas en Machu Picchu (2006) comienza con el gran Pachacuti: la llegada de los Españarri a la gran ciudad de Machu Picchu, conocida por sus habitantes como la Ciudad Numinosa o Vitcos, donde comienza la destrucción y la huida de la gente. Toda la novela está escrita en tiempo pasado y de manera no lineal: al gran Pachacuti de la Conquista que se inicia en 1521, cuando los españoles llegan al Perú, se superpone la imagen de la construcción de la ciudad sagrada, cuya edificación está ya enmarcada en la caída del mundo andino, lo que representa el fin de una utopía: «[A]ños después, la espesura terminaría por cubrir los edificios. Grandes aves de rapiña sobrevolarían los muros y terrazas al acecho de presurosos reptiles. Nadie a primera vista reconocería que aquí habíamos vivido y muerto generaciones de

Figura 15: Al noveno inca, Pachúcutec Inca Yupanqui, se le conoce como el «reformador del mundo». En la novela, él es quien construye Machu Picchu, lugar sagrado que será enterrado y olvidado hasta su redescubrimiento por Hiram Bingham en 1911.

hombres» (Rosas 2006: 12). La novela empieza narrando el desencanto del protagonista Astor Ninango, el último hombre en abandonar el lugar sagrado:

> A pesar de las lunas negras y los largos años transcurridos, nunca olvidaré aquella tarde tormentosa en que hombres, mujeres y niños, luego de muchísimos pesares y desahogos, por fin procedimos a abandonar para siempre la Ciudad Sagrada. El viento mugía bravo en el momento

> que nuestra caravana remontó la subida hacia la Puerta del Sol, en tanto que el chaparrón batía parejo los oscuros recovecos del Cañón de Torontoy. Bajo esa lluvia torrencial —y bajo los mortales fogonazos que parpadeaba la cordillera— conseguimos reagruparnos entre los gruesos muros del Intipuncu, que es el último edificio en la vía de ascenso, la gran portada que desde la era del emperador Pachacútec sirvió de puesto de control a los cientos de miles de peregrinos que llegaron en busca de fervor divino. (Rosas 2006: 11)

La poética de la construcción de la ciudad, desde que el inca Pachacútec la sueña hasta que el arquitecto Apomayta la edifica en la ceja de selva del Cuzco, se ve interrumpida por distintos ciclos de violencia, narrados todos en un tiempo pasado y cronológicamente confuso: la guerra entre Huáscar y Atahualpa, el asesinato de este último y la captura de Túpac Amaru I y su posterior decapitación pública. Sobre ese pasado violento se construye pausadamente la Ciudad Numinosa, de manera fragmentada en el plano de la representación ficcional. Se intercalan capítulos donde se narran las guerras y la continua y cíclica destrucción del Imperio incaico con otros en los que se cuenta la lenta construcción de Machu Picchu. Los capítulos no alternan la construcción y la destrucción de manera radical, sino que, en el mismo capítulo donde se hace referencia a los problemas que había en el Imperio posteriores a la edificación de la ciudad sagrada, se incrusta el tiempo perfecto de Pachacútec, donde todo florecía junto con la construcción de Vitcos: «Hasta que por fin —luego de diez años, ocho meses y nueve días de iniciado el trabajo— la ciudad estuvo concluida una tarde de sol abrasador, cuando el celaje anunciaba la fertilidad y la abundancia en el imperio» (Rosas 2006: 85). Este contrapunteo de tiempos opuestos se representa físicamente por una pausa vista en la hoja como un espacio en blanco.

Los lectores pueden casi sentir el ritmo de esa sofisticada y lenta construcción de la ciudad, a través de la cadencia poética, de las palabras, los sueños y los pensamientos de Pachacútec y de su asesor Apomayta, que no mostraban otra cosa que el deseo por crear este lugar sagrado:

> El propio Pachacútec había diseñado la maqueta de la ciudad. La trazó después con un cordel de oro, sin descuidar el sistema de terrazas, andenes y canaletas de agua, así como el entorno de caminos, cementerios y despeñaderos. Fue un súbdito suyo el que dirigió la ejecución de las obras hasta padecer de insomnio y alucinaciones: el magnífico arquitecto Apomayta [...] Cinco semanas después podía verse ya el cascote del templo con la misma estructura que su similar del Cusco, aunque más reducido en tamaño. Un tunqui de plumaje vistoso cantó eufórico sobre el dintel del templo y eso fue tomado como un gesto de aceptación del Radiante Inmortal. Todos se sintieron gratificados por el canto y redoblaron los esfuerzos para concluir la ciudad. Tanto era el entusiasmo de los hombres que durante las noches de reposo, cada cual empezó a soñar con las menudencias de su tarea en la obra: desde la simetría de los sillares, pasando por el problema de las víboras emboscadas, las menudas riñas entre los picapedreros, el transporte de los bloques de granito, hasta la precariedad de la de las plomadas en plena lluvia. (Rosas 2006: 49)

El Pachacuti en *Muchas lunas en Machu Picchu* (2006) se ve como una ruptura que inevitablemente conduce a una repetición de fracasos, porque la edificación de Vitcos está hecha en un marco cíclico de destrucción que es la forma en que se inicia la novela.[30] La temporalidad es circular y, por ello, la construcción de la ciudad se lleva a cabo sobre lo que ya es la ruina del Imperio. *Muchas lunas en Machu Picchu* parte de una poética de la destrucción. Todo conduce a ella desde la misma estructura narrativa. Los dos tiempos —la muerte y la vida; la destrucción y la edificación de Machu Picchu— se contraponen como un juego de opuestos cuya resolución está dada en la primera página: la invasión del territorio descrito desde la cosmovisión milenarista del eterno retorno. Asimismo, hay algunos capítulos que están

30. La destrucción de Vitcos coincide con el fin del ciclo de vida de la ciudad: «y lo más perturbador era que la ejecución del inca coincidía numéricamente con el fin del ciclo de vida de la Ciudad Oculta, donde él había crecido —se refiere a Astor Ninango— entre amautas, condehuisas y ajllas. Con enorme pavor constaté que nuestra permanencia en Vitcos llegaba a su término» (Rosas 2006: 73).

narrados en segunda persona, como si la voz de la conciencia de Astor Ningango le hablara directamente. Podemos interpretar esto como una serie de hechos ya fallidos en sí mismos: Astor tiene la posibilidad de encontrar a su padre y de ganar la rebelión con Túpac Amaru I, pero ambos hechos se frustran. Esa voz que habla en «tú» le indica al protagonista todo lo que debería de hacer; pero ya, inminentemente, todo está siempre perdido.

El segundo gran concepto andino que aparece como base en la novela —además del Pachacuti— es el mito de Inkarrí. Este mito fue recogido en quechua y luego traducido al español por los antropólogos José María Arguedas y Josafat Roel Pineda en una expedición etnológica en 1955, en la sierra sur peruana: distintos comuneros lo conocían y creían en él. Aunque Arguedas y Pineda registran tres versiones distintas, la historia central consiste en que Inkarrí —hijo de una mujer salvaje y el dios Sol— ha sido desmembrado y sus partes están esparcidas por el territorio peruano. El mito se basa en la historia real del desmembramiento de los cuerpos de Túpac Amaru I y José Gabriel Condorcanqui, Túpac Amaru II. En una de las versiones, su cabeza está en algún lugar del Cuzco; en otras, en la catedral de Lima, enterrado en la tumba de Francisco Pizarro; en otras, en algún lugar de Lima; en otras, la cabeza fue llevada a España. Se cree que llegará el día en que estas partes de su cuerpo, como si fueran piezas de un rompecabezas, se unirán debajo de la tierra, y ese día Inkarrí retornará. Con él, volverá el Imperio incaico y el mundo, que está al revés, dará la vuelta, y serán los indígenas quienes lo gobiernen.[31]

En la novela se hace alusión a Inkarrí, y su cabeza se ubica —no la de Túpac Amaru II sino la de Túpac Amaru I— en el Ausangate: el

---

31. Recojo las versiones del mito de Inkarrí publicadas por Juan M. Ossio A. (1973). Cito la versión de la comunidad de Chaupi: «[D]icen que sólo la cabeza de Inkarrí existe. Desde la cabeza está creciendo hacia adentro: dicen que está creciendo hasta los pies. Entonces volverá, Inkarrí, cuando esté completo su cuerpo. No ha regresado hasta ahora. Ha de volver a nosotros, si Dios da su asentimiento. Pero, no sabemos, dicen, si Dios ha de convenir en que vuelva» (Ossio 1973: 221).

centro de un eterno peregrinaje fallido. Esto asienta la idea de lo antihistórico como base, pues la historia se repite trágicamente:

> Todos son gente nuestra—dijo—. Mitayos, comuneros, yanaconas, alpaqueros. También sobrevivientes de las pestes y fugitivos del infierno de Potosí. Niños mujeres, viejos, pobre y oprimidos... la gran masa de huérfanos que dejó el inca tras su muerte; los que en la noche, alrededor de los fogones, especulan que la cabeza, los brazos, y las piernas de *Inkarrí* están enterrados en Lima, Cusco, o España. De pronto ahora ya saben que su cabeza ha sido traída aquí, a la cima del nevado. (Rosas 2004: 241)

La idea de volver al incanato fue muy poderosa en el Perú, gracias a la influencia de los escritores indigenistas y, sobre todo, al libro *Tempestad en los Andes* (1963) de Luis E. Valcárcel.[32] En él, el autor habla de la permanencia de un mundo indígena que no ha sido modificado en lo absoluto. A través de viñetas costumbristas, ve al indio arando la tierra con instrumentos prehispánicos porque «la raza permanece idéntica a sí misma. No son exteriores atavíos, epidérmicas reformas, capaces de cambiar su ser» (Valcárcel 1963: 23). Además de insistir en la autenticidad de la raza indígena, considera a los mestizos como seres contaminantes e inferiores —«la atmósfera de los poblachos mestizos es idéntica a ellos: alcohol, mala fe, parasitismo, ocio, brutalidad primitiva (Valcárcel 1963: 44)—. Valcárcel termina el libro anunciando el cumplimiento del mito de Inkarrí: «ellos, los hijos de Manko K'apak, desheredados hoy, son mil veces más ricos que todos los blancos juntos. Llegará el día en que el tesoro hundido en el arca de piedra de las entrañas del Cusco surja a la superficie. Entonces, no habrá en la tierra un pueblo más feliz» (1963: 49). El presagio final de su texto menciona que pronto Inkarrí se unirá detrás de las montañas,

---

32. Luis E. Valcárcel ocupó diversos cargos públicos. En 1945 fue llamado por el presidente Bustamante y Rivero para dirigir el Ministerio de Educación, cargo en el que fundó el Museo de Cultura.

con lo cual el orden del mundo dará la vuelta y resurgirá el poderoso Imperio incaico como antes de la conquista.

Muchas lunas en Machu Picchu (2004) es el revés de *Tempestad en los Andes* (1963) y de la tradición indigenista tradicional peruana. Se inicia, como he venido mencionando, con lo que fue interpretado por los habitantes del Antiguo Perú como el gran Pachacuti: «¿era éste el tan pavoroso vuelco de los tiempos, llamado también *Pachakuti* o cíclica convulsión del universo que, según los amautas, viene entre fogaradas de sangre cada quinientos años?» (Rosas 2004: 19). Pero se incide en el cambio de la mentalidad y la cosmovisión del mundo que este encuentro significó. Astor Ninango emprende dos recorridos simultáneos: por un lado, va en búsqueda de su padre, astrónomo y amigo del Inca Atahualpa, que se ha ido del pueblo y a quien intenta hallar, pero lo encuentra muerto en Paucartambo; por otro, busca a los rebeldes que se han unido a Manco Inca en Vilcabamba. La novela transcurre de manera no lineal y continúa narrando la resistencia de los cuatro héroes de Vilcambamba (Manco Inca, Sayri Túpac, Titu Cusi Yupanqui y Túpac Amaru I) para finalizar con la rebelión de Túpac Amaru en el Cuzco, en la que Astor participa como parte de su ejército rebelde. Él tomará la cabeza del inca decapitado de la plaza mayor del Cuzco y la llevará en secreto al cerro Ausangate, junto con algunos insurrectos que decidieron sacarla de la plaza y enterrarla allí. La novela termina con esta nueva peregrinación hacia el Ausangate, una de las huacas de adoración del mundo indígena. Pero este ritual se realizó con cruces e imágenes de Cristo, prácticas religiosas claramente distintas a las que se acostumbraba en la ciudad sagrada de Vitcos. La cabeza del último inca rebelde es enterrada en el cerro con cantos que avivan su retorno futuro, ecos milenaristas que muestran que si este hecho ocurriera, si Inkarrí regresara, nunca se podría volver al Tahuantinsuyo, porque la mentalidad de los habitantes ha sido transformada y el mestizaje está en marcha.[33]

---

33. Luis Nieto Degregori (2007), en el único artículo crítico que existe sobre esta novela, analizó con detenimiento la idea del Pachacuti en Rosas, no solo como

El desfile final con la cabeza de Túpac Amaru I hacia el Ausangate se describe como una gran procesión: «la enorme multitud continuaba subiendo en hileras hacia nosotros, algunos con estandartes de colores, otros portando sus instrumentos musicales, la mayoría con voces de regocijo» (Rosas 2004: 242). El hecho de que Astor lleve la cabeza del inca para esconderla en el cerro es claramente una variante del mito de Inkarrí pero, a diferencia de las versiones recopiladas por el grupo de antropólogos peruanos, aquí la gente sube con cruces y *apachetas* a la huaca, y aunque auguran el retorno del inca, Rosas Paravicino enfatiza el vocablo mestizo de Inakarrí (Inca-rey), haciendo alusión a que el concepto envuelve una nueva cosmovisión del mundo. Este orden, de llevarse a cabo, sería inevitablemente diferente:

> [...] en fin hubo tantas habladurías sobre la cabeza y el cuerpo del *Inca-rey* que hasta perdimos la cuenta. Pero todas las versiones coincidían en que volvería un día, con su humanidad reconstruida —entre las fogaradas de un nuevo *Pachakuti*— a restañar su sangre incontenible y a encarar a sus asesinos. Todos abundaban en ese retorno, mas nadie conocía las claves del futuro. (Rosas 2004: 70)[34]

A la versión conocida del mito, Rosas Paravicino agrega la posibilidad de que la cabeza del inca esté en el nevado, precisamente en el lugar donde se hace la gran peregrinación del Qoyllur Rit'i que, como he señalado, forma parte de la religión popular andina, una que tiene elementos del catolicismo y la cultura indígena. La historia,

---

un cambio cósmico sino como uno mental e irrevocable en los pueblos del Ande.

34. En su novela *Adiós Ayacucho* (2006), Julio Ortega reflexionó en tono carnavalesco sobre la violencia desatada en el Perú —tanto por parte del Ejército peruano como por Sendero Luminoso— durante la década de 1980. Su propuesta coincide con la de Rosas Paravicino, ya que ambos abogan por un mito de Inkarrí mestizo, cuyo «retorno» sería, también, mestizo: el protagonista de Ortega, que está parcialmente desmembrado a lo largo de todo el relato por los abusos que ha recibido por ambos grupos, va a la catedral del Cuzco para fundirse con los huesos de Francisco Pizarro.

entonces, avanza y se detiene al tiempo sobre esa montaña sagrada. El peregrinaje en Rosas Paravicino empieza a tomar forma mezclando elementos de ambas culturas, pero bajo el mismo principio trágico del tiempo circular.

La historia como eco del pasado

Un segundo elemento de aparente resistencia indígena —pero que es otro ejemplo de mestizaje— aparece en la novela *Muchas lunas en Machu Picchu* (2004) con la mención del movimiento del Taki Onqoy.[35] Este surge en el siglo XVI y tiene como objetivo retornar a los dioses nativos, sobre todo volver a la adoración de las huacas y desconocer la religión católica. Esta forma de rebelión tuvo la peculiaridad de tener la danza frenética como uno de los rituales que la identificaban. Luis Millones observó que, en el Taki Onqoy, «los nativos danzaban sin descanso hasta caer en trance, durante el cual, entre temblores y espasmos, renegaban de su catolicismo, al volver en sí declaraban estar poseídos por alguna de sus "guacas"» (1973: 87). Su líder Juan Chocne aparece en la ficción: Felipe Hualla, el Takionqo de Rayanmarca y amigo de Astor Ninango, es quien decide seguirlo en la procesión final al Ausangate. Su prédica entremezcla elementos religiosos de los conquistadores y conquistados. El grupo dirigente presidido por Chocne tiene tres mujeres, y los creyentes reciben en su cuerpo a las huacas, es decir, hacen un ritual nativista que solo se entiende si uno sabe que, en el cristianismo heterodoxo, eso equivale a recibir al Espíritu Santo.

35. Marco Curatola conecta al movimiento del Taki Onqoy con el mito de Inkarrí en la medida en que ambos proponen la inversión del mundo: «en la concepción de los seguidores del Taki Onqoy, el milenio es visto como la inversión simétrica de la situación actual en la cual los europeos ocupan una posición de supremacía. La oposición entre el mundo español y el mundo indio es constante y perfecta» (1977: 79).

Rosas Paravicino sugiere, en las dos novelas, que no podemos hablar de resistencia andina —como lo han hecho la mayoría de los antropólogos que estudian el Taki Onqoy, el Inakarrí y la fiesta del Qoyllur Rit'i— porque el mestizaje y la fusión con la cultura española se dieron irrevocablemente. En ese sentido, es muy acertado el análisis de Miguel Gutiérrez (2007) cuando menciona cómo muchas novelas que han sido leídas en clave indígena —y, en particular, *Rosa Cuchillo* de Óscar Colchado Lucio, que el estudia— tienen una cosmovisión que no es exclusivamente andina, sino el resultado del sincretismo, la simbiosis, y la aculturación con el pensamiento y la fe del mundo occidental. Como ha mostrado la moderna historiografía, sostiene Gutiérrez (2007), creencias que se consideraban originales y tenían un carácter panandino —por ejemplo, la noción de Viracocha como el dios creador— fueron obra de doctrineros y órdenes religiosas, como la de los jesuitas. La estructura trinitaria del trasmundo andino proviene del cristianismo y de Dante; el *Janaq Pacha*, el cielo andino, deriva del Olimpo clásico en que los dioses intervenían en los asuntos y las pasiones humanas:

> [...] aún en los rincones más apartados del orbe ya no existen pueblos racial y étnicamente puros, lo cual no quiere decir que no posean señas y características propias. Por otro lado, si bien las voces narrativas se atribuyen a personajes indígenas, varios indicios nos remiten a la presencia de un autor oculto (un mestizo letrado, conocedor de la literatura occidental). (Gutiérrez 2007: 397-398)

Volvamos a *El gran señor* (1994) y al inicio del culto. La fiesta del Qoyllur Rit'i empieza a celebrarse en 1780, año de la gran rebelión de Túpac Amaru II. Los curacas que estuvieron en contra del levantamiento del gran rebelde indígena promovieron la adoración al Señor de la Cordillera. Había que apaciguar la insurrección de alguna manera y desviar la atención hacia otros asuntos. Este hecho muestra que, desde su oficialización, el Qoyllur Rit'i no puede ser visto como un acto de resistencia. En principio fue el mecanismo creado por la Iglesia para mermar el enfrentamiento entre dos regiones contrarias del Cuzco. A lo largo de la novela, Rosas Paravicino advierte cómo estos enfrentamientos entre peruanos continúan de manera cíclica hasta hoy.

El Ausangate ha sido el espacio de lo sagrado siempre profanado. El traidor Pumacahua, personaje histórico-real que en la ficción inicia esta serie de traiciones, peleó a favor de la Corona española y en contra del líder indígena Túpac Amaru II. Su traición está latente en esta cadena de rebeliones fallidas, porque ninguna produce un verdadero cambio estructural que modifique las bases de la desigualdad social en el Perú. Los pasajes de su rebelión están anacrónicamente yuxtapuestos a los monólogos del camarada senderista Gustavo y están escritos como los de este, en letra cursiva, conectando los dos levantamientos como ejemplos de alta traición.[36] Reproduzco algunos fragmentos de los diarios de Pumacahua:

> Cacique de Chincheros y Brigadier general del ejército de indios, Pumacahua había larvado cementerios caóticos a su paso. Tras los combates, como de Cerro Amaro, Caycay, Colquepata o Llocllora, ensayaba nuevas y pavorosas formas de exterminio. No había pueblo, pago o caserío que no hubiera sido tocado por su crueldad y fiereza. (Rosas 1994: 41)
>
> Detrás de estas crestas se producían otras batallas sangrientas entre alzados y reales. El brigadier decidió reanudar la marcha de persecución, pero su asistente le alcanzó una correspondencia lacrada. En ella el Mariscal Del Valle le ordenaba avanzar de inmediato hacia Quiquijana para colaborar en el sitio de Tinta. Al momento de variar de ruta, Pumacahua tuvo otra sensación extraña: algún día vagaría entre estos picos y abras libre ya de las penurias de toda guerra. En sus sueños el viento lo desparramaba en pedazos, sobre una cordillera alta, como ésta. (Rosas 1994: 118)

---

36. Esta conexión también ocurre desde la simbología de la fiesta. Gustavo se infiltra en la peregrinación para matar a sangre fría a algunos peregrinos y causar terror. Lo hace vestido de *pablucha*. Los *pabluchas* o *ukukus* son los responsables de velar el orden de la fiesta y son los que van hasta la cima del nevado con los trozos de hielo para luego bajar a la catedral. Se cree que las almas condenadas —Mateo Pumacahua en este caso— son el reverso de los *pabluchas*, porque su condena es tener que subir la nieve a la cima para que siempre haya.

Siglos después, durante la década de 1920, década donde ocurrieron varios enfrentamientos armados en toda la sierra del Perú, los hacendados de Lauramarca —ubicada en Ocongate— apaciguarán a balazos las sublevaciones indígenas que se produjeron allí. Los indios, cruelmente explotados por los hacendados, intentaban romper este trato esclavizante y exigir sus propios derechos. Finalmente, ocurrió una batalla campal: «pero antes de eso, estos cerros y estas pampas y estos pajonales fueron un solo campo de batalla entre comuneros y caporales, entre los mistis de Ocongate y los hacendados de Lauramarca» (Rosas 1994: 206). Las revueltas, que en la novela se retrotraen al siglo XVI, tienen como base las diferencias étnicas entre los peruanos. En uno de los primeros «testimonios» que se insertan en la novela, el alcalde de Ocongate cuenta cómo se inició la construcción de esta carretera con la colaboración de indígenas y mistis, recalcando que, a pesar del trabajo comunal, estos últimos no querían hacer lo mismo que los indios: «como vecino que soy de Ocongate, conozco bien a mis coterráneos. Procuran no emparejarse con el indio, haciendo el mismo trabajo. Prefieren afrontar algo más difícil pero diferente a lo que hace el otro» (Rosas 1994: 89). También en Ocongate, Gustavo, el terrorista infiltrado que tiene facciones indígenas, recibirá órdenes del minero para que cargue sus maletas. Su aspecto le permite al nuevo rico reproducir un trato servil. Este punto es central, porque si bien la fiesta reúne en la puna a mistis e indígenas, esta convivencia feliz se debe solo al espacio del ritual y no a que hayan cambiado las relaciones de poder entre unos y otros.[37]

---

37. Se equivoca Javier Ávila cuando observa que las desigualdades entre mistis e indios han desaparecido en la fiesta y que es eso lo que marca la originalidad de la novela: «the carnivalization of the shrine occurs in a context of increasing *cholification* of rural and urban society in Peru. The world misti and indios, masters and servants, disappeared 30 years ago; for both, the possibilities for spatial, social and cultural mobility are much greater today» (2005: 179). Es cierto que ha habido un proceso de *cholificación* en todo el Perú y que hay más posibilidades de ascenso social, pero esto no ha borrado las desigualdades étnicas.

En el presente de la enunciación aparece Sendero Luminoso, grupo al que los ronderos de la zona intentan apaciguar. El resultado: un estallido total de violencia sin límites. Primero recae sobre los comuneros de Angasmarca y Pumahuanca, quienes son maltratados por ambos frentes sin posibilidad de escapatoria. Luego son los mismos peregrinos quienes intentan linchar con sus propias manos a los terroristas infiltrados. Sendero es el epítome de la violencia irresuelta. Representa los enfrentamientos entre peruanos antes mencionados y la ceguera a los cambios de apertura y eclecticismo que se estaban dando ya en la sierra. De acuerdo con Carlos Iván Degregori (1994), Sendero partía de la idea de que los campesinos vivían todavía en condiciones semifeudales como en la China de Mao Tse Tung. Ese grupo subversivo no comprendía el deseo del campesinado por el progreso y, bajo su doctrina «marxista-leninista-maoísta», querían imponer su revolución mediante la violencia. Al hacerlo, reproducían el autoritarismo que ejercían sus líderes sobre las masas, el que era sentido por los sectores rurales como si fuera una vuelta a la continuidad de las relaciones entre la elite misti y los explotados indígenas. El fanatismo de Sendero Luminoso, su verticalidad y régimen impositivo, fueron, con el pasar del tiempo, vistos como una revolución hecha por los mistis sobre los campesinos.

Una de las principales tácticas de Sendero Luminoso fue la destrucción de las organizaciones comunitarias, como las comunidades campesinas, sindicatos y asociaciones vecinales. Era la autoridad absoluta del partido, como la de los mistis en el pasado, la que imponía todo lo que había que hacer.[38] Billie Isbell (1994) coincide con Carlos Iván Degregori (1994) en que Sendero Luminoso veía a los campesinos como una masa indistinta y uniforme, sin deseos propios, como si el mundo andino estuviera fuera del tiempo histórico. Sobre ellos había que imponer una utopía que era un futuro sin distinciones, sin

---

38. Para una visión de conjunto sobre el rechazo de los sectores rurales frente a las prácticas de Sendero Luminoso se pueden consultar los ensayos de Billie Isbell y de Carlos Iván Degregori publicados en la edición de David Palmer (1994).

diferenciación de clase, riqueza o gobierno (excepto por la hegemonía del partido), y eso era opuesto a las relaciones sociales que existen en el mundo andino. Por ello, para Isbell la utopía de Sendero «is an impossibility for Andean people, who take pleasure in and survive by keeping their world in motion. They are experts in the game of social mobility» (1994: 91).

Para Carlos Iván Degregori, el discurso ideológico senderista atentaba contra el devenir histórico y la temporalidad:

> [...] la historia de acuerdo a Sendero Luminoso se desarrolla perpetuamente en tonos más intensos y estridentes, sin matices, pausas ni inflexiones. El Estado ejerce siempre el máximo de maldad, violencia y terror. Como contraparte, el pueblo expresa un odio siempre infinito o «indescriptible». Con lo cual, atrapada en un e de la infinita gama de posibilidades, la historia deja paradójicamente de ser un transcurrir, el movimiento cesa. (1994: 117)

El hecho de que Sendero no haya concebido la historia como un devenir sino justamente como algo antihistórico hizo que se produjera, como lo explicó Gustavo Faverón (2006b), una negación de los matices, una radicalización irreconciliable entre dos bandos opuestos: la guerra no se da entre dos rivales circunstanciales sino entre dos ideas que se niegan mutuamente, en cuyo enfrentamiento no hay movimiento y, por lo tanto, historicidad. En *El gran señor* (1994), los peregrinos confrontan a Sendero abiertamente. Capturan y quieren linchar con sus propias manos a los senderistas. La indignación tiene que ver no solo con el carácter profanatorio del espacio sagrado, sino con la interferencia inaceptable dentro de un culto que tiene sus propias disciplinas y jerarquías, un culto popular radicalmente contrario a la manera estática de ver el mundo andino, donde es aceptado el fanatismo religioso pero no el secular.

5

Muerte de la historia: *El largo atardecer del caminante* y *Daimón* de Abel Posse

La obra de Abel Posse se asocia con una gran reflexión sobre el proceso de construcción de la historia en América Latina. Esta atribución no es gratuita: gran parte de sus ficciones recrea el período del «descubrimiento» o la conquista, o bien examina la historia contemporánea argentina. La *Trilogía del Descubrimiento* —compuesta por *Daimón* (1978), *Los perros del paraíso* (1983) y la inacabada *Los heraldos negros* (que trata sobre las misiones jesuíticas del Paraguay)— vuelve al encuentro entre España y América desde una propuesta metahistórica. *El largo atardecer del caminante* (1992), que la crítica considera parte de esta trilogía, recrea al histórico Álvar Núñez Cabeza de Vaca. Dentro de la ficción de Posse, el conquistador regresa a Sevilla y escribe la historia omitida de *Naufragios y Comentarios* (1555), ampliando esta crónica colonial canónica.[1]

En estas tres novelas históricas, Posse vuelve a la escritura de la crónica de Indias para, según él, darle voz a otras versiones y mostrar cómo la historia oficial fue escrita por los vencedores; cómo ellos

1. La obra *Naufragios y Comentarios* fue publicada en 1542 en Zamora (España) y en una edición corregida y aumentada (con la adición del viaje del autor al Río de la Plata) en 1555 en Valladolid. En este capítulo contemplo la edición de Roberto Ferrando y solo en una oportunidad la de Serrano y Sanz.

crearon una versión de la historia (que es la que suele ser estudiada y recordada) de manera unilateral. A este proceso de mistificación de la historia, Posse lo denomina el «Cubrimiento de América». En palabras del autor: «en los primeros cronistas, protagonistas vivenciales, podemos leer los pasos que llevan hacia lo que denominaría el cubrimiento de América. La tarea de negar la importancia de ciertas grandes civilizaciones locales, de su forma de vida y de sus dioses» (Posse 2004: 13).

Tal trilogía se ha estudiado con un mismo hilo conductor: desmentir la versión oficial de los cronistas europeos de ese periodo fundacional y mostrar cómo existen otras versiones de la historia. Su objetivo parte de la tesis de Hayden White (1992) de que la historia es una construcción narrativa. En palabras de Posse:

> Nuestra literatura llegó casi a los umbrales de este siglo intoxicada por la «historia oficial» de la Conquista [...]. Fueron los poetas y novelistas quienes lanzarían sus carabelas de papel para des-cubrir la versión justa [...] los que ajustaron el disparate de la historia imperial. (1993: 258)

Un segundo punto clave que define su propuesta literaria es que precisamente en esa escritura histórica unilateral de América, cuyo origen son *Los diarios* de Cristóbal Colón y las crónicas de Indias, los españoles se han centrado en la barbarie del pueblo indígena y la superioridad de lo español. Para la Corona, Posse advierte que «era necesario descalificar, llevar al "punto cero", transformar a los hombres en salvajes o infieles, a los dioses locales en demonios, a su forma de vida en "barbarie". La Corona no estaba para admirar sino para imperar. Se inicia entonces, la descalificación de América (2004: 13).

La crítica parece aceptar que estos dos puntos interconectados son los rasgos que caracterizan su novelística: el cuestionamiento de la escritura de la historia y la subversión de las categorías de civilización y barbarie, donde la primera definiría a lo español y la segunda, a lo americano. Posse ha repetido innumerables veces que su ficción subvierte estos valores y considera que logra su propósito en las dos novelas que analizaré en este capítulo: *El largo atardecer del caminante* (1992) y *Daimón* (1978). Curiosamente, gran parte de la crítica considera que Posse logra este objetivo, y solo se le ha prestado atención al efecto paródico y a los anacronismos que están en un primer plano en su obra. Sin embargo, no se ha indagado en las inmensas contradicciones que hay en sus textos, en los que la historia entendida como el devenir de acontecimientos se niega y en donde la esencia de los hechos históricos se cambia con una intencionalidad diferente a los mismos.

Parto de la tesis de que, a pesar de lo que Posse quiere lograr —reivindicar la historia de América y cuestionar los valores de civilización y barbarie—, hay un discurso subterráneo que aparece en ambas, donde ocurre exactamente lo contrario de lo que el autor anuncia. En *El largo atardecer del caminante* (1992), el Álvar Núñez de Posse es un personaje cuyas ideas parecen más bien subrayar las ideologías tradicionales de exclusión y marginalización de lo indígena de una manera tan violenta a como lo hace el histórico Lope de Aguirre y la mayoría de los conquistadores europeos. El histórico Cabeza de Vaca de *Naufragios* (1555) se considera el personaje más noble de la conquista, porque como es sabido, a lo largo de los diez años que convivió con los indígenas, logró la comprensión paulatina de la cultura americana. De este conquistador sobresale su lado humano, porque intentó fomentar la paz y el diálogo en América. Por el contrario, el discurso de Lope de Aguirre, como lo podemos analizar en una de las crónicas más fidedignas de la época escrita por Francisco Vázquez —*El Dorado: crónica de la expedición de Pedro de Ursúa y Lope de Aguirre* (1559)—, es el de rechazar la autoridad real, romper con el vasallaje y establecer una monarquía independiente y paralela en el territorio emancipado, todo mediante el uso de la violencia extrema y el autoritarismo. La similitud histórica de estos personajes es que ambos son conquistadores atípicos y tienen en común el hecho de que no conquistaron nada. Por este motivo, no los define tanto el objetivo que alcanzaron sino la práctica que realizaron. Son, si se quiere, conquistadores potenciales y, por esa paradoja, acaso pueden revelar —en su desvarío o su desvío— lo que en los conquistadores canónicos es menos evidente.

En primer lugar, es interesante que Abel Posse haya seleccionado a dos conquistadores atípicos de la conquista como lo son Cabeza de Vaca y Lope de Aguirre para su *Trilogía del Descubrimiento*, porque son más bien excéntricos y excesivos dentro del elenco de conquistadores coloniales. A diferencia de Cortés o Pizarro, a quienes por ejemplo, Beatriz Pastor (2008) llama conquistadores mitificadores del proyecto imperial, que consiste en la exploración, la ocupación y el dominio exitoso del territorio, Cabeza de Vaca representa el caso emblemático del discurso del fracaso y Lope de Aguirre, el del exceso contrario: el rebelde. Con ello, como lo explica Beatriz Pastor (2008), los discursos de Cabeza de Vaca y Lope de Aguirre son radicalmente diferentes, y sus posturas hacia la cultura indígena también lo son. Sin embargo, en la ficción de Posse, esto no es así. Posse vuelve a estos dos conquistadores atípicos y extremadamente diferentes uno del otro y les cambia de roles. El Cabeza de Vaca de *Naufragios* (el pacífico conquistador peatón) se vuelve en *El largo atardecer del caminante* (1992), un ser violento y agresivo, casi un doble del Lope de Aguirre, mientras que el Lope de Aguirre de *Daimón* (1978) va dejando gradualmente su violencia para convertirse en un ser transcultural, cuyo fantasma (porque en la ficción, Lope, a quien se le denomina el Viejo, es un ser atemporal, un fantasma que regresa de la muerte para revivir su historia) va encontrando su esencia al volverse casi un indígena, durante sus quinientos años de paso por América.

En este juego de apropiaciones y omisiones de la historia por parte de Posse no solo hay un rechazo de la verdad histórica sino una tergiversación y manipulación consciente de esta. Posse reproduce, en la práctica, aquello que critica a los europeos que escribieron la historia de América. Asimismo, al llevar al presente ambos textos y con varios guiños que aparecen explícitamente en la ficción, niega la posibilidad pacífica de entendimiento intercultural y solo acepta la violencia como forma de convivencia (de allí que aniquile la nobleza de Cabeza de Vaca y que el «buen» Lope sea desde el inicio un espectro viviente).

De esa manera, Posse estaría reproduciendo la mirada más conservadora de los conquistadores de América, esa mirada que precisamente dice rechazar. Abel Posse cambia la historia, la niega y la transforma a su antojo.

Para la mayoría de críticos de su obra (Beatriz Aracil Varón [2004a y b], Seymour Menton [1996], Kimberle López [2002], José Ortega [2002], Javier Valiente [2008], Amalia Pulgarín [1995] y María Rosa Lojo [1995), este juego intertextual representa un claro ejemplo de una mirada «posmoderna de la historia».[2] Beatriz Aracil (2004a) tajantemente señaló que Posse es el autor posmoderno por excelencia, sin cuestionarse lo que hay detrás de esa «posmodernidad». Habría que preguntarse por los problemas éticos y morales que esta «postura posmoderna» arrastra consigo (sobre todo en el caso tan extremo de Posse). ¿Este juego al que la crítica llama «posmodernidad histórica» no tiene consecuencias éticas que pueden distorsionar cómo concebimos la historia? ¿El escepticismo posmoderno llevado al exceso no favorece ciertas corrientes de pensamiento que niegan hechos históricos polémicos o incómodos de aceptar? ¿No puede generar en su vertiente radical, como lo hace Posse en la ficción y como lo acepta en el mismo argumento de la novela, posturas cínicas de interpretación de la historia? ¿No podría fomentar un revisionismo histórico y reescribir la historia a nuestro antojo? Pienso que la respuesta a todas estas preguntas es un rotundo sí, y ello se ve claramente en la manipulación histórica (que van más allá de un juego exacerbado de anacronismos, cuya etiqueta, como vengo señalando, es la de «juego posmoderno»).

El largo atardecer del caminante (1992) se plantea, como argumento de la ficción, el del revisionismo histórico y la posibilidad de cambiar la historia sin consecuencias éticas ni morales. En *Daimón* (1978), se niega el devenir histórico, aludiendo a un constante juego de repeticiones históricas idénticas que duran quinientos años y

---

2. Seymour Menton (1993) desarrolló, tomando como referencia la narrativa de Abel Posse, su teoría sobre la nueva novela histórica en América Latina, cuya característica central es su perspectiva posmoderna.

donde el autor, quizá involuntariamente, se queda ciego ante lo histórico porque, en la imaginación histórica, los cambios son más importantes que las continuidades y, en esta obra, quinientos años de historia son vistos como un juego de espejos que se repite en un ciclo exactamente igual, negando la particularidad de cada hecho histórico en su contexto político, histórico y social.

El largo atardecer del caminante y la muerte de la historia

La novela *El largo atardecer del caminante* (1992) tiene muchos niveles de lectura. El texto se presenta como un complemento de la famosa crónica *Naufragios y Comentarios* (1984 [1555]), escrita por Álvar Núnez Cabeza de Vaca. Esta crónica es, en la ficción, completada en *El largo atardecer del caminante* con todos aquellos detalles que el histórico Cabeza de Vaca supuestamente calló. El Cabeza de Vaca de Posse decide contar la verdad de lo sucedido durante los diez años que sobrevivió con los indios, en las costas de La Florida hasta México y posteriormente como adelantado en el Paraguay.

La primera línea argumental de la novela es el proceso de construcción de la historia. Por ello, *El largo atardecer del caminante* (1992) es, sobre todo, una novela metahistórica. A lo largo de la ficción visualizamos al viejo Cabeza de Vaca en Sevilla, completando sus *Naufragios* en varias resmas de papel y, en distintos pasajes, afirma que lo que contó en dicha crónica como historia verdadera contiene importantes omisiones y algunas mentiras, sobre todo acerca de lo que pasó durante los seis años que convivió con los indios en la isla del Mal Hado. En la crónica *Naufragios* (1555), el histórico Cabeza de Vaca alude repetidas veces a omisiones y a la necesidad de abreviar detalles en el texto porque considera que sería redundante una descripción detallada de lo mismo; porque carece del tiempo o los recursos para hacerlo; porque su vida, para él, simplemente es demasiado repetitiva y no le parece trascendental contarla; o, por último, porque simplemente cree que es demasiado extenso contar la rutina de seis años vividos:

«Dejo de contar esto más largo, porque cada uno puede pensar lo que se pasaría en tierra tan extraña y tan mala, y tan sin ningún remedio de ninguna cosa, ni para estar ni para salir de ella» (Cabeza de Vaca 1984 [1555], cap. VIII: 60); o «Cuento esto así brevemente, porque no creo que hay necesidad de particularmente contar las miserias y trabajos que nos vimos» (Cabeza de Vaca 1984 [1555], cap. IX: 64).

Sobre los seis años con los indios en la isla del Mal Hado dice lo siguiente:

> Los trabajos que en esto pasé sería largo contarlos, así de peligros y de hambres, como de tempestades y fríos, que muchos de ellos me tomaron en el campo y solo, donde por gran misericordia de Dios nuestro Señor escapé; y por esta causa yo no trataba el oficio en invierno, por ser tiempo que ellos mismos en sus chozas y ranchos metidos no podían valerse ni ampararse. Fueron casi seis años el tiempo que yo estuve en esta tierra solo entre ellos y desnudo, como todos andaban. (Cabeza de Vaca 1984 [1555], cap XVI: 82)

Por el contrario, el Cabeza de Vaca de Posse no deja de contar los hechos por las razones que el histórico conquistador lo hace, sino porque piensa conscientemente en manipular la historia y omitir detalles para su provecho. El personaje es consciente de la modificación de la historia, y esto no parece ser éticamente un problema ni para él, ni para ningún personaje representado. Beatriz Pastor ha notado que, en las crónicas donde prevalece el discurso del fracaso, los conquistadores que sobrevivieron a expediciones fracasadas, al saber que no aportaron ningún territorio a la Corona, ni ningún bien material, le otorgan un lugar privilegiado a la palabra: «a falta de botín que enriquezca las arcas de la Corona, forzoso es transformar en servicio la relación de las desdichas, reivindicando su valor y presentándola como evidencia del merecimiento de cargos y recompensas a los que se aspira» (2008: 245). Dice el histórico Cabeza de Vaca en *Naufragios y Comentarios acompañados de otros documentos inéditos sobre este tema*:

> Bien pensé que mis obras y servicios fueran tan claros y manifiestos como fueron los de mis antepasados, y que no tuviera yo necesidad de hablar para ser contado entre los que con entera fe y gran cuidado administran y tratan los cargos de Vuestra Majestad y les hace merced. Mas… no me quedó más servicio deste que es traer a Vuestra Majestad *relación*. (1906 [1555]: 3-4)[3]

La palabra hace las veces del botín material conseguido por otros conquistadores exitosos. Si se toma en cuenta este hecho, la apropiación que lleva a cabo Abel Posse es aún mayor: no solo está colonizando un texto ajeno al cambiar la historia narrada por el histórico Cabeza de Vaca, sino que, además, le está «robando» lo más importante que estas crónicas debían aportar: la palabra (léase la historia). El Cabeza de Vaca de Posse confiesa que ha hecho omisiones deliberadas en la historia, en parte debido al miedo que le genera la Inquisición y en parte debido a que siempre hay que tomar en cuenta quién lee el texto. Posse se apropia de un texto ajeno, copiando partes del texto original y cambiándole de sentido, reinterpretándolo y haciéndo pasar sus cambios y adiciones por históricas. Está cambiando las intenciones del autor original por las suyas propias. Aún más: dentro de la ficción, este no solo es un acto consciente por parte del protagonista, sino que es uno moralmente aceptable y hasta recomendable para tener éxito en la España inquisitorial del siglo XVII.

Una segunda línea argumental es la historia de amor entre el septuagenario Cabeza de Vaca ya afincado en Sevilla y una joven de origen judío, Lucía de Aranha, a quien el Cabeza de Vaca de Posse rebautiza como Lucinda a secas por la asociación judía de su apellido: «Lucía de Aranha. Se escribe con "hache" antes de la a. Hay una vibración de inquietud en su voz porque es un apellido judío. Lucinda te sienta mejor» (Posse 1992: 21). Es ella quien lo incentiva a escribir

3. Esta cita de Cabeza de Vaca aparece en la edición de Serrano Sanz. Todas las demás citas de la crónica son de la edición de Roberto Ferrando que aparece en la bibliografía.

la verdad de sus crónicas mediante preguntas insistentes y específicas sobre lo que ocurrió verdaderamente en América del Norte. Sucede que Lucinda no le cree que los seis años que vivió en la isla del Mal Hado pueda ser resumido en una página y media como aparece en *Naufragios*. Al cabo de una gran insistencia, el Cabeza de Vaca de Posse le confiesa que, efectivamente, ha omitido algunos hechos cruciales en la crónica que le entregara al rey de España.

Las dos omisiones centrales se pueden resumir de la siguiente manera: durante esos años de convivencia con los indios en la isla del Mal Hado, el Cabeza de Vaca de Posse formó una familia con una mujer india a la que rebautiza con el nombre de Amaría (su visión eurocéntrica sale nuevamente a la luz cuando rebautiza tanto a la judía como a la india con nombres hispanos cambiándoselos) «ella se llamaba, en el lenguaje de los Han, Niña-Nube. Yo la rebauticé como Amaría y a ella le gustó mucho» (Posse 1992: 95). Con la mujer india tuvo tres hijos (pero uno tuvo que ser sacrificado): Amadís y Nube son los dos hijos que crecieron con él. La segunda gran omisión dentro de la ficción es que el Cabeza de Vaca de Posse conoce las siete ciudades míticas (el gran mito de la exótica América) y viaja hacia ellas con la ayuda de una hierba alucinógena que permiten hacer viajes mentales, el Ciguri, y llega a estos espacios desconocidos. Con esta afirmación, las ciudades míticas de oro que obsesionaron a los españoles, se vuelven una realidad en esta ficción.

El primer punto que se debe considerar entonces es que el Cabeza de Vaca de Posse nos confiesa que su crónica *Naufragios* está llena de omisiones deliberadas y datos falsos que no estaba dispuesto a cambiar si no fuera por la presión que ejerce sobre él Lucinda, quien le entrega la resma de papel y le pide que le cuente su verdad. Dice el Cabeza de Vaca de Posse: «Releyéndome ahora, encuentro que mi silencio de seis años resuelto en página y media de mi libro, es lo suficientemente descarado y evidente como para que los estúpidos inquisidores de la Real Audiencia y Consejo de Indias no sospechasen nada» (Posse 1994: 78). También copia y plagia una escena de los *Naufragios* y explica que mintió en ella: «cuando los otros náufragos, destinados en otras tribus, se enteraron de mi amancebamiento, me mandaron un manto de piel de marta, seguramente para burlarse de mí, que siempre había acusado esas cosas. Anoté el incidente del manto de piel en mi libro de los *Naufragios* y miento, claro, al decir que me habían regalado eso "al saberme enfermo"» (Posse 1994: 97). Lo que es aún peor es que más allá de decir abiertamente que lo que escribió en la crónica *Naufragios* tiene deliberadas omisiones y falsedades (que si no fuera por la persistencia de Lucinda el protagonista jamás enmendaría), el Cabeza de Vaca de Posse no es ni siquiera capaz de decirle la verdad cabalmente a Lucinda, su única receptora de la historia: «No puedo decirle las cosas a Lucinda tal como las confío a la pluma en estos días largos y sosegados de mi caminata por el papel. Pero ella me obliga a recordar más o menos ordenadamente» (Posse 1994: 65).

En esta novela, estos dos hilos argumentales totalmente distintos están problemáticamente conectados: la historia de amor entre el viejo Cabeza de Vaca y la joven judía, por un lado, y la importancia de aclarar los acontecimientos históricos centrales de los *Naufragios* (que cambiarían la perspectiva de la lectura de este texto y de la historia si seguimos la lógica que propone la ficción), por el otro, se complementan. El Cabeza de Vaca de Posse no tiene ningún interés en clarificar la verdad histórica si no hubiera sido por esa mujer y por el deseo sexual que siente por ella. Contar la verdad de la historia no es en el narrador de Posse un acto moral o ético, sino, más bien, una excusa para enamorar a una mujer atractiva bastantes años menor que él. De allí se sigue que contar la verdad de la historia no sea visto por el personaje como un deber ser, ni tenga un peso moral, porque para él la historia es un acto privado y él tiene el derecho a ocultarla:

> Al día siguiente, cuando me puse a escribir, comencé con el tono de siempre, el estilo del señor que a través de solemne notario se comunica con su rey —que es el estilo frecuente y frecuentado. No sin trabajo fui rompiendo las frases y los silencios convencionales. Mi brazo y mi mano se resistían. Por fin, ya seguro de que el mío podría ser un libro absolutamente secreto, como lo será empecé a lograr que la punta de la pluma más o menos calcase la voz interior [...] Y desemboqué en el lujo

de la libertad. Una libertad de papel. Una nueva forma de caminar, de aventurarme por los desiertos, adecuados para el viejo que soy. (Posse 1994: 38).

El Cabeza de Vaca de Posse no pretende publicar este documento, ni siquiera hablar sobre él con otros historiadores de la época que aparecen en la novela, ni con el rey de España, que lo cita en su palacio y le insiste que cuente la verdad (dentro de la ficción, como vengo sosteniendo, sí hay una verdad que contar); ni con nadie. Este Cabeza de Vaca cree que contar la verdad es algo voluntario y opcional. Ni siquiera es capaz de colocar la isla del Mal Hado en el mapa, cuando se entera que los cartógrafos de la Corona han omitido su ubicación. Guarda silencio frente al mapa y frente a la historia:

> Me acomodé con una buena luz y extendí los rollos de pergamino que fastidiosamente tendían a enrollarse. Traté de seguir con la punta del dedo la casi obscena curva de La Florida. Habían omitido señalar la isla del Malhado. Era como si hubieran negado mi voluntad, como si me hubiesen desautorizado entre el cartógrafo cortesano y el historiador Oviedo. Habían dibujado algunos islotes pequeños cerca de la costa, pero sin anotar el nombre. (Posse 1994: 20)

El silencio del personaje continúa cuando Lucinda calca otra isla con el objetivo de encontrar ansiosamente la isla del Mal Hado. Aún así, el Cabeza de Vaca de Posse no corrige el error de Lucinda y nuevamente calla: «Lucinda no solo había desplegado los mapas, sino que con un papel de seda había calcado los bordes de La Florida y había anotado la isla que le señalara yo con el nombre de Malhado» (Posse 1994: 34). La irresponsabilidad del protagonista es excesiva cuando, finalmente, termina el manuscrito que contiene la verdadera historia de los *Naufragios* y decide esconderlo en el último estante de una biblioteca, en la zona más alta posible, un lugar donde sabe que no tendrá lectores, es decir, que la supuesta verdad de la crónica quedará oculta otra vez y para siempre:

> Desde que comencé a tomar estas notas, y sobre todo desde que Lucinda me regaló la resma de papel, me sentí libre en la intimidad de las páginas. De acuerdo con lo que imaginé, será como un mensaje que alguien encontrará tal vez dentro de muchos años. Será un mensaje arrojado al mar del tiempo. Lo abandonaré entre los libros de la biblioteca de la Torre de Fadrique. Me subiré como pueda hasta alcanzar el estante más alto y lo acomodaré entre los tomazos de la *Summa Theologica* que los curas no frecuentan mucho. (Posse 1994: 262)

El Cabeza de Vaca de *Naufragios*: puente intercultural

En la crónica *Naufragios* (1555), el sentimiento que prevalece es el de cambio. Cabeza de Vaca experimenta no solo una transformación física, porque su cuerpo se empieza a moldear de acuerdo con la actividad física que realiza con los indios en un clima y geografía adversos —«a manera de serpientes mudábamos los cueros dos veces en el año, y con el sol y el aire hacínasenos en los pechos y en las espaldas empeines muy grandes, de que recibíamos muy gran pena por razón de las muy grandes cargas que traíamos» (Cabeza de Vaca 1984 [1555], cap. XXII: 101)—, sino, y principalmente, un cambio de pensamiento: Álvar Núñez Cabeza de Vaca se va integrando a la vida de los indígenas: aprende nueve idiomas nativos y aprende a hacer fuego, a cazar venados y a curar enfermedades. En su necesidad de supervivencia, el conquistador peatón va desnudo, come tunas y perros, raíces de árboles y corazones de venado. Lentamente se empieza a desnudar no solo en el sentido literal —«fueron casi seis años el tiempo que yo estuve en esta tierra solo entre ellos y desnudo, como todos andaban» (Cabeza de Vaca 1984 [1555], cap XVI: 82)— sino en un sentido metafórico: se va quitando de encima a España, sus valores y prejuicios, y empieza a entender y apreciar la vida y costumbres de los indígenas.

Rolena Adorno (1993) sostuvo que, en su necesidad de supervivencia, Cabeza de Vaca negocia constantemente aprendiendo la otra cultura. Llama a este proceso «negociación del miedo», y es el que le permite insertarse lentamente en el mundo indígena: las prácticas curativas y la comercialización entre tribus enemigas son las dos actividades centrales que le permiten convertirse en un mediador no solo entre los europeos y los nativos, sino entre tribus de la zona que muchas veces estaban en guerra o eran enemigas. De esta manera, Adorno compara el rol de Cabeza de Vaca con el de ciertas mujeres tribales y con los mercaderes.

> They were mediators between the groups that led them and those that received them, serving in the same slot in the paradigm occupied by the native women who were designated to serve as emissaries between warring groups and who had often ended the fighting and negotiated peace. Others whose identity placed them outsider the limits of the respective war communities could serve in similar roles. (1993: 61)

En el Álvar Núñez Cabeza de Vaca de *Naufragios* (1555) está el germen de un transculturador, un negociador de identidades o, como lo señala Adorno (1993) en la cita antes mencionada, un mediador entre culturas. Ángel Rama (2004) definió al escritor transculturador precisamente como un puente intercultural: alguien que pasa de una cultura a otra sin dejar completamente todos los elementos de su cultura original y los adapta a la cultura nueva. Cabeza de Vaca está negociando no solo como mercader productos alimenticios entre tribus (principalmente corazones de venado), sino su identidad. No deja de ser español (no borra del todo esta identidad) y adopta varias características de lo americano, producto de la convivencia pacífica. Hay tres momentos centrales en su conversión o, como lo diría Rama, entre su ser puente entre una cultura y otra. El primero de ellos ocurre cuando funde todos los objetos militares (arreos de montar y armas), que son elementos característicos de un conquistador, para convertirlos en materiales de trabajo y sobrevivir, cual artesano, en su nueva realidad americana. De hecho, este es un acto muy simbólico, ya que es exactamente lo opuesto a lo que hacían los conquistadores con las piezas de oro indígenas. Posteriormente nos encontramos con el acto de comerse los caballos. Este hecho es central en este proceso de «americanización», porque Cabeza de Vaca, una vez desprovisto de armas, se alimenta del animal que es propio de la figura del conquistador. Por último, se despoja de toda la ropa española y convive desnudo y descalzo con los nativos. El narrador hace hincapié en su desnudez y afirma: «yo no tenía otro remedio, por andar desnudo como nascí» (Cabeza de Vaca 1984 [1555], cap. XXI: 96). Además, dice: «anduvimos siempre en cueros como ellos, y de noche nos cubríamos con cueros de venado» (Cabeza de Vaca 1984 [1555], cap. XXII: 100). En este mismo episodio alude a sus pies descalzos y a la transformación que sufre: «en todo este tiempo no comí bocado ni hallé cosa que pudiese comer; y como traía los pies descalzos, corrióme de ellos mucha sangre» (Cabeza de Vaca 1984 [1555], cap. XXI: 96).

En *Los cuatro viajes* de Cristóbal Colón, que contiene los diarios de sus impresiones sobre América, la desnudez y el canibalismo eran rasgos considerados propios de la barbarie. Colón se refirió a esos «hombres con hocicos de perro que se comen unos a otros en islas lejanas» (1492: 86) para hablar de la barbarie americana con su respectiva justificación colonizadora. En la transformación de Álvar Núñez Cabeza de Vaca es sintomático el hecho de que narre con detenimiento su absoluta desnudez y señale el canibalismo de los hombres europeos con mayor frecuencia que el de los indígenas:

> Y cinco cristianos que estaban en rancho en la costa llegaron a tal extremo, que se comieron los unos a los otros, hasta que quedó uno solo, que por ser solo no hubo quien lo comiese. Los nombres de ellos son éstos: Sierra, Diego López Corral, Palacios, Gonzalo Ruiz. De este caso se alteraron tanto los indios, y hobo entre ellos tan gran escándalo, que sin duda si al principio ellos lo vieran, los mataran, y todos nos viéramos en grande trabajo (Cabeza de Vaca 1984 [1955], cap. XIV: 75)

En varios pasajes, por el contrario, el narrador omite el canibalismo entre indígenas o lo justifica por el hambre y la adversidad del lugar:

> Es tanta el hambre que aquellas gentes tienen, que no se pueden pasar sin ellas, y andan dos o tres leguas buscándolas. Algunas veces matan

> algunos venados, y a tiempos toman algún pescado; mas esto es tan poco, y su hambre tan grande, que comen arañas y huevos de hormigas, y gusanos y lagartijas y salamanquesas y culebras y víboras, que matan los hombres que muerden, y comen tierra y madera y todo lo que pueden haber, y estiércol de venados, y otras cosas que dejo de contar, y creo averiguadamente que si en aquella tierra hubiese piedras las comerían. (Cabeza de Vaca 1984 [1555], cap XVIII: 89)

En suma, *Naufragios* (1555) nos presenta a un conquistador humano que convive con los indios, aprende de ellos y, conforme avanza en este viaje geográfico y de autodescubrimiento, empieza a usar el nosotros para referirse, en algunos casos, a «nosotros los indios» como a «nosotros los españoles». Su inserción en la cultura otra va dejando las jerarquías y las formas de pensar completamente eurocéntricas para sufrir una transformación física y mental. Esta forma pacífica de interacción con los indios reaparece nuevamente en sus *Comentarios* (1555). En esta segunda parte de la crónica, Cabeza de Vaca regresa a América (la acción transcurre en el Paraguay), donde intenta fomentar el diálogo entre las tribus vecinas. Con sus aliados los guaraníes promueve la paz y el freno de la violencia entre las tribus y entre los españoles y los indígenas. Los frutos de esta política pacífica se hacen sentir apenas llega a Asunción: los temibles agaces, que tenían atemorizados a los guaraníes y a los españoles, piden la paz. Es tal el prestigio alcanzado por Cabeza de Vaca, el Adelantado, que los guaraníes colaboran con un ejército para combatir a los guaycurúes y posteriormente marchan junto a Cabeza de Vaca en la expedición del río Paraguay. Después de haber convivido con los nativos de Norteamérica por diez años, experiencia que es el corazón de *Naufragios*, el histórico Cabeza de Vaca sabe qué es lo más importante para ellos, conoce su cultura y promueve la paz. Prohíbe el saqueo y aboga por el intercambio justo:

> Mandó aposentar los españoles en la ribera de la laguna, y junto con ella los indios guaraníes, a todos los cuales dijo y apercibió que no hiciesen daño ni fuerza ni otro mal ninguno a los indios naturales de

> aquel puerto, pues eran amigos y vasallos de Su Majestad, y les mandó y defendió que no fuesen sus pueblos y casas, porque la cosa que los indios sienten y por que se alteran es ver que los indios y cristianos van a sus casas, y les revuelven y toman las cosillas que tienen en ellas, y que si tratasen y rescatasen con ellos, les pagasen lo que trajesen y tomasen de sus rescates, y si otra cosa hiciesen serían castigados. (Cabeza de Vaca 1984 [1555], cap. LIII: 246)

En *El largo atardecer del caminante* (1992), estos hechos históricos son totalmente manipulados y tergiversados. La llegada del Cabeza de Vaca de Posse al Paraguay representa la mirada del más vil de los conquistadores. Viene con una bandera negra donde está pintado el escudo familiar, una cabeza de vaca, hecho con el que muestra su rebeldía contra el rey de España. Se sugiere, así, la metamorfosis de Cabeza de Vaca en Lope de Aguirre. En *Daimón* (1978), esta conexión es explícita: el Cabeza de Vaca ficcional se encuentra con la reina Cuñán, de la región Amazonas, con quien Lope y sus marañones pasaron varios días con la intención de fecundarla. Este episodio se repite en *El largo atardecer del caminante*, solo que ahora, en lugar del fantasma de Lope, está Cabeza de Vaca. El Cabeza de Vaca de Posse quiere imponer su cultura en el Paraguay: empezando por la monogamia y la religión católica, porque la poligamia le parece primitiva y bárbara. Ya en Asunción hace estandartes de seda con esa sugestiva cabezota de gran cornamenta e impone un férreo orden militar en la región: «Había concebido la audaz —y quizás insensata idea— de basar la fuerza de nuestro imperio (y hasta justificar la conquista) aplicando rigurosamente los principios de nuestra moral» (Posse 1992: 227) y, posteriormente, empieza a construir una iglesia con un alto campanario, utilizando troncos de palmera, en el centro del pueblo, porque «al sonar nos recordaría la presencia de Dios» (Posse 1992: 228). El sacerdote que iba a imponer la religión en la región, fray Bernaldo, se fuga con treinta concubinas, mientras que el adelantado Cabeza de Vaca, de Posse, ya totalmente transformado en Aguirre, los quema vivos. Posteriormente, decide imponer el mismo castigo a cualquiera que decida alzarse.

El viejo Cabeza de Vaca recordará estos hechos mientras escribe la «verdadera» historia de los *Naufragios* (1555), como ya he dicho, a pedido de Lucinda. Mientras lo hace, en su vivienda en Sevilla, tiene una daga «como un extraordinario elemento de purificación» (Posse 1992: 206), además de una cruz encima de su manuscrito. Ambas armas le van a servir para atrapar y asesinar a Omar Mohamed, el novio árabe de Lucinda, de quien cree que es un violador. Es significativo que el personaje tenga a la mano estos dos instrumentos muchos años después de sus aventuras en las Indias, porque el cuchillo y la cruz son dos elementos que simbolizaron la conquista. El personaje piensa que «la misma Historia, con mayúscula, es un hecho criminal. ¿Cómo pretender hacerla sin mancharse?» (Posse 1992: 228). Luego, compara la escritura con la conquista porque escribir es «una nueva forma de caminar, de aventurarme por los desiertos, adecuados para el viejo que soy» (Posse 1992: 38). De esta manera, Posse parece comunicar un mensaje bastante violento a través de su personaje: nos sugiere que no hay otra forma de conquistar que no sea a través de la violencia de la acción y de la letra.

El Cabeza de Vaca de Posse y sus naufragios de superioridad española

La mirada del Álvar Núñez Cabeza de Vaca de Posse sobre el territorio americano es completamente diferente que la del personaje histórico, aunque la mayor parte de la crítica no diferencia entre uno y el otro, y considera que ambos sufren esta transformación o apreciación positiva hacia lo americano que he venido señalando. Se ha dicho con frecuencia que el personaje de *El largo atardecer del caminante* (1992) es «el personaje moral de la conquista» (Sáinz de Medrano 1997: 2) o que el personaje queda redimido «por su actitud comprometida con el indio y su crítica de un sistema opresor» (Ortega 2002: 80). Lola Colomina-Garrigos resume a grandes rasgos lo que se dice sobre la novela:

> Uno de los aspectos más relevantes de esta reescritura histórica es la perspectiva crítica desde la que Cabeza de Vaca contempla su época, su país, su cultura y, en definitiva, su civilización. Una perspectiva crítica que en verdad ya se nos había expuesto aunque de manera ambigua y moderada en los Naufragios pero ahora cobra toda su dimensión crítica y ofensiva contra la—considerada superior— civilización cristiana. En esta nueva versión de sus experiencias, Cabeza de Vaca invierte definitivamente las categorías de civilización y barbarie y las aplica a la inversa, considerando bárbaros a los españoles y civilizados a los indios. (2001: 14)

Como lo señalé al principio de este capítulo, hay un doble discurso en Posse, al cual muchos críticos no le han prestado la debida atención: el Cabeza de Vaca de Posse, a diferencia del histórico, nunca abandona su prejuicio ante lo indígena, aunque por partes el texto sí contenga afirmaciones sobre la barbarie española. Así, en la ficción, los estereotipos que existen desde Cristóbal Colón prevalecen y la visión superior de lo español nunca se abanadona. En efecto, el Cabeza de Vaca de Posse señala repetidas veces que la cultura europea es mejor y civilizada. Reconoce que los indígenas tienen otro tipo de conocimiento (sobre las plantas, el ambiente, el clima), pero al referirse a ellos lo hace recurriendo a los estereotipos del buen salvaje, de hombres bárbaros y primitivos que emplean un lenguaje breve y simple. El personaje dice: «mi fe era algo claro y absoluto, indiscutible desde los días del primer catecismo. Había cometido un error al tratar de arriesgarla al duro y simple razonar de los bárbaros» (Posse 1992: 90). También sabe que los españoles estaban disminuidos frente a los indígenas, pero solo porque estos últimos se encuentran en su hábitat:

> [...] desde un punto de vista estrictamente natural, nosotros estábamos comparativamente disminuidos frente a ellos. Simplemente eran mejores animales de la tierra [...] nosotros los dominadores del mundo desnudos y sin coraza ni espada, debíamos aprender de los salvajes a coger peces y raíces venenosas. (Posse 1992: 75)

Más adelante, el personaje dice «como tienen un lenguaje breve y casi salvaje, los más doctos —si esto puede decirse de ellos— abusan de metáforas poéticas que hay que descifrar» (Posse 1992: 90). Además, los indios son ignorantes de su condición moral: «ellos no ven nada malo en su cuerpo, en su barbarie no pueden imaginar la presencia del pecado» (Posse 1992: 96).

Durante los seis años que el Cabeza de Vaca de Posse está con el cacique Dulján en la isla del Mal Hado, es él quien les enseña a los indios los valores de la civilización europea para protegerse de las tribus enemigas. Se siente superior y, por temor a que los indios no comprueben su superioridad, decide suministrar los inventos de la civilización europea de a pocos (para así evitar el canibalismo, porque se dice que hay ciertas tribus que pueden comer a los blancos para adquirir sus conocimientos). En un primer momento piensa que lo más práctico para ellos sería enseñarles la ballesta, la brújula o la rueda, pero luego considera que «la rueda hubiese tenido el carácter de una verdadera revolución» (Posse 1992: 104). Decide, entonces, enseñarles primero el yesquero: «después de mucho pensarlo me decidí por algo útil por mejorar el sistema de encendido del fuego. De modo que "inventé" el yesquero [...] aquello fue recibido con exaltación. El objeto casi recibió veneración religiosa» (Posse 1992: 104). Finalmente, les otorga la catapulta: «no tuve más remedio que librar el secreto de la catapulta» (Posse 1992: 109).

Esta dosificación de la enseñanza al indio no solo comprueba el estereotipo del indio como inferior, sino que recae, además, en el paternalismo. Para el Cabeza de Vaca de Posse, los indígenas tienen un razonamiento limitado y es el español el que los tiene que iluminar con sus inventos. En *El largo atardecer del caminante* (1992) ocurre lo opuesto que en *Naufragios* (1555): es el español Cabeza de Vaca el que siempre es visto como un Dios, hasta el punto en que por su sabiduría se convierte en el asesor militar del cacique Dulján. Se presenta la figura paternalista por excelencia: el blanco como asesor militar de una comunidad indígena, el blanco que quiere imponer sus conocimientos y aculturar a los aborígenes:

> Tenía que ser muy prudente. Debería ir deslizando los conocimientos de nuestra civilización sin mucha jactancia, más bien como si fueran descubrimientos de ellos mismos. No debía despertar la idea de que yo pudiese poseer poderes o conocimientos sobrenaturales. Aunque no son caníbales en el sentido alimenticio, como conté en relación al espanto que les causó la golosinad de Esquivel, ellos ejercitan una especie de canibalismo mágico o sagrado. A veces devoran ciertas partes con cualidades destacadas. [...] Yo temí que pudieran decidir comerme para absorber esos descubrimientos de nuestra civilización. (Posse 1992: 87)

Otro punto central en la novela es el racismo del personaje frente a los moros, negros y judíos, tanto en su experiencia americana como a su regreso a Sevilla. Estebanico, el hombre negro y moro que junto con Dorantes y Cabeza de Vaca sobreviven a esta fracasada expedición liderada por Pánfilo de Narváez, es tratado con gran desprecio en cada uno de los pasajes de la novela en que se le nombra. Ese mismo desprecio que sentían muchos cristianos viejos por los moros y judíos en el siglo XVI se encuentra en la misma mirada del conquistador. Gustavo Verdesio es uno de los pocos críticos que ha notado la mirada denigrante del narrador creado por Posse hacia los indígenas: «Posse's view about the Amerindian lands and its dwellers are complemented by the reiteration of a number of old myths that only reinforce the European representation of the continent» (2002: 242). Luego, señala lo siguiente: «it may not be an adventurous assumption to attribute the authorial voice an attitude similar to Columbus» (Verdesio 2002: 241). Sus descripciones recuerdan las utilizadas por Hernán Cortés cuando se refiere a los templos de los nativos en México-Tenochtitlán como si fueran mezquitas (para enfatizar la igualdad entre los moros y los indígenas). La mirada del Cabeza de Vaca de Posse lo cataloga de eterno infante (como lo hace Cristóbal Colón cuando alude a los indios como seres infantiles). Dice el Cabeza de Vaca de Posse:

> Es allí donde viven, cubiertos de fango fétido, los desagradables y traidores homopuevas. Hombres primigenios, seguramente anfibios [...] Estebanico juró haber sido corrido por uno. Pero son visiones que

concreta su propio miedo. Estebanico es negro y moro, no puede tener la certeza de nuestra condición. (Posse 1992: 145)

También duda de su inteligencia cuando dice: «váyase a saber qué pudo haber oído o entendido Estebanico de mis relatos. Su mente era infantil, fantasiosa, como la de todo negro» (Posse 1992: 158). A diferencia del Cabeza de Vaca histórico, el de la novela nunca emplea un «nosotros» inclusivo para ponerse de lado de los indígenas. Por el contrario, adopta la mirada española y, a lo largo de todos los años que pasa en América, esta visión es inamovible.

Lope de Aguirre y su ceguera histórica en *Daimón*

Uno de los exploradores más polémicos del Amazonas y de todo el período colonial es el conquistador Lope de Aguirre. Como ya expliqué, al igual que Álvar Núñez Cabeza de Vaca, es un personaje excesivamente atípico. En su caso, la historia resaltó su ira, su rebeldía contra la autoridad, y su extrema y desmesurada violencia para subvertir el orden impuesto, primero contra el jefe de su expedición (Pedro de Ursúa, a quien asesina) y luego contra el rey de España, Felipe II. El Lope de Aguirre histórico es un eterno inconforme, que decide una y otra vez rebelarse contra el orden dominante y crear el suyo, no menos despiadado del que pretende revocar. Primero nombra a un príncipe en las tierras de América, Fernando de Guzmán, a quien corona como Príncipe de Tierra Firme y Perú. Sin embargo, todos saben que es él quien en verdad posee el poder, que va incrementando en la sombra. Castiga severamente todo acto de rebeldía por parte de su ejército o de los marañones, mientras avanza por la agreste y desafiante naturaleza del Amazonas con sus pesadas armaduras y sus caballos. En la crónica de uno de sus acompañantes en la expedición, Francisco Vázquez, titulada *El Dorado: crónica de la expedición de Pedro de Ursúa y Lope de Aguirre* (1559), se relata cómo Aguirre va creando una serie de estrategias para impedir que cualquier miembro de su expedición lo abandone, hable en contra suyo o llegue a disputar su poder. Su deseo por preservarse como el líder y llegar y conquistar las tierras del Perú hace que vaya incrementando cada vez más su violencia hasta los límites de lo irracional: empieza a matar a los enemigos de su proyecto de una forma despiadada y cruel por decir lo menos, para luego continuar asesinando hasta al mínimo sospechoso de estar contra él:

> Era tan cruel y malo que a los que le habían hecho mal los mataban sin causa ninguna, como se ha dicho atrás, y a otros que tampoco le habían hecho porque, que él no tenía voluntad ni causa de matarlos, porque nadie se escapase de él y mandó que le trajesen un mancebo que estaba en la isla que no le había venido a ver, y en pena de su descuido mandó que le repasen la barba lavándosela primero con orines hediondos. (Vázquez 1987 [1559]: 129)

A este personaje histórico se le atribuye el asesinato de doscientos hombres durante los dos años que duró su viaje como explorador del Amazonas (Lewis 2003: 9). Además de la muerte de los líderes y gobernantes ya mencionados, también ejecutó al gobernador de la isla Margarita, junto con su círculo político. Escribió una famosa carta desafiante y llena de ira al rey de España, en la que proclamaba su independencia y anunciaba la fundación de su propio reino en América, el Imperio marañón. Finalmente, al cabo de dos años y al saberse perdido, mató a su única hija, la adolescente doña Elvira, dándole dos puñaladas en el vientre para «salvarla» de ser maltratada por el Ejército realista que ya se acercaba a Venezuela. El Lope de Aguirre histórico termina solo en la isla Margarita, desafiando desde allí el poder del rey y traicionando a sus marañones, a quienes va asesinando progresivamente hasta quedarse solo. Su ejército lo había seguido por obligación hasta este punto. Si alguien decidía cuestionarlo o abandonarlo en sus sueños de poder, Aguirre le cortaba la cabeza o lo ahorcaba, como lo cuenta Vázquez en otro pasaje de la crónica:

> Mandó así mismo aquí ahorcar a un soldado llamado Pérez, al cual halló el tirano fuera del pueblo echado junto a un arroyo de agua que estaba malo, y preguntándole el tirano que qué hacía allí el soldado le

> respondió que estaba muy malo, y el tirano le dijo, luego desta suerte señor Pérez no podréis seguir esta jornada, bueno será que os quedéis, y el Pérez respondió, como vuestra merced mande, y vuelve el tirano a su posada mandó a sus ministros que se lo trajesen diciendo: tráiganme aquí a Pérez que está malo, le curaremos y haremos algún regalo; y traído le mandó luego a ahorcar, porque quisiera este maldito tirano que ninguno mostrara voluntad de quedarse, sino que todos le siguieran aunque fuese arrastrándolo. (Vásquez 1987 [1559]: 145)

Finalmente, el Aguirre histórico terminó cercado por el Ejército realista. Como castigo, le cortaron la cabeza y esparcieron sus miembros para atemorizar a futuros rebeldes. Por las características de esta rebelión, Lope de Aguirre está asociado en los diferentes estudios históricos y literarios como el portador de los elementos esenciales de la figura del caudillo latinoamericano, es decir, alguien que habla de la libertad de su pueblo (su ejército de marañones) pero que ejerce violencia de una manera más brutal que la de España. Lewis analiza cómo esta figura histórica ha sido representada en cinco obras literarias, que resaltan siempre su similitud con la figura del caudillo: «novelists in Argentina, Venezuela and Peru seized upon this colonial episode as one that disclosed a cluster of unique Latin American cultural archetypes and patterns: the defiant *caudillo* or strongman, his acquisition of power, and the exercise of that personalist control in the face of opposition from both society and nature» (2003: 9).[4]

La novela *Daimón* (1978) presenta a Lope de Aguirre como un viejo, un fantasma que regresa en calidad de espectro para repetir una historia ya vivida. En lugar de morir al cabo de dos años, Posse trae a Aguirre de la muerte. El Viejo (como lo llama en la ficción)

4. Bart Lewis escribe un libro dedicado a la representación de Lope de Aguirre en la literatura latinoamericana y analiza importantes obras que recrean la vida de este personaje legendario: *El camino de El Dorado* de Uslar Pietri (Venezuela, 1947), *Daimón* de Abel Posse (Argentina, 1978), *Lope de Aguirre, príncipe de la libertad* de Miguel Otero Silva (Venezuela, 1979), *Una lanza por Lope de Aguirre* de Jorge Ernesto Funes (Argentina, 1984) y *Crónica de blasfemos* de Félix Alvarez Sáenz (Perú, 1986).

se mantiene vivo por quinientos años como si fuera uno de los espectros de la Comala de *Pedro Páramo* (1955). Se vuelve así testigo de lo que pasa en América durante la independencia en el siglo XIX y en la Argentina de la década de 1970, época de la escritura de la obra. El Lope de Aguirre de Posse se desplaza, por la geografía y por el tiempo, a lo largo de quinientos años de historia americana. Asimismo, y esto es lo que quiero recalcar, el viaje del Viejo es, además de uno físico y temporal, uno interior, donde este *daimón* o demonio cambia, volviéndose una persona empática con la cultura indígena. El término *daimón* se refiere, en la novela *Los perros del paraíso* (1983), a los «ángeles insolentes», que moran al margen del código cristiano, y, por ello, «no necesitan salvarse, su único objetivo es cumplir las leyes de su misión» (Posse 1983: 83).[5] El Lope de Aguirre de Posse va transculturándose; se vuelve un hombre espiritual, que va dejando su razonamiento lógico y racional occidental para terminar valorando y creyendo en la cosmovisión americana. Esta se presenta como una forma de pensamiento vinculada, en la ficción, a una cosmogonía prelógica, en la que resalta, por un lado, el paganismo americano; y, por el otro, una sexualidad excesiva, en la que se valora el goce y no la culpa. En palabras de Posse:

> En mis novelas *Daimón* y *Los perros del paraíso* traté de precisar (a veces con lenguaje irreal e impreciso, ya que el novelista trata de acceder a lo verdadero por el inexacto camino de la poética o de la imaginación surreal) ese choque frontal entre dos conceptos distintos del cuerpo: el judeo-cristiano y el del paganismo americano. (1989: 200)

Fernando Reati (1997) analiza cada uno de los títulos de los capítulos de la novela, que llevan el nombre de diez cartas del Tarot.

5. Carolina Sanabria sostiene que «si bien el daimón inicialmente se presenta como indiferente al mal y al bien, pasa luego a ser reformulado y difundido como un agente del mal, hasta llegar a concretarse en el "demonio" del cristianismo [...]. En la novela de Posse, se revitaliza a aquel daimón ajeno a las categorías morales, que venía a debatirse con la temible ideal del demonio como encarnación del Mal, como el Anticristo» (1995: 51).

Muestra cómo su uso es un intento del autor por mostrar el tránsito de un mundo racional a otro más místico. El Tarot es una antigua práctica esotérica que todavía hoy algunos consideran un camino de acceso al inconsciente más que un sistema mágico (Reati 1997). Si asumimos que el personaje va cambiando su cosmogonía de pensamiento, el Tarot sería una síntesis que anticipa lo que le pasará: una transformación de su pensamiento occidental en uno mágico y pagano. En la ficción, después de la experiencia como conquistador en el Amazonas, el fantasma de Lope de Aguirre sigue vivo (en la ficción, su espectro recorre quinientos años de la historia de América) y luego de la independencia latinoamericana en el siglo XIX, donde ve que todo es casi como una prolongación del período colonial, el Viejo, desilusionado, decide realizar un viaje a Machu Picchu, donde un indio de origen quechua y de apellido Huamán le sirve como guía espiritual: «El cauteloso Huamán fue firme en algunos puntos de importancia. ¿Vale la pena, Aguirre, que intentes otra vez la dominación del mundo? ¿De qué vale? Siempre creíste que los límites y las barreras estaban afuera, afuera de ti» (Posse 1978: 201).

El indio le cambia la vida porque decide enfocarse ya no en conquistar territorios fuera de sí, sino en conquistarse a sí mismo y ser feliz con lo tiene en América (esto ocurre después de emprender reflexivos viajes interiores con la hierba ayahuasca). El Lope de Aguirre de Posse va dejando atrás España y, al final de sus viajes purificadores, se siente sudamericano: en la ficción, como vengo sosteniendo, este personaje haría las veces de lo que la historia le atribuye al transculturador Cabeza de Vaca. Al descender del Huayna Picchu intercambia con un indio sus botas por ojotas y empieza a bailar un huayno. El fantasma del personaje se ha transculturado sintiendo que en Latinoamérica puede encontrar la felicidad y el amor. Por eso, después de este «despertar», abandona a los marañones (ellos se quieren unir al líder Túpac Amaru II y pelear contra la Corona española, pero Lope de Aguirre los traiciona y decide preocuparse por sí mismo). Decide ir en búsqueda de su amor de juventud: la monja-niña sor Ángela.

Si se analiza con detalle qué es lo que Posse transmite por cultura americana, se recae nuevamente en los estereotipos de los conquistadores europeos, algunos de ellos ya analizados en la primera parte de este capítulo. En la novela *Daimón* (1978) se concibe el mundo como un lugar dicotómico, donde, por un lado, está la esencia del hacer, que representa a los españoles, a quienes se llama «los hombres del hacer»; y, por el otro, está la esencia del ser, que representa a los americanos, a quienes se llama «los hombres del ser». En cuanto a la religión, conecta la culpa y el pecado de la tradición judeo-cristiana como una gran limitación para experimentar la sexualidad y la libertad, mientras que asocia lo americano con un mundo prelógico, cuya cosmogonía es irracional y donde no hay la idea del pecado. En América (y se vuelve a pensar en ella incidiendo en el estereotipo de lugar salvaje, los «extramuros» de la ciudad letrada, si seguimos la teoría de Ángel Rama), hay mayor libertad del goce sexual y menos restricciones. Dentro de estas dicotomías, España y el pensamiento lógico y racional se definen como lo cerrado, mientras que América, como lo abierto. En la novela, como vengo sosteniendo, el fantasma de Lope de Aguirre va paulatinamente transformándose de un ser que pertenece al mundo cerrado y del hacer a un hombre del ser, es decir, un americano, aunque nunca logra serlo cabalmente.[6] Veamos, según Posse, lo que conlleva el ser americano: «El Viejo se sentía inclinado a una mayor comprensión. Era como si hubiese subido español y bajado americano. Una cierta neutralidad sobona, un dejarse vivir. Casi

6. Gustavo Verdesio analiza los conceptos del «hacer» y del «ser» sobre la base de las categorías del filósofo argentino Rodolfo Kusch, que Posse parece haber aplicado en sus novelas: «The main idea behind the novel is that European civilization was (and probably still is) base don a profound belief in "doing", whereas the American lands were the place where mere "being" predominated. In this light, the arrival of the European expedition in the Caribbean is a profound offensive against Nature on behalf of "doing" and against "being". Having arrived to this point, it is necessary to remember that these ideas about "doing" and "being" are not Posse's creation: he take them from the Argentinean philosopher Rodolfo Kusch, who contained them in some of his books» (2002: 240).

preferir el destino al propósito. Cierta complicidad con la ignorancia y la derrota» (1978: 168). Más aún, «El Viejo sentía que ya el futuro no lo tironeaba hasta hacerlo saltar del presente. Deshistorizábase. Uníase a la materia del día como raíz a la tierra, como la rama en el aire, como perro que fornica» (Posse 1978: 214).

En lo abierto o americano hay no solo una aceptación de la derrota (América es el lugar de la derrota por excelencia), sino que es el lugar que está fuera de la historia. De hecho, la historia es narrada gracias a que el fantasma de Lope de Aguirre regresó a América. Se reincide en el pensamiento de que la historia comienza con la llegada de los blancos que pueden narrar lo que sucede, porque los indígenas no tienen historia o son incapaces de verbalizarla hasta la llegada de los españoles.[7] Posse sigue concibiendo a América como un lugar sin historia (a pesar de que circula por ella durante quinientos años). Dice el narrador: «vecino de Lo Abierto, Lope erraba distraído (un vivir puro y simple, casi el opuesto al vivir histórico, documentable, exteriormente memorable" (Posse 1978: 217). América es este lugar exótico donde no existe ni la ley, ni la moral. Ya en la primera línea de la novela, el narrador nos introduce en esa América que se mantiene intacta a lo largo de los siglos: «América. Todo es ansia, jugo, sangre, savia, jadeo, sístole y diástole, alimento y estiércol, en el implacable ciclo de leyes cósmicas que parecen recién establecidas» (Posse 1974: 11), una América que recuerda al lugar salvaje al que llega el Cabeza de Vaca de Posse en *El largo atardecer del caminante* (1997).

América es el lugar del cuerpo, del presente, donde los mitos sobre la sexualidad desbordada y desbordante se vuelven realidad. Sobre este punto, es interesante que, en la ficción, Posse no asesine a

7. Antonio Cornejo Polar (2003) ha estudiado la novela indigenista de fines del siglos XIX y principios del siglo XX, donde autores como Clorinda Matto de Turner en *Aves sin nido* (1889), Jorge Icaza en *Huasipungo* (1934) o Alcides Arguedas en *Raza de bronce* (1919) no empiezan la acción narrativa en sus novelas hasta que no lleguen los blancos a la comunidad indígena donde se desarrolla el relato. Esta mirada del mundo andino como estático o ahistórico es reproducida por Posse en su visión de lo americano.

su hija Elvira, como ocurre en la historia, sino que tenga relaciones sexuales con ella constantemente. América es un territorio donde la sexualidad se exacerba y todo está permitido. El encuentro con espacios míticos como las siete ciudades mágicas a las que llega el Cabeza de Vaca en *El largo atardecer del caminante* (1997) también aparece en *Daimón* (1978). Allí Lope de Aguirre y su tripulación hacen una primera parada que es una explosión de sexualidad con las bellas mujeres amazonas. Estas recuerdan a aquellas que el sacerdote fray Gaspar de Carvajal inmortalizó para el imaginario europeo en su crónica *La aventura del Amazonas* (1542).[8] Posse copia textualmente la crónica de Carvajal, creadora del mito, y en un pasaje de la novela cambia el nombre de la reina Amazona Coñori por Cuñán. En Posse no es un mito; es una realidad:

> El Capitán le preguntó si estas mujeres parían: el indio dijo que sí. El Capitán le dijo que como no siendo casadas, ni residía hombre entre ellas, se empreñaban: él dijo que estas indias participan con indios en tiempos y cuando les viene aquella gana juntan mucha copia de gente de guerra y van a dar guerra a un muy gran señor que reside y tiene su tierra junto a las destas mujeres y por fuerza los traen a sus tierras y tienen consigo aquél tiempo que se les antoja, y después que se hayan preñadas les tornan a enviar a su tierra sin les hacer otro mal; y después, cuando viene el tiempo que han de parir, que si paren hijo le matan y le envían a sus padres, y si hija, la crían con muy gran solemnidad y la imponen en las cosas de la guerra. Dijo más, que entre todas estas mujeres hay una señora que sujeta y tiene todas las demás debajo de su mano y jurisdicción, la cual señora se llama Coñori. Dijo que hay muy grandísima riqueza de oro y plata y que todas las señoras principales y de manera no es otro su servicio sino oro y plata. (Posse 1978: 67-68)[9]

---

8. El título completo es el siguiente: *Relación que escribió Fray Gaspar de Carvajal, fraile de la orden de Santo Domingo de Guzman, del nuevo descubrimiento del famoso Río Grande que descubrió por muy gran ventura el capitán Franciso de Orellana desde su nacimiento hasta salir a la mar, con cincuenta y siete hombres que trajo consigo y se echo a su ventura por el dicho rio, y por el nombre del capitán que le descubrió se llamó el Río de Orellana.*

9. En esta cita, Posse reproduce a Fray Gaspar de Carvajal (1986 [1542]: 86).

De una manera aún más problemática que dar veracidad a los mitos sobre América (los marañones también encontrarán la mítica ciudad de El Dorado o Paititi un siglo después de tener esta aventura con las mujeres amazonas), o quizá precisamente porque América está fuera de la historia y representa el paraíso corrompido en una especie de isla fuera del tiempo, Posse niega el devenir histórico, aludiendo a repeticiones o continuidades no solo similares sino idénticas a lo largo de los siglos. Con ello, estaría rechazando la concepción de la historia como proceso, porque para la imaginación histórica son más importante los cambios y las crisis que las continuidades.

En *Daimón* (1978) hay tres momentos claves que definen el paso del tiempo, que se repite tres veces hasta que el gran círculo temporal se cierra. Todo indica que volverá a comenzar, porque desde el epígrafe de la novela se alude al eterno retorno de lo mismo, refiriendo que, desde la muerte, los espectros volverán a repetir la historia sin parar:

> Denominóse el Tirano, el Peregrino, Antiimperialista, declaró guerra desde la selva amazónica, rodeado de monos a Felipe II, fundando de hecho «el primer territorio libre de América» [...] Nada mediocre de proyectos a pesar de la pobre circunstancia: consolidar el Imperio Marañón, adueñarse del Perú reforzándose con un ejército de 1,000 negros, avasallar España y dominar el mundo. Siguió viviendo en el Eterno Retorno de lo Mismo, que es un espiral espacio-temporal. (Posse 1978: 9)

El primero de estos momentos es la llegada de la tripulación de Pedro de Ursúa y Lope de Aguirre a la selva amazónica, que es, ya de por sí, un regreso circular, porque todos los personajes han vivido esos sucesos. Aguirre viene en calidad de espectro a revivir lo que una vez hizo junto con su ejército espectral también de marañones. Hay una escena que es idéntica al episodio de la Isla del Gallo, protagonizado por Francisco Pizarro: «Hizo un gesto casi de desplante torero y sacó la espada con más herrumbre que filo y marcó, como Pizarro, una raya en la arena. ¡Los que se pongan de este lado partirán! ¡El resto a las tumbas!» (Posse 1978: 14). Posse reescribirá la historia a su antojo y usará este famoso acontecimiento (trazado de línea incluido) para contar con quiénes contaba el Viejo en su expedición, confundiendo una crónica con otra:

> El viejo Lope de Aguirre que regresa al campamento de su combate nocturnal contra los muertos encuentra en la primera claridad los bultos de su tropa dormida en ese aire espeso y empapado de la selva por donde caminan las alimañas [...] Cuando se definió la luz se sentó en el claro y los vio presentarse uno tras otro. Diego Tirado, Roberto de Coca, el alférez Nuflo Hernández, López de Ayala, Blas Gutiérrez el cronista, el Escribano, el cura Alonso de Henao, Gerónimo de Spínola, el genovés astuto, Rodríguez Viso, Sánchez Bilbao, Diego Torres el alconero con aspiraciones de santo. (Posse 1978: 12)

En este primer momento, Aguirre es un rebelde que lucha contra el poder autoritario del rey de España para librarse de sus reglas y crear el Imperio marañón como un lugar libre de la opresión española. Desde que llega a América en 1559, está acompañado de los personajes que aparecen en la cita anterior (a ellos habría que incluir a su hija Elvira, quien también vive por siglos; al judío Lipzia; al negro Nicéforo, y a sus dos grandes amores, la monja-niña sor Ángela y la gitana la Mora) y son estos, también en su calidad de espectros, los que tienen un rol fijo en ese momento histórico que luego se repetirá, como vengo sosteniendo, sin variaciones. El segundo momento ocurre tres siglos después y es la independencia de América en el siglo XIX. El fantasma de Aguirre ve cómo nada cambió para las clases populares durante la Independencia, porque ellas siguieron tan oprimidas como lo estaban durante la Colonia. Los marañones, de ser un grupo rebelde, se convirtieron en el centro del poder en la Argentina del siglo XIX:

> Se veía que la vida había alterado el orden de los prestigios, pero Lope, poco observador de los cambios, insistía en las jerarquías del pasado como suele ocurrir en una reunión de ex alumnos o de gente de tropa. Al verlo a Blas Gutiérrez, en moderado y más bien solemne dueño de casa, le largó campechano: ¡Palidón, quién te ve! ¡Escribano! Evidentemente no era forma de tratar a uno de los hombres respetables de

la sociedad local. A un hombre que enviaba sus poemas a Moreno y Echevarría. (Posse 1978: 173)

Ocurre que estas mismas personas que conforman el ejército de los marañones adquieren nuevos roles en este mundo antihistórico que crea Posse. Los marañones tienen el mismo nombre y el mismo cargo en el transcurso de los siglos. No solo eso, su trabajo es idéntico, incluso a pesar de la muerte. Por ejemplo, el cura Alonso de Henao, quien llegó al Amazonas e intentó exorcizar a Aguirre en 1559, será el brazo derecho del grupo de los liberales en el siglo XIX; el escribano que redactó la famosa carta que Aguirre le dictó, dirigida al rey Felipe II en la selva, tendrá un rol clave en la independencia y un cargo muy cercano a Moreno y Echevarría en el siglo XIX; Huamán, el intérprete en el siglo XVI, será el guía espiritual de Aguirre en el siglo XIX; Carrión, el marañón cuyo rol es ser el torturador en la expedición conquistadora, será el primer presidente argentino; el negro Nicéforo, esclavo de Aguirre, sumiso ante su furia conquistadora (quien incluso lo viste en medio de la selva y mata los mosquitos para su tranquilidad), tendrá, en el siglo XIX, un cargo similar: ser parte de la servidumbre del palacio donde vive el presidente Carrión con su esposa doña Elvira, la hija de Aguirre que goza con ser violada por su padre.

El tercer momento que da vida a los espectrales marañones es la década de 1970 en Argentina. Se vive la dictadura de una junta presidida por el general Carrión. Las asociaciones entre sus actos y los de la junta del general Videla son claras: descargas eléctricas con la picana en centros clandestinos de tortura y extorsión, inexistencia de libertad de expresión, miles de desaparecidos, venta de las empresas locales a precios irrisorios a las transnacionales y corrupción del Estado. El sacerdote que justifica y avala las acciones del general Carrión es nuevamente el cura Alonso de Henao; el periodista del régimen es Blas Gutiérrez, y el negro Nicéforo será nuevamente el siervo del general Carrión. Por último, el judío Lipzia es nuevamente el comerciante interesado exclusivamente en el dinero y en la venta de las empresas argentinas a las transnacionales. En Lipzia recaen gran parte de los convenios cuyo eje económico es este neoliberalismo agresivo que aparece en la década de 1970, época en la que se vendieron muchas empresas nacionales argentinas a los mercados globales para que el Estado (y no el pueblo) sacara provecho de estas ventas.

En *Daimón* (1974), entonces, se tiene una proyección provocadora de una idea: los dos lados, el de los rebeldes y el de los que están en el poder, son en realidad idénticos. La violencia insurgente es una versión exasperada y perversa de la violencia legal del Estado. Esto es central porque Posse no solo niega el transcurso histórico y las causas y consecuencias para cada momento, sino que las equipara como si fuera un simple arte combinatorio de nombres, un tablero de ajedrez donde se pueden mover las fichas porque los procesos son idénticos.[10] De hecho, en su visión de la historia, no hay procesos, ni causas, ni consecuencias, ni crisis (que son precisamente los eventos que mueven la historia). En Posse existe una especie de lucha entre opresores y oprimidos, donde los últimos se vuelven los nuevos opresores. Hay en la novela una especie de conversión paulatina para llegar a este punto central del juego de espejos. Si al principio los marañones quieren encontrar el oro de América con la finalidad de formar un Imperio libre de España (libre y cruel, pero independiente de España, es decir, al menos hay un objetivo por el que combatir), después, en el viaje por el transcurrir del tiempo, hay un momento crucial donde todo el «Imperio marañón» se asienta por meses en el puerto de Cartagena, y allí se ve cómo todo lo que se vende de América a Europa es considerado exótico por el resto del mundo. Hay un grupo de

---

10. Desde el punto de vista de Fernando Reati, este juego de repeticiones se relaciona con las cartas del Tarot, que tienen como objetivo destacar la conversión de Aguirre: «esta presencia de los mismos personajes en distintos capítulos y siglos apunta en la novela a un efecto de *ars combinatoria*, a un movimiento caleidoscópico de los mismos elementos, o en otras palabras "a un efecto de baraja", ya que los personajes y el destino de Aguirre se barajan a la manera de otras tantas cartas sugiriendo infinitas combinaciones posibles» (1997: 105). En mi opinión, el hecho de que los personajes tengan el mismo nombre y ocupen el mismo cargo está violando la lógica de la historia en sí misma.

hombres americanos disecados vivos (un tehuelche traído de Patagonia, un otabalo ecuatoriano y un curaca de Cochabamba) y junto a los ídolos americanos están las armas (picas, alabardas y ballestas) que son ahora objetos decorativos para los europeos. Finalmente, las compañías extranjeras han comprado todas las materias primas de América a precios irrisorios y han creado sus leyes de comercio bajo sus intereses. Los marañones ven que todo pertenece a los extranjeros y, cuando intentan unirse al comercio, son insultados por los vendedores del puerto:

> ¡Bestia! ¿No sabes que no se puede fletar nada sino a través de la Compañía Holandesa de Indias o la *Zucker and Trust Gesellschft?* Nuevo bofetón: ¡Mala bestia! ¡Atrasado! ¡Has faltado al artículo 12 de las *Regulation Laws* de La Haya! ¡Se te confisca la carga! ¡Se te perdona la vida porque eres también cristiano! Vieron cómo la carga de tantos sacrificios rematada al costado de un muelle y comprada por la *Golden Sugar Corporation*, la pujante multinacional capitaneaba el inolvidable Jurgen Van Oost. (Posse 1978: 108)

Cuatrocientos años más tarde, serán los marañones los que se vuelvan parte de la dictadura de Carrión. Ellos se han convertido en los dueños de los convenios y empresas transnacionales que, siglos atrás en Cartagena, solo vieron como espectadores. Ahora son los agentes activos de lo que ellos llaman «progreso»:

> Rodríguez Viso aceptará las sugerencias del contrato modificado por Anchorena y Patiño y aclarará con Lipzia la participación de Prado y Gildemeister en el asunto de la *Compañía Azucarera* [...] En cuanto al oscuro asunto del genovés Spínola sobre las radicaciones del grupo italiano, deberá ocultar que detrás del contrabando de autos están las ventas «sin impuesto» a varios jefes militares. Pero mejor así: «Con los milicos mejor perder una avellana que todo el pandulce». El senador no se preocupó mucho de la manifestación estudiantil comandada por Diego de Torres. Solo fue una dificultad para entrar en el Club Social (vidrios rotos, gases lacrimógenos). (Posse 1978: 245)

En el momento en que los rebeldes se vuelven parte del poder a fines del siglo XX, Lope de Aguirre se ha vuelto el «fantasma de su fantasma» (Posse 1978: 201). A lo largo de la novela, va perdiendo agencia hasta convertirse en un mero espectador de los hechos crueles que se repiten. Mercedes Cano observó el voyeurismo que define al Lope de Aguirre de Posse y escribió: «como ya dijimos, en Aguirre, todos vieron una codificación de algo, un símbolo. Posse en este punto, procura no ver nada y deja que sea su personaje el que vea, ejerciendo el valioso oficio de Voyeur» (2007: 61). Para Cano (2007), Reati (1997) y Lewis (2003), Lope de Aguirre es un símbolo del mal, el demonio que define, primero, a los rebeldes y, después, al sistema político vigente durante la escritura de la novela. Sin embargo, esto no es cierto en la ficcionalización que hace Posse del personaje. Posse está cambiando y redimiendo las maldades del tirano Lope de Aguirre, al volverlo un simple observador o *voyeur* de los hechos. De esta manera, la culpa de sus acciones recae principalmente en los marañones, pues él se va a Machu Picchu a encontrar el amor para luego volver y ser uno de los pocos disidentes de los marañones y ser torturado con la picana por Carrión y los demás marañones, que ahora constituyen el poder criollo.

Muchos críticos han visto que el tema de la traición es la línea que define al personaje y toda la novela. Se ha sostenido que Posse recurre a muchos anacronismos y juegos temporales, pero respeta la esencia del personaje. Esto claramente no es verdad, no solo por los argumentos que ya señalé hasta el momento sino porque se habla de la primera traición cuando el Lope de Aguirre de Posse mata a Ursúa y se vuelve el líder de la expedición. Se menciona una segunda traición cuando abandona a sus marañones en el momento en que han encontrado el Paititi, porque no quiere combatir con el ejército de Túpac Amaru II y prefiere irse con su amor hasta entonces platónico: la niña-monja. Finalmente, ya como «sudamericano», decide no ser parte de los marañones cuando ellos se convierten en los líderes de la junta dictatorial argentina en la década de 1970. En otras palabras, este momento es como una nueva y tercera traición a los marañones (como si la idea fuera traicionar sin importar el objeto directo de la oración, es decir, a qué o a quién), porque ¿qué significa la traición? Precisamente, que la novela redime al personaje y lo vuelve casi un héroe, porque es el único de los marañones que no se vende a la dictadura de Carrión-Videla y, más bien, termina torturado con la picana hasta convertirse en un guiñapo humano. Dice el narrador:

> Le molieron a palos. Le hicieron comer sus excrementos del Hospital Muñiz (Infecciosas). Después lo agasajaron con un banquete de arengues salados y cuando lloraba de sed le sirvieron una palangana de febril orín de esas mulas virulentas, que se usan para las vacunas. Le hicieron el «teléfono» pegándole con la concavidad de las manazas del sargento ayudante Palomo. [...] Interminables sesiones de picana eléctrica donde un minuto vale un año. Picana en la uretra, testículos, encías, ano, ganglios, distribuidores del dolor que el avezado Sepúlveda conocía al dedillo. (Posse 1978: 256)

La novela mitifica al personaje y lo vuelve un ser transhistórico. De hecho, le quita la responsabilidad de los hechos, al volverlo un espectador casi pasivo desde los episodios de Cartagena hasta el presente. Además, lo redime de la culpa. Habría que preguntarse por qué a Lope de Aguirre, el gran tirano, se lo remitifica en esta novela y a Cabeza de Vaca se lo desmitifica. Creo que la clave está en un motivo recurrente e insistente en la obra de Posse: la violencia hiperbólica que rige la historia, sobre la que no hay nada que se pueda hacer. En otras palabras, Posse no cree y no construye ninguna forma pacífica de entendimiento intercultural. En este caso, parecería que Posse estaría sugiriendo que la violencia es lo que rige la conducta de los hombres (de esa manera me explico que sea Lope de Aguirre el redimido y Cabeza de Vaca, el condenado), y su mirada es bastante escéptica hacia la posibilidad de concebir un mundo más justo y pacífico. Por otro lado, es igualmente polémico y problemático el hecho de que Abel Posse cuestione en sus diferentes obras cómo se escribe la historia: omitiendo temas y cambiando la forma de escritura de acuerdo con quién sea el receptor del manuscrito. Eso es precisamente lo que hace él, y ese es precisamente el argumento de *El largo atardecer del caminante* (1992). Los cambios y omisiones de la historia no son condenados sino celebrados dentro de la ficción. Entonces, hay que pensar en el sentido intelectual y político que está detrás de esta postura relativista: la premisa de que todo lo que se escribe sobre el pasado es invención. Se trata de una postura realmente problemática y, en su caso, no ética, porque si es así, todas las invenciones sobre el pasado valen lo mismo y se estaría simplificando las reflexiones teóricas de Hayden White (1992 y 2005), con las que empecé el libro.[11] La escritura de Posse está más emparentada con las reflexiones de los historiadores revisionistas, los que, por ejemplo, niegan el Holocausto o las fosas comunes en la España franquista, entre tantos otros hechos incómodos de aceptar.

La manera en que Posse construye la historia es problemática: en estas dos novelas, el narrador cambia la esencia de dos personajes claves de la conquista, convierte uno en otro, y hace los cambios históricos como si todo fuera una gran ficción. Esta postura posmoderna radical, definida por los anacronismos temporales y la ironía, lo único que hacen es emparentar la ficción con la historia, como si fueran exactamente lo mismo. Entonces, no hay diferencia alguna entre una novela y la ciencia social conocida como historia. En esta postura, llevada al extremo, todo está permitido, y se convierte en una aún más perversa que la que guio a los conquistadores europeos cuando narraron América.

---

11. Seymour Menton (1996) confunde la postura de Hayden White con la del relativismo histórico y llega a afirmar que esta historia ficticia es o podría ser más fidedigna que la historia. Se pregunta: «¿Hasta qué punto constituye esta novela la verdadera historia de Alvar Núñez Cabeza de Vaca ¿Hasta qué punto es más fidedigno el novelista Posse que el cronista-protagonista de *Naufragios*? [...] ¿Cuál es mi propia conclusión? Igual que Hayden White, creo que hay que desconfiar de los historiadores» (Menton 1996: 426).

6

En torno a la reescritura de la historia

> El tiempo es un río que me arrebata, pero yo soy el río; es un tigre que me destroza, pero yo soy el tigre; es un fuego que me consume, pero yo soy el fuego.
>
> Jorge Luis Borges, «Nueva refutación del tiempo».

La novela histórica en Latinoamérica se caracteriza por revertir y cuestionar la historia oficial. A diferencia de la novela histórica europea, la latinoamericana utiliza distintos recursos para enfatizar la idea de *representación*: la parodia, los anacronismos deliberados, la tergiversación intencional de los hechos históricos, lo grotesco y las omisiones son algunos de los recursos más utilizados por los escritores para dejar traslucir, en el primer plano del mundo representado, este aspecto de la artificialidad del discurso histórico, es decir, el proceso de su propia elaboración. Además, la novela histórica latinoamericana se caracteriza precisamente por su antihistoricidad: el tiempo no progresa en línea recta sino que va de manera circular. Este hecho es central, porque cuestiona la idea de progeso, lo que hace que la novela histórica latinoamericana se distancie de la europea. En esta última, el juego de opuestos produce una síntesis, un avance en la historia. En cambio, en la primera, el tiempo se repite de manera circular, mostrando cómo todavía en América Latina se vive en el presente pero sometido a los fantasmas del pasado colonial.

Todas las obras analizadas muestran que el periodo colonial, fundacional en América Latina, no ha sido completamente superado. Los grandes periodos de crisis de la historia (la Colonia y la independencia en el siglo XIX) se representan como eternos y actuales en el tiempo del presente de la escritura, porque nunca han sido cabalmente traspasados. Las estructuras coloniales persisten en el presente: la rígida jerarquía social, las desigualdades entre las razas, las diferencias políticas y culturales entre la capital y el interior (donde el centro es visto como superior en relación con las provincias o la capital en relación con las regiones), y las relaciones de violencia se mantienen vigentes. Todos estos estigmas perduran desde los tiempos de la Colonia y están latentes en la sociedad contemporánea. Si bien el periodo colonial es distinto en Argentina, Cuba, México y Perú, países que sirven de telón de fondo en las distintas ficciones estudiadas, hay un aspecto que todas ellas enfatizan: el legado colonial sigue vivo, y la historia es un discurso repetido. Esta reiteración se construye literariamente a través de la representación circular del tiempo que niega el concepto de progreso. En *El mundo alucinante* (1965), el fray Servando Teresa de Mier de Reinaldo Arenas emprende un inusitado viaje por un sinnúmero de países y termina su lucha no solo en el absoluto fracaso sino en El Corojal, bosque de corojos contiguo a la casa materna, donde se inicia la novela. Asimismo, equipara tiempos tan distantes y distintos como la Colonia, la Revolución francesa y la Revolución cubana, recurso que le sirve a Arenas para negar la historia como devenir. En *Zama* (1967) se anuncia desde el principio que el personaje morirá: el futuro de don Diego de Zama (la mutilación y la muerte) es idéntico al del mono muerto que flota sobre las aguas del mar al inicio del relato. Como en la novela de Arenas, el tiempo en *Zama* se abre y se cierra con la misma escena de muerte y destrucción. En *Duerme* (1994) y en *El gran señor* (1994) queda expresada la circularidad de la historia, porque Carmen Boullosa y Enrique Rosas Paravicino, respectivamente, enfatizan las cíclicas rebeliones que han ocurrido en

México y Perú. Estas se asemejan entre sí y dejan ver explicitamente que los problemas irresueltos del pasado cobran vida en el presente de manera repetida. En *Duerme* la rebelión de Martín Cortés es igual a la de Hernán Cortés, ocurrida cincuenta años antes (en ambas hay, además, una Marina, una mujer indígena, a la que los mexicanos han culpado por la derrota azteca frente a los españoles y por la traición hacia su pueblo); en *El gran señor*, las rebeliones andinas que han ocurrido en el cerro Ausangate datan desde el principio de la Colonia y cobran vida en el presente, con el grupo terrorista Sendero Luminoso.

La circularidad histórica es subrayada en *Muchas lunas en Machu Picchu* (2006), donde el autor utiliza los conceptos andinos del *Pachacuti* y el *Inkarrí* para incidir en que, sobre la aparente modernización en los Andes, sobrevive una estructura cíclica que indica que a pesar de los grandes cambios que están ocurriendo en la zona (celebrados como señal de un progreso evidente) se producen de manera superficial, porque, en realidad, la mentalidad andina conserva la idea del retorno de un inca rey. En este caso, el círculo conlleva la idea de derrota y fracaso, y la imposibilidad de construir un mundo utópico, porque este ya ha sido destruido. En toda las obras hay una postura siempre tangencial en relación con la historia. Esto muestra la situación periférica de lo latinoamericano y su condición: lo latinoamericano es un «estar» y no un «ser». Esta idea se analizó concretamente en la novela *Zama* (1956). Sin embargo, en todas las demás obras, los personajes también están en una relación conflictiva con el paso del tiempo histórico, hecho que muestra su situación periférica. Se encuentran atrapados en la historia, al margen de ella, durmiendo fuera de ella o negándola, pero nunca la historia los abraza de una manera progresiva y participativa. En *Zama*, don Diego de Zama está literalmente de espaldas a la historia. Vive en una posición marginal en relación con los grandes acontecimientos del siglo XVIII y solo recibe los ecos degradados de los hechos históricos ante los cuales no reacciona ni participa. En *El mundo alucinante* (1965), el personaje intenta modificar la historia, luchando por la independencia de México, pero termina atrapado en ella, repitiendo de manera circular e idéntica aquello que quería transformar. En *Duerme* (1994) y *Cielos de la Tierra* (1997), la historia quiere ser modificada por las dos protagonistas, pero ellas acaban fuera del territorio nacional, dormidas en un espacio insular. A lo largo de sus vidas, pretenden lograr una gran rebelión que modifique el curso de la historia, pero el resultado de esta posible transformación social queda tan suspendido como la posición que las mujeres ocupan en la sociedad: una situación fronteriza y periférica. En *El gran señor* (1994), el presente, la procesión andina del Qoyllur Rit'i en plena puna cuzqueña, se encontrará directamente con el pasado del siglo XVIII, los fantasmas de Mateo Pumacahua y Túpac Amaru II. La marginalidad de los personajes (la puna helada) es análoga a la negación del paso del tiempo: las almas en pena que encontrarán los novenantes hacia el Señor de la Cordillera son parte del pasado irresuelto y, en la última parte de la ficción, descubrimos que la novela está contada por Mateo Pumacahua, el gran traidor de la historia del Perú, cuyo accionar se emparenta con la traición de Sendero Luminoso.

Esta situación tangencial con relación a la historia, se ilustra en el plano de la representación no solo a través de la negación del progreso histórico, que se muestra a través de los círculos sobre los que se construyen las distintas ficciones, sino también en la figura explícita o implícita de la isla. Todas las obras tienen en común el hecho de que la ficción ocurre en el espacio insular. La isla es un lugar que forma parte del adentro y del afuera, del estar y no estar al mismo tiempo. Esta es una metáfora de la negación del paso del tiempo: es el lugar donde el tiempo parece no transcurrir. En las ficciones que comprenden este corpus, aparece de manera directa o indirecta el espacio insular. El Paraguay colonial era considerado en las crónicas de Felipe Guamán Poma de Ayala como una isla, y es precisamente allí donde Antonio di Benedetto ambienta *Zama* (1956): el personaje depende de un poder siempre lejano (y esto se puede interpretar como la dependencia que existe entre América Latina y el resto del mundo, cuestionando así el momento de la Independencia). En *Cielos de la Tierra* (1997), la protagonista vive en la isla de la Atlántida y, desde la periferia, recoge y reescribe los manuscritos. En *Duerme* (1994) aparece esta isla sugerida porque, al salir del valle de México (lugar rodeado de montañas), la protagonista entra en un espacio insular donde se quedará dormida. En *El mundo alucinante* (1965), el palacio presidencial del primer presidente mexicano, Guadalupe Victoria, es una metáfora de la prisión que vivieron los homosexuales en la isla cubana en la década de 1960, porque es en ese lugar donde fray Servando se encontrará con todos los escritores cubanos de su generación, atrapados en esa imponente estructura. El palacio hace las veces de un territorio insular en el sentido de que es un lugar cerrado sobre sí mismo. Está literalmente aislado y, de él, no se puede salir con vida (el fraile no sobrevivirá; solo resurgirá en El Corojal materno para volver a repetir la historia). Como el palacio en la obra de Arenas, el espacio del Ausangate en *El gran señor* (1994) y en *Muchas lunas en Machu Picchu* (2006) es, de manera metafórica, una isla: ubicado a 5.000 metros de altitud, en la puna andina, representa una, por su aislamiento en relación con el resto de la nación peruana.

He analizado en cada capítulo el significado de la insularidad en cada ficción, en relación con el país que representa. Leyendo las ficciones como metáforas del presente, en la Argentina peronista a la que alude de manera indirecta Antonio di Benedetto, la isla es el espacio sin salida; el poder que es controlado desde afuera de manera siempre presente, donde no es posible ser un disidente. En la isla de L'Atlantide, en *Cielos de la Tierra* (1997), o en el espacio cerrado fuera del valle de México, en *Duerme* (1994), los personajes de Boullosa sueñan con un cambio social pero están ausentes y esa omisión (ese espacio liminal) es análoga a la función de la mujer en la sociedad mexicana. En el caso cubano, el palacio que es la isla muestra el entrampamiento ideológico de los regímenes totalitarios y como nadie puede escapar de esa trampa (incluso los que se autodenominan contrarios o rebeldes del sistema terminan en una contradicción porque se involucran en él). En el caso peruano, la isla es el territorio del cerro Ausangate y muestra la disolución de lo nacional. Es el espacio de la puna, de la incomunicación, y representa el aislamiento en el que se encuentran un gran porcentaje de la población del Perú que desconoce que esa isla existe. Además de la interpretación individual de cada uno de los espacios insulares que analizo en su contexto en cada situación concreta, podemos extender la metáfora de la isla a América Latina en su conjunto. Es una metáfora de su condición: dependiente económica o políticamente, y rezagada del resto del mundo, América Latina está en una posición insular en relación con la historia.

El hecho de que el período colonial y el presente de la escritura convivan simultáneamente le da a las ficciones históricas una característica central a la que he denominado la doble historicidad de la novela histórica. Todos los textos representan dos periodos históricos en uno. En *Zama* (1956), por ejemplo, se representa al Paraguay colonial y, al mismo tiempo, la represión del primer gobierno peronista en Argentina. En la novela, existe un poder que siempre está en otra parte (España en el mundo representado; Juan Domingo Perón en el mundo aludido) y que controla la vida del personaje sin que él pueda tomar sus propias decisiones. Este hecho ocurre en el pasado colonial y en el presente de la escritura. En el caso de *El mundo alucinante* (1965), Reinaldo Arenas alude al discurso interesado de los criollos en México para lograr una independencia que borre las desigualdades entre peninsulares y criollos, pero que continúe esclavizando a los indígenas. El histórico fraile Servando Teresa de Mier representa esta contradicción ideológica: lucha por cambiar el Estado mexicano pero, al mismo tiempo, queda atrapado en la incoherencia de su discurso. La increíble persecución a la que es sometido durante toda su vida le sirve a Arenas para hablar del maltrato a los homosexuales en Cuba durante el régimen de Fidel Castro, porque el autor utiliza las *Memorias* (1917) de Servando Teresa de Mier y les agrega un componente homoerótico inexistente en el texto original. En *Duerme* (1994) y *Cielos de la Tierra* (1997), Carmen Boullosa nos habla del México del siglo XVI a través de los personajes de Claire y del histórico indígena mexicano Hernado de Rivas, respectivamente. Este último estuvo internado en el Colegio de Santa Cruz de Tlatelolco, y allí redacta el manuscrito base sobre el cual se escribe la novela. A través de estos dos personajes, Boullosa alude directamente al México del presente, donde la mujer y los indígenas, a pesar de los distintos proyectos nacionales de integración, no forman parte integral de lo nacional. El Colegio de Santa Cruz de Tlatelolco se propuso educar a los indígenas, la Revolución mexicana proclamó el reparto justo de la tierra y quiso abolir el sistema de haciendas, y el PRI intentó lograr una verdadera integración y modernización nacional. Estos intentos utópicos de unión social, según Boullosa, han fracasado y solo han tenido éxito de manera discursiva (un discurso vacío, sin praxis que lo acompañe). La mujer y los indígenas siguen viviendo en una posición marginal. Por último, *El gran señor* (1994), de Enrique Rosas Paravicino, recrea la procesión andina del Qoyllur Rit'i junto con el fantasma de la rebelión de Túpac Amaru y su principal traidor, Mateo Pumacahua, que une un ciclo de rebeliones fallidas en el Perú.

La convivencia de espacios coloniales y de tiempos contemporáneos son una crítica directa a los fallidos procesos de modernización en América Latina, donde se vive una modernidad periférica: una modernidad que no va acompañada de verdaderos procesos de integración nacional ni de un desarrollo social sostenido. Esta modernidad imperfecta es, asimismo, representada por distintos espacios construidos sobre las ruinas del tiempo colonial. Sobre los muros de Tenochtitlán, en *Duerme* (1994) y *Cielos de la Tierra* (1997), se empieza a edificar la ciudad moderna mexicana, sin que estos cambios vayan acompañados de un verdadero progreso. En *El gran señor* (1994) y *Muchas lunas en Machu Picchu* (2006) se hace referencia a una inminente modernidad andina, relacionada con todos los cambios que han ocurrido en la celebración del Qoyllur Rit'i. Sin embargo, en el contrapunteo de las líneas argumentativas, en la forma en que se estructuran las novelas de Rosas Paravicino, están presentes los mitos de Inkarrí y el Pachacuti, es decir, la concepción mesiánica andina del tiempo, con lo cual la modernidad, en el caso de los Andes, se cimienta sobre una estructura de pensamiento tradicional y mesiánica que no ha sido erradicada. Todo lo contrario, sugiere Rosas Paravicino, es una estructura viva, que tiene una connotación de pérdida, de irrevocable agonía. Si *Zama* (1956) se lee como parte de la trilogía, y en relación con el resto de la obra de Antonio Di Benedetto, también aparece en este autor una fuerte crítica a la modernidad latinoamericana. En el caso de *El silenciero* (1964), se hace hincapié sobre las fuertes construcciones citadinas que entrampan al protagonista hasta asfixiarlo y provocarle la muerte, y sobre la construcción de rieles de trenes que no tienen un destino definido y máquinas que solo producen ruido y conducen al abismo. Lo mismo sucede en *Los suicidas* (1969), novela en la que hay una proliferación de noticias y artículos relacionados con la muerte y el suicidio en la capital bonaerense, debido a un vacío inexplicable que sienten los protagonistas. El resultado es que todos deciden autoeliminarse, y esa proliferación de destrucción termina produciéndole la locura al protagonista. En *Zama*, como en las otras ficciones de la trilogía, el personaje también enloquece, pero lo interesante es que él no está solo en esa locura: la atmósfera, el mundo representado, adquieren esa sensación de delirio e imprecisión. La locura de los protagonistas es especular a la del ambiente de la ficción. La trilogía de Di Benedetto es una lectura psicológica sobre los efectos de esta modernidad periférica y las consecuencias que estas producen en la mente de un individuo. La novela enfatiza los trastornos psicológicos que esos sucesivos desencuentros producen en el hombre. Por último, *El mundo alucinante* (1965) critica la modernidad latinoamericana en relación con la irreal independencia mexicana (léase, latinoamericana en general). La novela, a través de su tono paródico, muestra cómo esta es irreal y es una burda imitación de modelos extranjeros y extranjerizantes a los cuales los latinoamericanos rinden culto a pesar de que son la causa de la destrucción de lo propio. Esta crítica a la modernidad está explícita en toda la ficción: el fray Servando de Arenas, el gran libertador, queda atrapado en su propia trampa y termina, como gran parte de los criollos de su época, apostando por una libertad exclusiva y excluyente, y abogando por la reproducción de esquemas norteamericanos o europeos para que estos sean aplicados de manera idéntica en el contexto latinoamericano. Su apuesta imitativa es análoga a la decoración del palacio presidencial a la que

Arenas le dedica varias páginas del libro: maquetas, planos y estatuas que reproducen la cara y la obra de distintos españoles a quienes los mexicanos rinden pleitesía sin cuestionamientos, a pesar de la destrucción del país.

Abel Posse es atípico dentro de este corpus pero comparte con los otros autores lo lúdico, lo metahistórico, los juegos entre historia y ficción, y el anacronismo. En este último punto, sus ficciones son importantes porque, por un lado, intentan mostrar cómo la historia es una construcción, pero por otro, si llevamos su argumento al extremo, lo vemos caer en su propia trampa: los anacronismos exacerbados y las modificaciones factuales pueden llevar a un relativismo histórico que pone en entredicho las bases de la veracidad de la historia.

Nuestra postocolonialidad inevitablemente evoca la colonialidad. En ella perdura la violencia del tiempo y las figuras del pasado son fantasmas repetidos en un escenario claustrofóbico: la isla, que parece rehusarse al devenir. Pero nada de esto significa negar (o negarse a) la realidad: por el contrario, al revertirla y cuestionarla, y al hacer de los relatos de la realidad histórica objetos manipulables y modificables, los escritores estudiados en los capítulos anteriores reafirman esa realidad como punto de partida para su reflexión: su parodia de la historia es una reivindicación de la historia, la irreverencia con que la modifican es un impulso por preservar su verdad.

Bibliografía

Adorno, Rolena

2000 *Guaman Poma: Writing and Resistance in Colonial Peru.* Austin, TX: University of Texas Press.

1993 «The Negotiation of Fear in Cabeza de Vaca's *Naufragios*». En Stephen Greenblatt (ed.). *New World Encounters.* Oakland, CA: University of California Press.

Ágreda, Javier

2006 «El redescubrimiento de *Zama*». *La República,* Lima, 8 de junio.

Aínsa, Fernando

1991 «La reescritura de la historia en la nueva narrativa latinoamericana». *Cuadernos Americanos, 28*(4), pp. 13-31.

Allen, Catherine

1997 «When Pebbles Move Mountains: Iconicity and Symbolism in Quechua Ritual». En Rosaleen Howard-Malverde. *Creating Context in Andean Literatures.* Nueva York: Oxford University Press, pp. 73-84.

Althusser, Louis

1994 «Ideology and Ideological State Apparatuses (Notes toward andinvestigation)». En Slavoj Žižek (ed.). *Mapping Ideology.* Londres: Verso.

ANDERSON, Benedict

1991 *Imagined Communities: Reflections on the Origin and Spread of Nationalism*. Nueva York: Verso.

ANZALDO-GONZÁLEZ, Demetrio

2004 «Recordar a pesar del olvido, la alienación en Cielos de la Tierra». En Barbara Dröscher y Carlos Rincón (eds.). *Acercamientos a Carmen Boullosa: Actas del Simposio «Conjugarse en infinito»*. Berlín: Tranvía, pp. 210-220.

ANZALDÚA, Gloria

1999 «The Homeland, Aztlán». En su *Borderlands/La Frontera: The New Mestiza*. San Francisco, CA: Aunt Lute Books.

ARACIL, Beatriz

2004a *Abel Posse: de la crónica al mito de América.* Alicante, España: Centro de Estudios Iberoamericanos.

2004b «*Daimón* de Abel Posse: hacia una nueva crónica de América». *América sin nombre, 5-6*, pp. 22-30.

ARENAS, Reinaldo

1967 «Celestino y yo». *Unión* 6 (3), pp. 117-120.

1982 *Otra vez el mar.* Barcelona: Argos Vergara.

1983 [1980] *El palacio de las blanquísimas mofetas.* Barcelona: Argos Vergara.

1984 *Arturo, la estrella más brillante.* Barcelona: Montesinos.

1987 *La loma del ángel.* Málaga: Dador Ediciones.

2000 [1967] *Celestino antes del alba.* Barcelona: Tusquets.

2003 [1965] *El mundo alucinante:una novela de aventuras.* México, D. F.: Tusquets.

2004 [1992] *Antes que anochezca.* Barcelona: Tusquets Editores.

ARÉVALO, Javier
1994 "La religiosidad popular novelada: entrevista con Enrique Rosas Paravicino". *El Comercio*, Lima, 12 de julio, sección C, p. 6.

ARGUEDAS, José María
1964 «Puquio, una cultura en proceso de cambio». En Luis Válcarcel (ed.). *Estudios sobre la cultura actual de Perú*. Lima: Universidad Nacional Mayor de San Marcos.

1973 «Tres versiones del mito de Inkarrí». En Juan Ossio. *Ideología mesiánica del mundo andino*[antología]. Lima: Gráfica Morson, pp. 219-236.

1980 *Yawar fiesta*. Lima: Editorial Horizonte.

2003 *El zorro de arriba y el zorro de abajo*. Santiago de Chile: Editorial Sudamericana.

ARTAL, Susana
1995 «*Zama* y el asfixiante espacio de la esfera». En Pontificia Universidad Católica Argentina Santa María (ed.). *II Coloquio internacional de literatura comparada «El cuento»: Homenaje a María Teresa Maiorara*. Buenos Aires: Autor, pp. 163-167.

ÁVILA, Javier
2005 «Worshipping the Señor de Qoyllur Ritti in New York: A Transnational Andean Ethnography». *Latin American Perspectives, 32* (1), pp. 174-192.

AZARA, Félix de
1904 *Geografía física y esférica del Paraguay y misiones guaraníes*. Tomo 1. Montevideo: Anales del Museo Nacional de Montevideo.

1943 *Descripción e historia del Paraguay y del Río de la Plata*. Buenos Aires: Bajel.

BACON, Francis

1941 *La Nueva Atlántida.* Traducción de Juan Adolfo Vázquez. Buenos Aires: Editorial Losada.

BAJTÍN, Mijaíl

1981 *The Dialogic Imagination.* Traducción de Caryl Emerson y Michael Holquist. Austin, TX: University of Texas Press.

2005 *La cultura popular en la Edad Media y en el Renacimiento: el contexto de François Rabelais.* Traducción de Julio Forcat y César Conroy. Madrid: Alianza Editorial.

BALDERSTON, Daniel (editor)

1886 *The Historical Novel in Latin America.* Gaithersburg: Ediciones Hispamérica.

BARRIENTOS, Juan José

2001 *Historia y ficción en la narrativa hispanoamericana.* México, D. F.: Universidad Nacional Autónoma de México, Coordinación de Difusión.

BAUDOT, Georges

2001 «Malintzin, imagen y discurso de mujer en el primer México colonial». En Margo Glantz (coord.). *La Malinche, sus padres y sus hijos.* México, D. F.: Taurus, pp. 55-89.

BAUDRILLARD, Jean.

1998 «Simulacra and Simulations». En Julie Rivkin y Michael Ryan (eds.), *Literaty Theory: An Anthology.* Oxford: Blackwell Publishing, pp. 365-377.

BEER, Gabriela de

1996 *Contemporary Mexican Women Writers.* Austin, TX: University of Texas Press.

BÉJAR, Eduardo

1987 *La textualidad de Reinaldo Arenas: juegos de la escritura posmoderna.* Madrid: Playor.

BEJEL, Emilio
2001 *Gay Cuban Nation.* Chicago, IL: Universityof Chicago Press.

BENEDETTO, Antonio di
1974 *Annabella (novela en forma de cuento).* Buenos Aires: Orión.

1981 *Caballo en el salitral.* Barcelona: Bruguera.

1999 [1969] *Los suicidas.* Córdoba: Adriana Hidalgo Editora.

2000 [1956] *Zama.* Córdoba: Adriana Hidalgo Editora.

2000 [1964] *El silenciero.* Córdoba: Adriana Hidalgo Editora.

2000 [1978] *Absurdos.* Córdoba: Adriana Hidalgo Editora.

BENJAMIN, Walter
1968 «Thesis on the Philosophy of History». En Walter Benjamin y Hannah Arendt; *Illuminations: Essays and Reflections.* Traducción al inglés de Harry Zohn. Nueva York: Harcourt, Brace & World.

BERLITZ, Charles
1969 *The Mystery of Atlantis.* Nueva York: Grosset & Dunlap Publishers.

BIOY CASARES, Adolfo
2005 [1940] *La invención de Morel.* Madrid: Cátedra.

BOLAÑO, Roberto
2003 *El gaucho insufrible.* Barcelona: Anagrama.

BORINSKI, Alicia
1974 «Rewritings and Writings». *Diacritics, 4* (4),pp. 22-28.

1975 «Re-escribir y escribir: Arenas, Menard, Borges, Cervantes, Fray Servando». *Revista Iberoamericana, 41*(92-93), pp. 605-616.

BOULLOSA, Carmen

1987 *Mejor desaparece*. México, D. F: Océano.

1989 *Antes*. México, D.F.: Vuelta.

1991 *Son vacas, somos puercos: filibusteros del mar Caribe*. México, D. F.: Era.

1992 *Llanto: novelas imposibles*. México, D. F.: Era.

1994 *Duerme*. México, D. F.: Alfaguara.

1997 *Cielos de la Tierra*. México. D. F.: Alfaguara.

2002 *El médico de los piratas:Bucaneros y filibusteros en el Caribe*. Madrid: Siruela 2002.

BOWSHER, Kerstin

2005 «(De)Constructing Post-Colonial Identities: A Reading of Novels by Carlos Fuentes and Abel Posse». *Hispanic Research Journal*, 6 (2), pp.131-145.

BROWN, Jonathan y Elliot H. JHON

2003 *A Palace for a King: The Buen Retiro and the Court of Philip IV*. New Haven: Yale University Press.

BRY, Teodoro de

1992 *América (1590-1634)*. Traducción de Adán Kovacsics. Edición de Gereon Sievernich. Madrid: Siruela.

CABEZA DE VACA, Álvar Númez

1906 [1555] *Naufragios y comentarios acompañados de otros documentos inéditos*. Vol 1 Edición de Serrano Sanz. Madrid: Suárez.

1984 [1555] *Naufragios y comentarios*. Edición de Roberto Ferrando. Madrid: Historia 16.

CAMPOS, Julieta
1973 *La función de la novela.* México, D. F.: Mortiz.

CANO, Mercedes
2007 «La figura de Lope de Aguirre en Abel Posse: la fragua del personaje». *América sin nombre*, 9-10, pp. 58-66.

CARVAJAL, Gaspar de
1986 *La aventura del Amazonas.* Edición de Rafael Díaz. Madrid: Vierna.

CARDOZO, Efraím
1959 *El Paraguay colonial: las raíces de la nacionalidad.* Asunción, Paraguay: Nizza.

CARPENTIER, Alejo
2004 [1962] *El Siglo de las Luces.* Barcelona, España: Seix Barral, 2004.

CASTELLANOS, Rosario
1998 [1957] *Balún Canán.* México, D. F.: Fondo de Cultura Económica.

CASTILLO, Debra
1992 *Talking Back: Toward a Latin American Feminist Literary Criticism.* Ithaca, NY: Cornell University Press.

CASTRILLÓN, Carlos
1997 «El humor alucinante de Reinaldo Arenas». *Alba de América, 15* (28-29), pp. 404-411.

CASTRO, Holanda
2002 «Intrahistoria y memoria del presente en *Cielos de la Tierra*». En Pricilla Gac-Artigas (ed.). *Reflexiones: ensayos sobre escritoras hispanoamericanas contemporáneas.* Vol 1. Nueva Jersey: Ediciones Nuevo Espacio, pp. 163-181.

CERTEAU, Michel de
1988 *The Practice of Everyday Life.* Traducción de Steven Rendall. Berkeley, CA: University of California Press.

Cervantes de Salazar, Francisco

2001 *México en 1554: Tres diálogos latinos de Francisco Cervantes de Salazar*. Traducción de Joaquín García Icazbalceta. Edición deMiguel León-Portilla. México, D. F.: Universidad Nacional Autónoma de México.

Colchado, Óscar

1997 *Rosa Cuchillo*. Lima: San Marcos.

Colomina-Garrigós, Lola

2001 «La reescritura de la Historia y el peso de la consciencia en *El largo atardecer del caminante* de Abel Posse». *Tropos, 27*, pp. 7-20.

Colón, Cristobal

1986 [1492] *Los cuatro viajes*. Edición de Consuelo Varela. Madrid: Alianza Editorial.

Cortés, Hernán

1993 *Cartas de relación*. Edición de Ángel Delgado Gómez. Madrid: Castalia.

Cornejo Polar, Antonio

1988 «Profesía y experiencia del caos: la narrativa peruana de las últimas décadas». En Karl Kohut, José Morales Saravia y Sonia V. Rose (eds.). *Literatura peruana hoy. Crisis y creación*. Fránc-fort/Madrid: Americana Eystettensia, pp. 25-35.

1997 *Los universos narrativos de José María Arguedas*. Lima: Editorial Horizonte.

2003 *Escribir en el aire:ensayo sobre la heterogeneidad socio-cultural en las literaturas andinas*. Lima: Latinoamericana Editores.

Covo, Jaqueline (editora)

1984 *Historia, espacio e imaginario*. París: Diffusion-Septentrion Presses Universitaires.

CRUZ, Anne
2003 «Studying Gender in the Spanish Golden Age». En Anne Cruz, Rosilie Hernández Pecoraro y Joyce Tolliver (eds.). *Disciplines on the Line: Feminist Research on Spanish, Latin American, and U. S. Latina Women*. Newark, NJ: Cuesta, pp.193-217.

CURATOLA, Marco
1977 «Mito y milenarismo en los Andes del Taki Onkoy a Inkarrí: la visión de un pueblo invicto». *Allpanchis, X*, pp. 65-92.

DÉBORD, Guy
1995 *La sociedad del espectáculo.* Traducción de Fidel Alegre. Buenos Aires: La Marca.

DEFIS DE CALVO, Emilia
2004 «Memoria, exilio y violencia. Tres narradores argentinos: Di Benedetto, Moyano, Tizón». *Revista Iberoamericana, 70* (207), pp. 371-390.

DEFOE, Daniel
2000 *Las aventuras de Robinson Crusoe.* Traducción de J. Legido y M. Rodríguez. Madrid: Mestas.

DEGREGORI, Carlos Iván
1994 «The Origins and Logic of Shining Path: Two Views: Return to the Past». En David Palmer (ed.). *Shining Path of Peru.* Nueva York: St Martin's Press, pp. 51-62.

DERRIDA, Jacques
1988 «Structure, Sign and Play in the Discourse of the Human Sciences». En David Lodge (ed.). *Modern Criticism and Theory.* Nueva York: Longman.

DÍAZ DEL CASTILLO, Bernal
1993 [1568] *Historia General de la Conquista de la Nueva España.* Edición de Carmelo Sáenz de Santa María. Madrid: Alianza Editorial.

Domínguez, Mignon
1996 *Historia, ficción y metaficción en la novela latinoamericana contemporánea*. Buenos Aires: El Corregidor.

Dröscher, Bárbara
2004 «La muerte de las madres». En Barbara Dröscher y Carlos Rincón (eds.). *Acercamientos a Carmen Boullosa:Actas del Simposio «Conjugarse en infinito»*. Berlín: Tranvía, pp.59-67.

Eagleton, Terry
1995 *Ideología*. Traducción de Jorge Vigil Rubio. Nueva York: Verso.

Egginton, William
2003 *How the World Became a Stage. Presence, Theatricality, and the Question of Modernity*. Albany, NY: State University of New York Press.

Elias, Norbert
1982 *The Civilizing Process*. Oxford: Blackwell.

Elmore, Peter
1997 *La fábrica de la memoria: la crisis de la representación en la novela histórica latinoamericana*. Lima: Fondo de Cultura Económica.

2006 «Augusto Roa Bastos: El paraguayo errante». *El dominical*, Lima, 23 de abril.

Erauso, Catalina de
2002 [1829] *Historia de la Monja Alférez, Catalina de Erauso, escrita por ella misma*. Madrid: Cátedra. [Escrita c. 1620].

Espejo, Carmen
1991 «*Zama* de Antonio Di Benedetto: la historia interiorizada». *Río de la Plata: Culturas, 11-12*, pp. 231-238.

1993 *Víctimas de la espera:la narrativa de Antonio Di Benedetto*. Sevilla: Vicerrectorado de Huelva-Editorial Kronos.

Faverón, Gustavo

2006a *Rebeldes: sublevaciones indígenas y naciones emergentes en Hispanoamérica en el siglo XVIII.* Madrid: Tecnos.

2006b «El precipicio de la afiliación». En su *Toda la sangre: antología de cuentosperuanos sobre la violencia política.* Lima: Matalamanga.

Filer, Malva

1982 *La novela y el diálogo de los textos: Zama de Antonio Di Benedetto.* Oaxaca de Juárez: Oasis.

Foster, David

1975 *Currents in the Contemporary Argentine Novel: Arlt, Mallea, Sabato, and Cortazar.* Columbia, MO: University of Missouri Press.

Foucault, Michel

2000 *Defender la sociedad.* Traducción de Horacio Pons. Buenos Aires: Fondo de Cultura Económica.

Franco, Jean

1989 *Plotting Women: Gender and Representation in Mexico.* Nueva York: ColumbiaUniversity Press.

2004 «Piratas y fantasmas». En Barbara Dröscher y Carlos Rincón. *Acercamientos a Carmen Boullosa: Actas delSimposio «Conjugarse en infinito»*. Berlín: Tranvía, pp.18-30.

Flores Galindo, Alberto

2005 *Obras completas III. Buscando un Inca: identidad y utopía en los Andes.* Lima: Sur Casa de Estudios del Socialismo.

Freud, Sigmund

1979 *Obras completas XVII. Lo ominoso.* Traducción de James Strachey. Buenos Aires: Amorrortu.

GALDO, Juan Carlos
2000 «Algunos aspectos de la narrativa regional contemporánea: los casosde Enrique Rosas Paravicino y Óscar Colchado Lucio». *Lexis, XXIV* (1), pp. 93-108.

GARBER, Marjorie
1997 *Vested Interests: Cross-Dressing and Cultural Anxiety.* Nueva York: Routledge.

GARCÍA, Magdalena
1989 «Entrevista con Abel Posse». *Revista Iberoamericana, 55* (146-147), pp. 493-506.

GARRAMUÑO, Florencia
1997 *Genealogías culturales: Argentina, Brasil y Uruguay en la novela contemporánea (1981-1991).* Buenos Aires: Viterbo Editora.

GARRO, Elena
1963 *Los recuerdos del porvenir.* México, D. F.: Ediciones Roma.

1964 «La culpa es de los Tlaxcaltecas». En Elena Garro, *La semana de colores.* Xalapa-Enríquez: Universidad Veracruzana, pp. 9-33.

GLANTZ, Margo
2001a «La Malinche: la lengua en la mano». En su *La Malinche: sus padres y sus hijos.* México, D. F.: Taurus, pp. 90-113.

2001b «Las hijas de la Malinche». En su *La Malinche: sus padres y sus hijos.* México, D. F.: Taurus, pp. 277-303.

GILLIS, John
2004 *Islands of the Mind.* Nueva York: Palgrave.

GONZÁLEZ-ECHEVARRÍA, Roberto
2000 *Mito y archivo: una teoría de la narrativa latinoamericana.* Traducción de Virginia Aguirre Muñoz. México D. F: Fondo de Cultura Económica.

GONZÁLEZ, Eduardo
1975 «A razón de Santo: últimos lances de Fray Servando». *Revista Iberoamericana, 41,* pp. 594-603.

GONZÁLEZ, Luis
2005 *Semblanza de Martín Cortés.* México, D. F: Fondo de Cultura Económica.

GORDON, Ambrose
1973 «Rippling Ribaldry and Pouncing Puns: The Two Lives of Friar Servando». *Review: Center for Inter-American Relations, 8,* pp. 40-44.

GOW, David
1974 «Taytacha Qoyllur Rit'i; rocas y bailarines, creencias y continuidad». *Allpanchis, 7,* pp. 49-100.

GUAMÁN POMA DE AYALA, Felipe
1993 [1615] *Nueva crónica y buen gobierno.* Edición de Franklin Pease. México, D. F.: Fondo de Cultura Económica.

GUTIÉRREZ, Miguel
1999 *Los Andes en la novela peruana actual.* Lima: San Marcos.

2007 «Narrativa de la guerra». En su *El pacto con el diablo:ensayos 1966-2007.* Lima: San Marcos, pp. 377-440.

GUTIÉRREZ, Pedro Juan
1998 *Trilogía sucia de la Habana.* Barcelona: Anagrama.

GUTIÉRREZ DE VELASCO, Luzelena
1999 «Vertiente histórica y procesos intertextuales en *Duerme*». En Barbara Dröscher y Carlos Rincón (eds.). *Acercamientos a Carmen Boullosa: Actas del Simposio Conjugarse en infinito de la escritora Carmen Boullosa.* Berlín: Frey, pp. 135-152.

HALPERÍN, Jorge
1985 «Conversación con Antonio Di Benedetto: lentamente estoy volviendo al exilio». *Clarín,* Buenos Aires, 14 de julio, pp.18.

HALPERÍN-DONGHI, Tulio
1975 *Historia contemporánea de América Latina.* Madrid: Alianza Editorial.

HEGEL, Georg Wihelm Friedrich
1970 *Filosofía de la historia.* Barcelona: Ediciones Zeus

HIND, Emily
2003 *Entrevistas con quince autoras mexicanas.* Madrid: Iberoamericana.

HUTCHEON, Linda
1989 *The Politics of Postmodernism.* Nueva York: Routledge.

IBSEN, Kristine
1995 «Entrevista a Carmen Boullosa: México, D.F., 22 de junio de 1994». *Chasqui: Revista de Literatura Latinoamericana*, noviembre, 24 (2), pp. 52-63.

IMBELLONI, José
1946 *Pachakuti IX (el inkario crítico).* Buenos Aires: Editorial Nova.

ISBELL, Billie Jean
1994 «Shining Path and Peasant Responses in Rural Ayacucho». En David Palmer (ed.). *Shining Path of Peru.* Nueva York: St Martin's Press, pp.77-99.

JAMESON, Frederic
1991 *Postmodernism, or the Cultural Logic of Late Capitalism.* Durham, NC: Duke University Press.

KOSELLECK, Reinhart
1985 *Future Past: On the Semantics of Historical Time.*Traducción de Keith Tribe. Cambridge, MA: The MIT Press.

KAYSER, Wolfgang
1964 *Lo grotesco: su configuración en pintura y literatura.* Traducción de Ilse M. de Brugger. Buenos Aires: Editorial Nova.

KOCH, Dolores

1990 «Elementos barrocos en *El mundo alucinante*». En Julio Hernández-Miyares y Perla Rozencvaig (eds.). *Reinaldo Arenas: alucinaciones fantasías y realidad.* Glenview, IL: Montesinos, pp. 136-145.

LAZARILLO DE TORMES

1990 [1554] Edición de Francisco Rico. Madrid: Cátedra

LEVENE, Ricardo

1962 *Introducción a la historia del derecho indiano.* Tomo III. Buenos Aires:Valerio Abeledo Editor.

LEZAMA LIMA, José

1993 [1957] *La expresión americana.* México, D. F.: Fondo de Cultura Económica.

LEWIS, Bart

2003 *The Miraculous Lie: Lope de Aguirre and the Search for El Dorado in the Latin American Historical Novel.* Nueva York: Lexington Books.

LEWIS, Robert E.

1982 «Los *Naufragios* de Alvar Núñez: historia y ficción». *Revista Iberoamericana, 120-121,* pp. 681-694.

LIENHARD, Martín

1981 *Cultura popular andina y forma novelesca: zorros y danzantes en la última novela de Arguedas.* Lima: Latinoamericana Editores.

LOJO, María Rosa

1995 «La invención de la historia en Los perros de Paraíso». *Estudios Filológicos, 30,* pp. 155-60.

LÓPEZ, Kimberle S.

2002 «Colonial Desire for the Amerindian and Converso Other in Abel Posse's *El largo atardecer del caminante*». En su *Latin American Novels of The Conquest: Reinventing the New World.* Columbia, MO: Universisty of Missouri Press.

López de Gómara, Francisco
1979 [1552] *Historia de la Conquista de México*. Caracas: Biblioteca Ayacucho.

López de Mariscal, Blanca
2004 *La figura femenina en los narradores de la conquista*. México, D. F: El Colegio de México.

Lorenz, Günter
1972 *Diálogo con Latinoamérica*. Valparaíso: Pomaire.

Lowy, Michael
2003 «La diálectica de la civilización: barbarie y modernidad en el siglo XX». *Herramientas, 22*. Recuperado el 11 de octubre de 2015 de: <http://www.herramienta.com.ar/revista-herramienta-n-22/la-dialectica-de-la-civilizacion-barbarie-y-modernidad-en-el-siglo-xx>.

Ludmer, Josefina
1984 «Tretas del débil». Patricia Elena González y Elena Ortega (eds.). *La sartén por el mango: encuentro de escritoras latinoamericanas*. Río Piedras, Puerto Rico: Ediciones Huracán, pp. 47-54.

Lukács, Georg
1962 [1937] *The Historical Novel*. Traducción de Hannah y Stanley Mitchell. NuevaYork: Penguin Books.

1965 [1937] *La forma clásica de la novela histórica*. Recuperado el 15 de setiembre de 2015 de: <http://www.archivochile.com/Ideas_Autores/lukacs_g/de/lukacsgde00006.pdf>.

Lyotard, Jean François
1984 *The Postmodern Condition*. Traducción de Geoff Bennigton yBrian Massumi. Minneapolis, MN: University of Minnesota Press.

MAC-ADAM, Alfred

1990 «Cecilia Travestí: *La loma del ángel*». Julio Hernández Miyares y Perla Rozencvaig (eds.). *Reinaldo Arenas: alucinaciones, fantasías y realidad.* Glenview, IL: Montesinos, pp. 191-197.

MATHES, Michael

1982 *Santa Cruz de Tlatelolco: la primera biblioteca académica de las Américas.* México, D. F.: Secretaría de Relaciones Exteriores.

MATURO, Graciela

1987 «Estudio Preliminar». En *Páginas de Antonio Di Benedetto seleccionadas por el autor.* Buenos Aires: Celtia.

MCKENDRICK, Melveena

1974 *Woman and Society in the Spanish Drama of the Golden Age/A Study of the Mujer Varonil.* Londres: Cambridge University Press.

MENTON, Seymour

1993 *Latin America's New Historical Novel.* Austin, TX: University of Texas Press.

1996 «La historia verdadera de Alvar Núñez Cabeza de Vaca en la última novela de Abel Posse, *El largo atardecer del caminante*». *Revista Iberoamericana, 62*(175), pp. 421-426.

MESSINGER CYPESS, Sandra

1991 *La Malinche in Mexican Literatura from History to Myth.* Austin, TX: University of Texas Press.

MIER NORIEGA y Guerra, José SERVANDO TERESA DE

1978 «Carta de despedida a los mexicanos». En su *Ideario político.* Edición de Edmundo O'Gorman. Caracas: Biblioteca Ayacucho.

1988 [1917] *Memorias de Fray Servando Teresa de Mier.* Edición de Antonio Castro Leal. México: Porrúa. 2 vols.

Mignolo, Walter

2003 *The Darker Side of the Renaissance. Literacy, Territoriality and Colonization.* Ann Arbor, MI: University of Michigan Press.

Millones, Luis

1973 «Un movimiento nativista del siglo XVI: el Taki Ongoy». En Juan Ossio. *Ideología mesiánica del mundo andino*[antología]. Lima: Ignacio Prado Pastor, pp. 85-90.

1995 *Perú colonial: de Pizarro a Túpac Amaru II.* Lima: COFIDE.

Molinero, Rita

1982 «Entrevista con Reinaldo Arenas: donde no hay furia y desgarro no hay literatura». *Quimera, 17,* pp. 19-23.

Monsiváis, Carlos

2001 «La Malinche y el malinchismo». En Margo Glantz (coord.). *La Malinche, sus padres y sus hijos.* México, D. F.: Taurus, pp. 183-193.

Monzón, Lorena

2002 «Algunos aspectos de la metaficción en Mejor desaparece y Duerme de Carmen Boullosa». *Revista de Literatura Mexicana Contemporánea*, enero-abril, *8* (15), pp. 39-45.

Morales, Alejandro

1999 «Cielos de la Tierra por Carmen Boullosa: escribiendo la utopía mexicana a través del eterno apocalipsis mexicano». En Barbara Dröscher y Carlos Rincón (eds.). *Acercamientos a Carmen Boullosa: Actas delActas delSimposio Conjugarse en infinito.* Berlín: Tranvía, pp. 193-201.

Moro, Tomás

2004 [1516] *Utopía.* Traducción de Pedro Rodríguez Santidrián. Madrid: Alianza Editorial.

Nallim, Carlos Orlando

1987 «*Zama*: entre texto, estilo e historia».En su *Cinco narradores argentinos Mansilla, Álvarez, Dávalos, Arlt, Di Benedetto.* México, D. F.: Universidad Nacional Autónoma de México.

Néspolo, Jimena

2004 *Ejercicios de pudor: sujeto y escritura en la narrativa de Antonio Di Benedetto.* Córdoba, Argentina: Adriana Hidalgo Editora.

Nieto Degregori, Luis

2007a «Entre el fuego y la calandria: visión del Perú desde la narrativa andina». *Crónicas urbanas: análisis y perspectivas regionales, XI* (12), pp. 55-65.

2007b «Novelando una de las siete maravillas del mundo moderno». Recuperado del sitio web resonancias.org el 11 de octubre de 2015: <http://www.resonancias.org/content/read/705/muchas-lunas-en-machu-picchu-fragmento-de-novela-por-enrique-rosas-paravicino/>.

Nietzsche, Friedrich

1983 «On the uses and disadvantages of history for life». En su *Untimely Meditations.* Traducción de R. J Hollingdale. Cambridge, Reino Unido: Cambridge University Press.

Norá, Pierre

1989 «Between Memory and History: *Les Lieux de Mémoire*». *Representations, 26,* pp. 7-24.

Olivares, Jorge

1985 «Carnaval and the Novel: Reinaldo Arenas' *El palacio de las blanquísimas mofetas*». *Hispanic Review, 53*(4), pp. 467-476.

Onetti, Juan Carlos

2000 [1961] *El astillero.* Madrid: Cátedra.

O'Phelan, Scarlett

1988 *Un siglo de rebeliones anticoloniales: Perú y Bolivia 1700-1783.* Cuzco: Centro de Estudios Rurales Andinos.

Oropesa, Salvador

1997 «Cross-Dressing and the Birth of a Nation: *Duerme* by Carmen Boullosa». En Kristine Ibsen (ed.). *The Other Mirror: Women's*

*Narrative in Mexico 1980-1995.*Westport, Conn: Greenwood Publishing Group, pp. 99-110.

Ortega, José
2002 «El sentido de la historia en *El largo atardecer del caminante* de Abel Posse». *La Palabra y el Hombre: Revista de la Universidad Veracruzana, 24,* pp. 73-82.

Ortega, Julio
1973a «The Dazzling World of Friar Servando». *Review: Center for Inter-American Relations, 8,* pp. 45-48.

1973b *Relato de la utopía: notas sobre narrativa cubana de la revolución.* Barcelona: La Gaya Ciencia.

2006 «Adios Ayacucho». En Gustavo Faverón (ed.). *Toda la sangre: antología sobre la violencia política en el Perú.* Lima: Matalamanga.

Pantoja Palomino, Mario
2008 «Rosas Paravicino: la novela histórica por vía del mito». *Revista Universitaria,* marzo,140, pp. 119-122. Cuzco.

Pastor, Beatriz
1983 *Discursos narrativos de la Conquista: mitificación y emergencia.* Hanover, NH: Ediciones del Norte.

2008 *La conquista de América narrada por sus coetáneos (1492-1589).* Barcelona: Edhasa.

Paz, Octavio
1976 *El laberinto de la soledad.* México, D. F.: Fondo de Cultura Económica.

1987 *El peregrino en su patria: historia y política de México.* México, D.F. :Fondo de Cultura Económica.

PEDRAGLIO, Santiago
1999 «1978: en las faldas del Ausangate». *Debate, XXI* (107), p. 45.

PEÑA, Manuel Arturo
1977 *La isla de La Tortuga: Plaza de Armas, refugio y seminario de los enemigos de España en Indias.* Madrid: Ediciones Cultura Hispánica.

PERKOWSKA, Magdalena
2008 *Historias híbridas: la nueva novela histórica latinoamericana (1985-2000) ante las teorías posmodernas de la historia.* Madrid/ Fráncfort: Iberoamericana-Vervuert [Nexos y Diferencias 19].

PFEIFFER, Erna
2004 «Nadar en los intersticios del discurso: la escritura histórico-utópica de Carmen Boullosa». En Barbara Dröscher y Carlos Rincón (eds.). *Acercamientos a Carmen Boullosa: Actas del Simposio «Conjugarse en infinito».* Berlín: Tranvía, pp: 107-119.

PIGLIA, Ricardo
1989 «Ficción y política en la literatura argentina». En Karl Kohut y Andrea Pagni (eds.). *Literatura argentina hoy: de la dictadura a la democracia.* Fráncfort del Meno: Vervuert, pp.97-103

PINET, Simone
2011 *Archipelagoes: Insularity and Fiction in Medieval and Early Modern Spain.* Minneapolis, MN: University of Minnesota Press.

PIÑERA, Virgilio
2000 *La carne de René.* Barcelona: Tusquets.

PÍO DEL CORRO, Gaspar
1992 *Zama, zona de contacto.* Córdoba, Argentina: Argos.

PIROT-QUINTERO, Laura
2002 «Strategic Hybridity in Carmen Boullosa's *Duerme*». *Ciberletras, 5.* Recuperado el 11 de octubre de 2015 de: <http://www.lehman.cuny.edu/ciberletras/v05/pirott.html>.

Pites, Silvia
1993 «Entrevista con Abel Posse». *Chasqui: Revista de Literatura Latinoamericana, 22*(2), pp. 120-128.

Platón
2005 *Diálogos.* México, D. F.: Porrúa.

Poole, Deborah
1990 «Accommodations and Resistance in Andean Ritual Dance» *The Drama Review 34* (2), pp. 98-126.

1987 «Entre el milagro y la mercancía: Qoyllur Rit'i». *Márgenes, 2* (4), pp. 1-50.

Posse, Abel
1989 [1978] *Daimón*. Buenos Aires: Emecé Editores.

1989 «El alucinante viaje del doble descubrimiento». En Adolfo Colombres (coord.). *1492-1992: A los 500 años del choque de dos mundos.* Quito: Ediciones del Sol-CEHASS, pp. 197-208.

1992 *El largo atardecer del caminante.* Buenos Aires: Emecé Editores.

1993 «La novela como nueva crónica de América: historia y mito». En *Simposio Utopías del Nuevo Mundo.* Praga, República Checa: Academia Checa/Charles University, pp. 258-265.

2003 *Los perros del paraíso.* Barcelona: Random House Mondadori.

2004 «Novela y crónica». En Guadalupe Fernández (coord.). *Literatura hispanomaericana del siglo XX: historia y maravilla.* Málaga: Universidad de Málaga

Poot, Sara
1994 «Colón (des)cubre a las Indias». En Julio Ortega y José Amor y Vásquez. *Conquista y contraconquista: la escritura del Nuevo Mundo.* México, D. F.: El Colegio de México, pp. 127-136.

PONIATOWSKA, Elena
1988 *La «Flor de Lis»*. México, D. F.: Ediciones Era.

PONS, María Cristina
1996 *Memorias del olvido: la novela histórica de fines del siglo XX*. México, D. F.: Siglo XXI Editores.

PORTILLA, León
1987 *La visión de los vencidos*. México, D. F.: Universidad Nacional Autónoma de México.

PORTOCARRERO, Gonzalo
2006 «Las últimas reflexiones de José María Arguedas». En Antonio Cornejo Polar y otros. *Los hervores de Chimbote en los zorros de arriba y los zorros de abajo de José María Arguedas*. Chimbote, Perú: Río Santa Editores.

POZO, Raúl
1993 *Cartografía del Chaco paraguayo*. Asunción: Ministerio de Relaciones Exteriores.

PRADO, Gloria
2001 «De las tierras del pasado a los cielos del futuro». En Ana Rosa Domenella (ed.). *Territorio de leonas: cartografía de narradoras mexicanas en los noventa*. México, D. F.: Casa Juan Pablos Centro Cultural, pp. 229-236.

2004 «En el amplio espacio de los márgenes: *Cielos de la Tierra* de Carmen Boullosa». En Barbara Dröscher y Carlos Rincón. (eds.). *Acercamientos a Carmen Boullosa: Actas del Simposio "Conjugarse en infinito»*. Berlín: Tranvía, pp. 202-209.

PRATT, Mary Louise
1997 *Ojos imperiales: literatura de viajes y transculturación*. Traducción de Ofelia Castillo. Buenos Aires: Universidad Nacional de Quilmes.

Premat, Julio

1997 «La topografía del pasado: imaginario y ficción histórica en *Zama* de Antonio Di Benedetto». En Jacqueline Covo (ed.). *Historia, espacio e imaginario.* Lille, Francia: Presses Universitaires de Septentrion, pp. 285-292.

Pulgarín, Amalia

1995 *Metaficción historiográfica: la novela histórica en la narrativa hispánicaposmodernista.* Madrid: Fundamentos.

Quevedo, Franciso

1998 *El buscón.* Edición de Domingo Ynduráin. Madrid: Cátedra.

Rama, Ángel

2002 *La ciudad letrada.* Hanover, NH: Ediciones del Norte.

2004 *Transculturación narrativa en América Latina.* México: Siglo Veintiuno Editores.

Ramírez, Juan Andrés

1969 «La novena del Señor del Qoyllur Riti». *Allpanchis, 1,* pp. 61-88.

Randall, Robert

1982 «Qoyllur Rit'i, An Inca Fiesta of the Pleiades: Reflections on Time and Space in the Andean World». *Boletín del Instituto Francés de Estudios Andinos, XI* (1-2), pp. 37-81.

Reati, Fernando

1995 «Posse, Saer, Di Benedetto y Brailovski: deseo y paraíso en la novela argentina». *Revista de Estudios Hispánicos, 29* (1), pp. 121-136.

1997 «Los signos del Tarot y el fin de la razón Occidental en América: *Daimón*, de Abel Posse». *Dispositio/n: American Journal of Cultural Histories and Theories, 20* (47), pp. 93-106.

Recio, Paloma

1986 «La soledad como protección: entrevista con Antonio Di Benedetto». *Quimera: Revista de Literatura, 59,* pp. 35-39.

ROBLES, Óscar

1996 «Hacia el tercer sexo: travestismo y trasgresión en *Duerme* de Carmen Boullosa». *Revista de Literatura Mexicana Contemporánea, 2* (4), pp. 33-37.

RODRÍGUEZ MONEGAL, Emir

1980 «The Labyrinthine World of Reinaldo Arenas». *Latin American Literary Review, 8*, pp. 126-131.

RODRÍGUEZ ORTIZ, Óscar

1980 «Reinaldo Arenas: la textualidad del yo: a propósito de *El mundo alucinante*». *Sobre narradores y héroes (a propósito de Arenas, Scorza y Adoum)*. Caracas: Monte Ávila Editores.

ROMERO, Luis Alberto

1994 *Breve historia contemporánea de Argentina*. Buenos Aires: Fondo de Cultura Económica.

ROSAS PARAVICINO, Enrique

1988 *Al filo del rayo*. Lima: Lluvia Editores.

1994 *El gran señor*. Cuzco: Municipalidad del Qosqo.

1998 *Ciudad apocalíptica*. Lima: Libranco Editores.

2006 *Muchas lunas en Machu Picchu*. Lima: Huaca Prieta

ROWE, William y Vivian SCHELLING

1991 *Memory and Modernity: Popular Culture in Latin America*. Londres: Verso.

ROZENCVAIG, Perla

1986 *Reinaldo Arenas: narrativa de trasgresión*. Oaxaca de Juárez: Oasis.

SARLO, Beatriz

1999 *Una modernidad periférica: Buenos Aires 1920 y 1930*. Buenos Aires: Nueva Visión.

SAER, Juan José
1999 *El entenado.* Buenos Aires: Planeta.

2000a «Prólogo». En *El silenciero.* Córdoba: Adriana Hidalgo Editora.

2000b «Prólogo». En Ricardo Piglia y Osvaldo Tcherkaski (eds.). *Zama.* Buenos Aires: Editorial Losada/AGEA, pp. 5-10.

2004 *El concepto de ficción.* Buenos Aires: Seix Barral.

SAGER, Carolina
2005 «Sueños inducidos en forma de cuentos». *El Ciudadano. Sumplemento de Cultura*, 17 de enero. Recuperado de: <http://adrianahidalgo.com>.

SAID, Edward
1983 *The World, the Text, and the Critic.* Boston, MA: Harvard University Press.

SALLES-REESE, Verónica
2001 «Colonizando la colonia: versiones postcoloniales de las crónicas». *Revista Canadiense de Estudios Hispánicos, 26* (1-2), pp. 141-153.

SÁINZ DE MEDRANO, Luis (coord.)
1997 *La semana de autor sobre Abel Posse (Madrid del 20 al 23 de noviembre de 1995 en Casa de América).* Madrid: Ediciones de Cultura Hispánica.

2004 «Renacer en el atardecer: Alvar Núnez visto por Abel Posse». *América sin nombre, 5-6,* pp. 223-229.

SALLNOW, Michael J.
1987 «The Cult of Qoyllur Rit'i». En su *Pilgrims of the Andes: Regional Cults in Cusco.* Washington, D. C.: Smithsonian Institutions Press.

SANABRIA SING, Carolina
1995 «Entre el daimón griego y el demonio del cristianismo: Daimón, tránsito hacia el culto a lo humano». *Káñiga: Revista de Artes y Letras de la Universidad de Costa Rica, 19* (1), pp. 51-61.

SANTÍ, Enrico Mario y Mónica MORLEY
1983 «Reinaldo Arenas y su mundo alucinante: una entrevista». *Hispania, 66,* pp. 114-118.

SCHVARTZMAN, Julio
1996 «Las razones de *Zama*». En su *Microcrítica: lecturas argentinas (cuestiones de detalle).* Buenos Aires: Biblos, pp. 63-69.

SCORZA, Manuel
1978 *Garabombo, el invisible.* Barcelona: Monte Ávila Editores.

SERRANO, Samuel e Inmaculada GARCÍA
1999 «Entrevista con Abel Posse». *Cuadernos hispanoamericanos, 584,* pp. 101-106.

SEYMOUR, Terry
2001 «*Daimón* and the Eroticism of the Conquest». En Santiago Juan Navarro y Theodore Robert Young (eds.). *A Twice-Told Tale: Reinventing the Encounter in Iberian-Iberian American Literature and Film.* Newark, DE: University of Delaware Press.

SEYDEL, Ute
2001 «La destrucción del cuerpo para ser otro: el cuerpo femenino como alegoría del México colonial en *Duerme*». En Ana Rosa Domenella (coord.). *Territorio de leonas: cartografía de narradoras mexicanas en los noventa.* México, D. F.: Casa Juan Pablos Centro Cultural, pp. 215-227.

SEVERO, Sarduy
1969 *Escrito sobre un cuerpo.* Buenos Aires: Suramericana.

1976 «El barroco y el neobarroco». En César Fernández (ed.). *América latina en su literatura.* México, D. F.: Siglo XXI Editores.

SHAW, Donald
1981 «El "*boom junior*"». En su *Nueva narrativa hispanoamericana.* Madrid: Cátedra.

SIGAL, Silvia y Eliseo VERÓN
1985 *Perón o muerte: los fundamentos discursivos del fenómeno peronista.* Buenos Aires: Legasa.

SILVEIRA, Rajane da
1995 *A Guerra Guaranítica.* Porto Alegre, Brasil: Martins Livreiro.

SNEH, Perla
2006 «Una biografía absoluta». *Metapolítica, 47,* pp. 93-96.

SMITH, Paul
1988 *Discerning the Subject.* Minneapolis, MN: University of Minnesota Press.

SOMMER, Doris
1991 *Foundational fictions: the national romances of Latin America.* Berkeley, CA: Berkeley University Press.

SOR JUANA INÉS DE LA CRUZ
1949 «Respuesta de la poetisa a la muy ilustre Sor Filotea de la Cruz». En sus *Obras escogidas.* Buenos Aires: Espasa Calpe, pp. 138-184.

SOTO, Francisco
1991 «*Celestino antes del alba*: escritura subversiva/sexualidad transgresiva». *Revista Iberoamericana, 154,* pp. 345-354.

1994 *Reinaldo Arenas:The Pentagonía.* Jacksonville, FL: UP of Florida.

STEVENSON, Robert Louis
1997 [1883] *La isla del tesoro.* Traducción de Jeannine Emery. Buenos Aires: Claridad.

STYCOS, María y Elvira SÁNCHEZ-BLAKE
2005 «Entrevista a Carmen Boullosa». En su *Voces hispanas del siglo XXI: entrevistas con autores en DVD*. New Haven, CT: Yale University Press.

SUÁREZ DE PERALTA, Juan
1945 [1589] *La conjuración de Martín Cortés*. Edición de Agustín Yánez. México, D. F.: Universidad Nacional Autónoma de México.

SWIFT, Jonathan
2010 [1726] *Los viajes de Gulliver*. Traducción de Pollux Hernúñez. Edición de Pilar Elena. Madrid: Cátedra.

TORD, Luis Enrique
1998 *Sol de los soles*. Lima: Universidad Nacional Federico Villareal.

ULLA, Noemí
1972 «*Zama*: la poética de la destrucción». En J. Lafforgue (ed.). *Nueva novela latinoamericana II*. Buenos Aires: Paidós.

URIEN, Jorge
1986 «Entrevista a Antonio Di Benedetto: el autor de la espera». *La Nación*, Buenos Aires, 19 de octubre, p.6.

USLAR, Pietri
1991 «El peregrino». En su *La creación del Nuevo Mundo*. Madrid: Fundación MAPFRE América.

VALCÁRCEL, Luis
1963 *Tempestad en los Andes*. Lima: Populibros.

VALERO, Roberto
1991 *El desamparado humor de Reinaldo Arenas*. Miami, FL: North South Center.

VALIENTE NÚNEZ, Javier
2008 «El conquistador conquistado en la nueva novela histórica latinoamericana: la transculturación religiosa de Cabeza de Vaca, el camino secreto del chamán y el surgimiento de una teología

de la liberación indígena en *El largo atardecer del caminante* de Abel Posse». En Sonia Mattalia, Pilar Celma y Pilar Alonso (eds.). *El viaje en la literatura Hispanoamericana: el espíritu colombino.* Madrid/Fráncfor del Meno: Iberoamericana/Vervuert.

Valle-Arizpe, Artemio de
1952 *Fray Servando.* Buenos Aires: Espasa-Calpe.

Vargas Llosa, Mario
1993 *Lituma en los Andes.* Barcelona: Planeta.

1996 *La utopía arcaica.* México, D. F.: Fondo de Cultura Económica.

Vázquez, Fernando
1987 *El Dorado: crónica de la Expedición de Pedro de Ursúa y Lope de Aguirre.* Madrid: Alianza Editorial.

Vásquez-Medina,Olivia
2013 *Cuerpo, historia y textualidad en Agusto Roa Bastos, Fernando del Paso y Gabriel García Márquez.* Madrid/Fráncfort del Meno: Iberoamericana/Vervuert.

Verdesio, Gustavo
2002 «The Literary Appropriation of the American Landscape: The Historical Novels of Abel Posse and Juan José Saer and Their Critics». En Álvaro Felix Bolaños y Gustavo Verdesio (eds.). *Colonialism Past and Present: Reading and Writing about Colonial Latin American Today.* Nueva York: State University of New York Press, pp. 239-260.

Vesterman, William
1973 «Going No Place With Arenas». *Review: Center for Inter-American Relations, 8,* pp. 49-51.

Vilches, Vanesa
2001 «"La herida siempre abierta"en un cuerpo o las políticas de la investidura en *Duerme* de Carmen Boullosa». *Revista Chilena de Literatura, 58,* pp. 61-73.

VOLEK, Emil
1985 «La carnavalización y la alegoría en *El mundo alucinante* de Reinaldo Arenas». *Revista Iberoamericana, 51* (130-131), pp. 125-148.

WALDEMER, Thomas P.
2008 «Cabeza de Vaca as Wilderness Walker and Flaneur in Abel Posse's *El largo atardecer del caminante*». *Antípodas: Journal of Hispanic Studies of the University of Auckland, 19,* pp. 245-256.

WELLS, H. G.
2003 [1896] *La isla del Dr. Moreau.* Madrid: Mestas Ediciones.

WILLIAMS, Raymond
1977 *Marxism and Literature.* Oxford, Gran Bretaña: Oxford University Press.

WILLIS, Ángela
2005 «Revisiting the Circuitous Odyssey of the Baroque Picaresque Novel: Reinaldo Arena's *El mundo alucinante*». *Comparative Literatura, 57* (1), pp. 61-83.

WINN, Peter
1995 «A Second Independence?». En su *Americas: The Changing Face of Latin America and the Caribbean*: Berkeley, CA: University of California Press.

WHITE, Hayden
1992 *El contenido de la forma: narrativa, discurso y representación histórica.* Traducción de Jorge Vigil Rubio. Barcelona: Paidós.

2005 *Metahistoria: La imaginación histórica en la Europa del siglo XIX*. Traducción de Stella Mastragelo. México, D. F.: Fondo de Cultura Económica.

WOLFENZON, Carolyn
2006a «La ciudad como espacio de tortura en la narrativa de Virgilio Piñera». *Cuban Studies, 37,* pp. 56-72.

2006b «Transculturación narrativa: un concepto fallido desde su representación». *San Marcos: Revista del Rectorado de la Universidad Nacional Mayor deSan Marcos, 25,* pp. 285-297.

2007 «Unidad y fragmentación en *Lazarillo de Tormes*». *Hispanófila, 149* (1), pp. 1-16.

WOOLF, Virginia
2003 [1928] *Orlando.* Traducción de Jorge Luis Borges. Madrid: Alianza Editorial.

ZALDÍVAR, Gladys
1977 *Novelística cubana de los años 60:* Paradiso *y* El mundo alucinante. Miami, FL: Ediciones Universal.

Filmografía:

ALMENDROS, Néstor y Orlando JIMÉNEZ (directores)
1984 *Improper Conduct.* Cinevista.

SCHNABEL, Julián (director)
2001 *Before Night Falls.* El Mar Pictures.